Sonja Herberhold

AMIGURUMI WILDTIERE HÄKELN

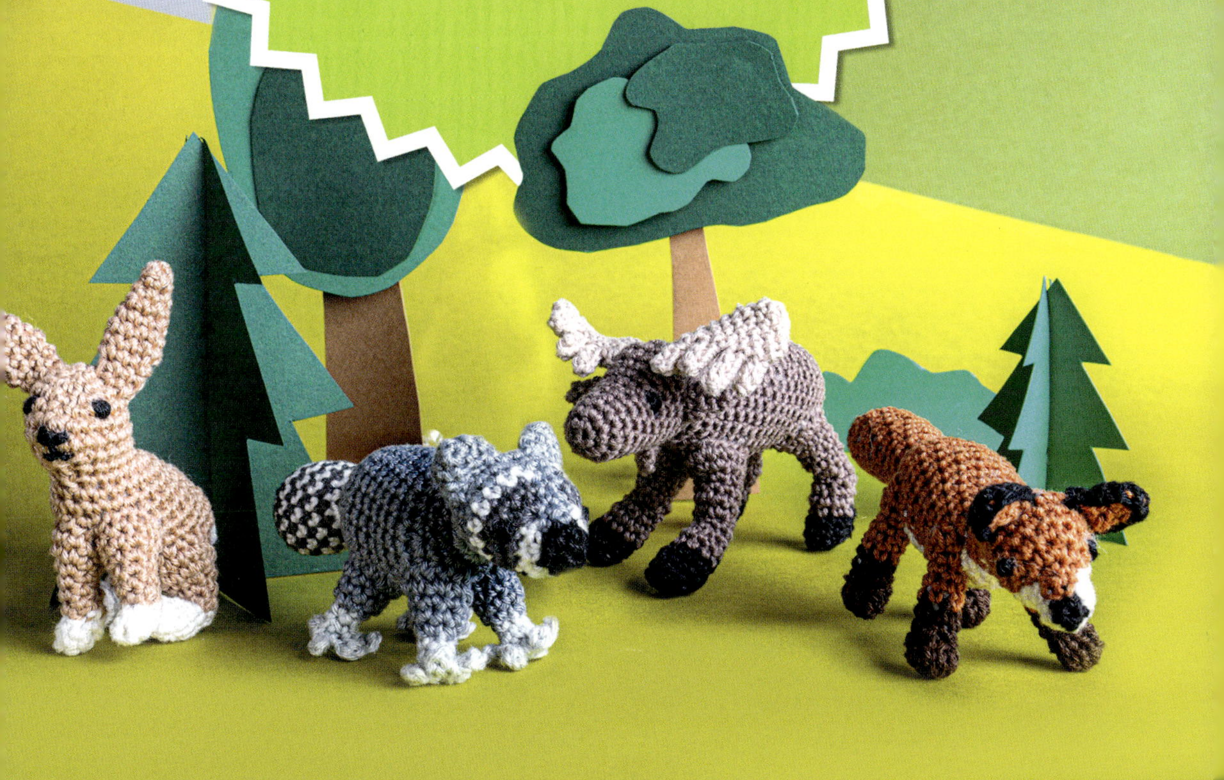

Elch, Tukan, Känguru –
außergewöhnlich und naturgetreu

CV

INHALT

Sonja Herberhold

AMIGURUMI WILDTIERE HÄKELN

VORWORT

Wie lässt sich die Liebe zu Tieren, zu Handarbeit und zu kleinen Figuren am besten verbinden? Ganz einfach: man häkelt sich selbst seine eigene kleine Tierwelt mit all den verschiedenen Lebewesen, die auf der Erde zu finden sind. Noch dazu eignen sich die kleinen Figuren ideal als Glücksbringer, Mitbringsel und Geschenk oder auch einfach dazu, um auf dem Schreibtisch süß auszusehen und einem ein kleines Lächeln ins Gesicht zu zaubern.

Mittlerweile gibt es zahlreiche Häkelbücher zur Herstellung der unterschiedlichsten Häkeltiere; wieso also noch so ein Buch?

Mein besonderes Ziel ist es, Häkelanleitungen zu liefern, die mit möglichst wenig Material auskommen (beispielsweise ohne zusätzlichen Filz oder Sicherheitsaugen), und zugleich ein möglichst realistisches Aussehen der Tiere zu gewährleisten. Hier finden sich nicht die üblichen Amigurumis mit überproportional großem Kopf, kleinem Körper und großen Augen. Das Buch soll viel mehr allen begeisterten Häklerinnen und Häklern eine etwas andere Art des Amigurumi-Häkelns nahelegen und die Herstellung realistisch aussehender Häkeltiere ermöglichen.

Da die meisten Anleitungen mitunter etwas komplizierter als typische Amigurumi-Anleitungen sind, sollten die Grundlagen des Häkelns bekannt und ein wenig Häkelerfahrung vorhanden sein. Doch mit ein bisschen Einlesen dürften die Anleitung für jede häkelbegeisterte Person geeignet sein.

Zudem ist zu jedem Tier der Schwierigkeitsgrad angegeben, sodass es möglich ist, sich zuerst der einfacherer herzustellenden Tiere zu widmen, und sich dann nach und nach zu steigern. Der Schwierigkeitsgrad wird jeweils auf einer Skala von 1 bis 5 angegeben, wobei 1 die einfachste und 5 die schwerstmögliche Stufe ist.

Nun aber genug erzählt und ran an die Häkelnadel! Viel Spaß!

Eure
Sonja Herberhold

UTENSILIEN

NOTWENDIG

Folgende Arbeitsmittel werden bei jedem Tier benötigt:

Garn: Ich persönlich benutze durchgängig das Garn „Schachenmayr Catania", (100% Baumwolle, Lauflänge 125 m/50 g) grundsätzlich kann aber jede andere Art von Wolle/Garn verwendet werden. Dabei ist allerdings zu beachten, dass sich dementsprechend auch die Nadelstärke und die finale Größe des gehäkelten Tieres ändert. Auch die Farben sind frei wählbar; ich gebe aber bei jedem Tier die von mir verwendeten Farben an.

Häkelnadel: Die Häkelnadel sollte ungefähr zur Fadenstärke des verwendeten Garns passen. Ich verwende eine Häkelnadel der Stärke 2,5.

Nähnadel: Zum Annähen und Aufsticken empfehle ich eine eher dünne Nähnadel, um möglichst genau und detailliert arbeiten zu können.

Schere: Es ist keine spezielle Garnschere nötig, auch eine einfache Bastelschere erfüllt ihren Zweck.

Füllwatte: Ich persönlich verwende waschbare Kissenfüllwatte, aber auch hier gibt es Alternativen.

OPTIONAL

Folgende Arbeitsmittel sind nicht zwingend notwendig, helfen aber, das Häkeln zu erleichtern:

Maschenmarkierer: Das Benutzen eines Maschenmarkierers ist empfehlenswert. Ich persönlich benutze allerdings einfach einen kurzen Faden, um die erste Masche einer Runde zu markieren. Beim Häkeln in Reihen benutze ich meistens keinen Maschenmarkierer, bei mehreren gleichen Reihen erleichtert er aber auch hier die Zählarbeit.

Reihenzähler: Reihenzähler empfehle ich vor allem, wenn über drei Runden nur feste Maschen gehäkelt werden. Alternativ funktioniert natürlich auch eine Strichliste oder der Maschenmarkierer wird im Häkelstück belassen und es werden von diesem ausgehend die Runden gezählt.

Stecknadeln: Stecknadeln sind besonders hilfreich, um Einzelteile vor dem Annähen an der gewünschten Stelle festzupinnen.

Abkürzungs-verzeichnis

Abkürzung	Bedeutung/Erklärung
anschl.	anschlagen
bs	bobble stitch

Wie ein normales Stb beginnen, allerdings nur einmal den Faden durch zwei auf der Nadel liegende Maschen ziehen, es liegen 2 M auf der Nadel. Diesen Schritt so oft wie angegeben in der gleichen Masche wiederholen und zum Schluss den Faden durch alle auf der Nadel liegenden Maschen ziehen, sodass eine Wölbung entsteht.

DStb	Doppelstäbchen
3Stb	Dreifachstäbchen
fM	feste Masche(n)
hStb	halbes Stäbchen
ihMg	nur in hinteren Maschenglieder häkeln
ihMg (...) / ivMg (...)	Das in Klammern Geschriebene ihMg oder ivMg häkeln.
ivMg	nur in vorderen Maschenglieder häkeln
Km	Kettmasche(n)
Lfm	Luftmasche(n)
M	Masche
Nd	Nadel
R.	Reihe(n)
Rd.	Runde(n)
Stb	Stäbchen
verd.	verdoppeln (2 fM in 1 M häkeln)
ver3.	verdreifachen (3 fM in 1 M häkeln)
WL	Wendeluftmasche
zus.häk.	zusammenhäkeln
(...) x 2 / (...) x 3 / (...) x 4	Das in Klammern Geschriebene so oft wie angegeben wiederholen.

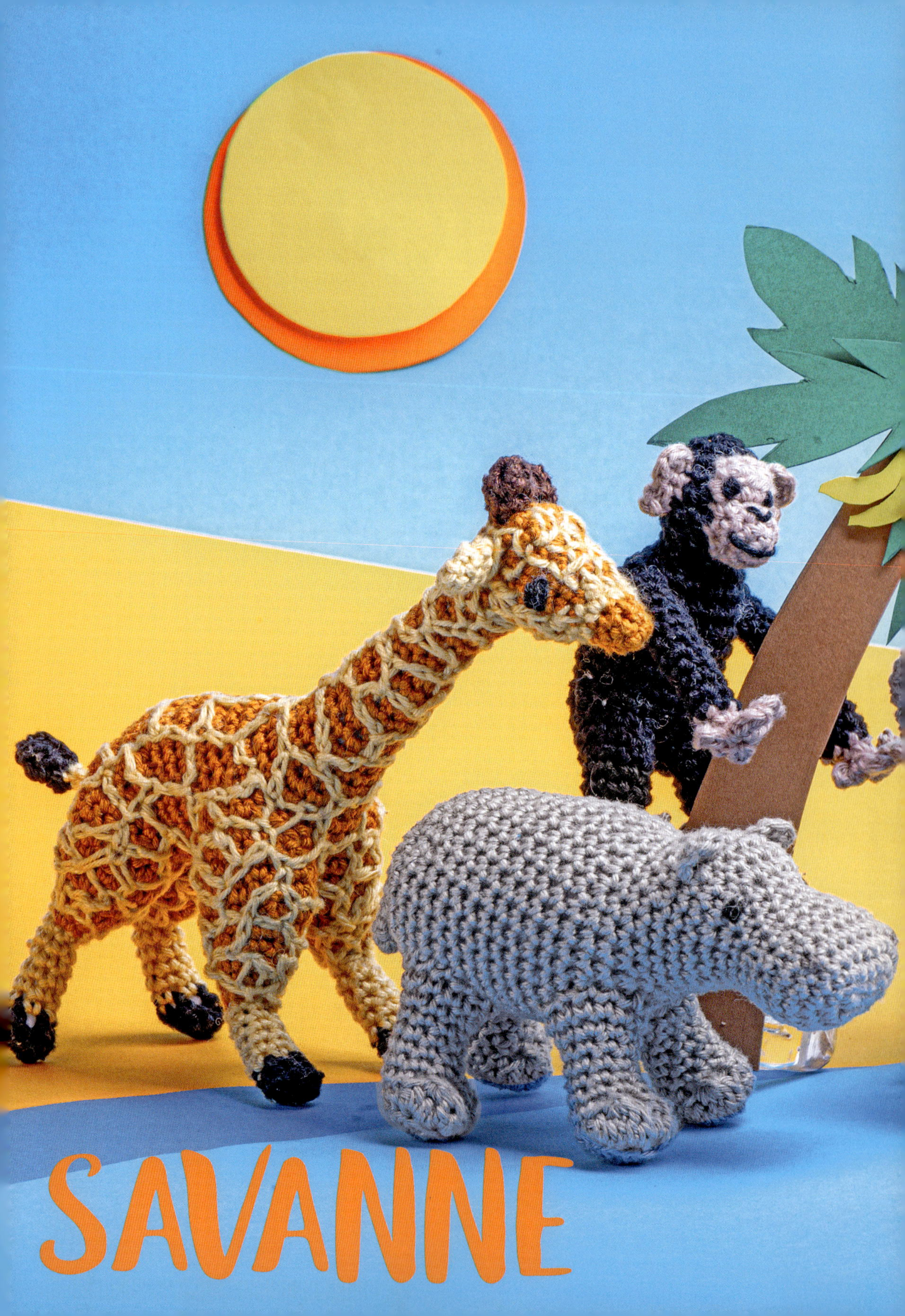

SAVANNE

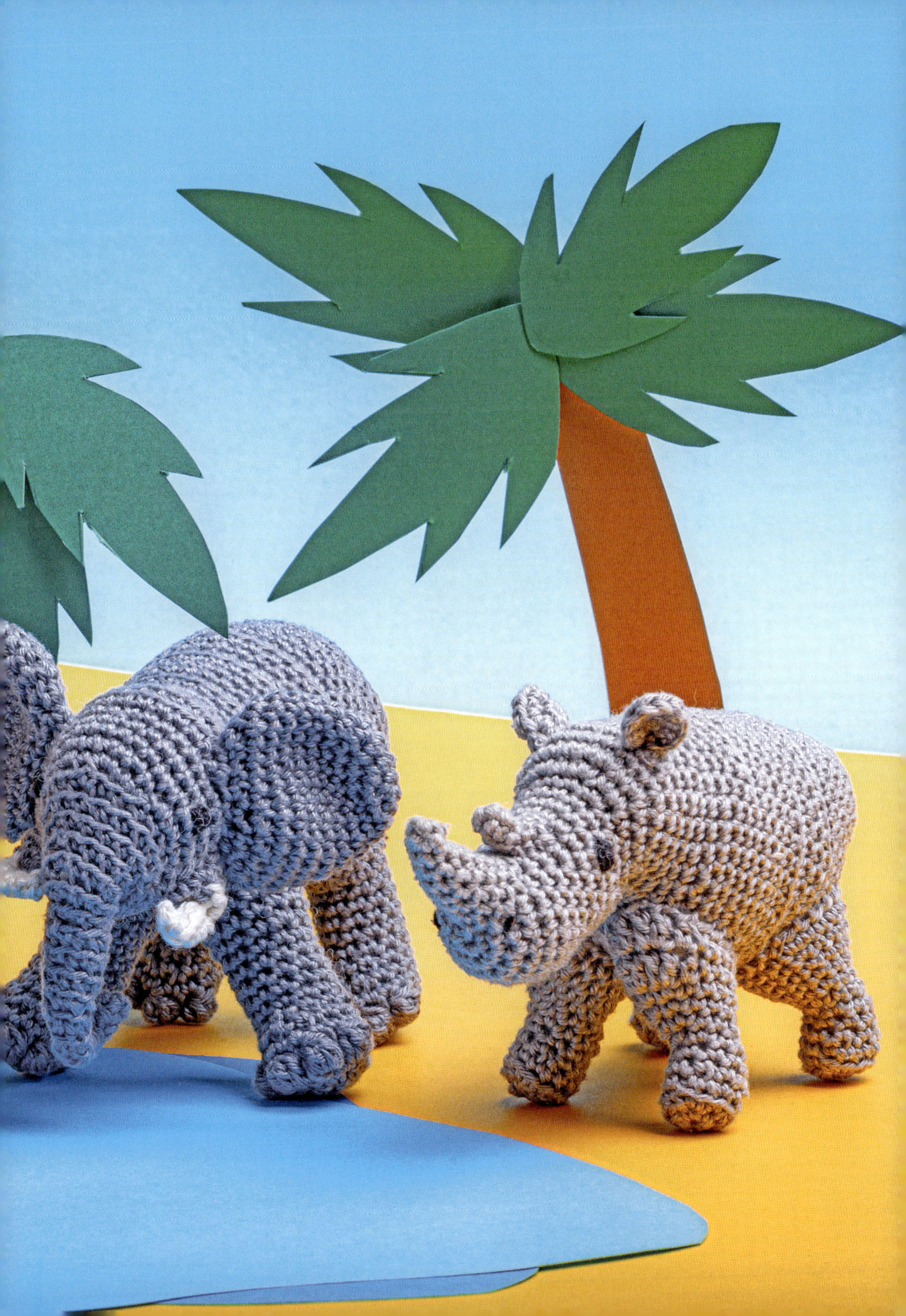

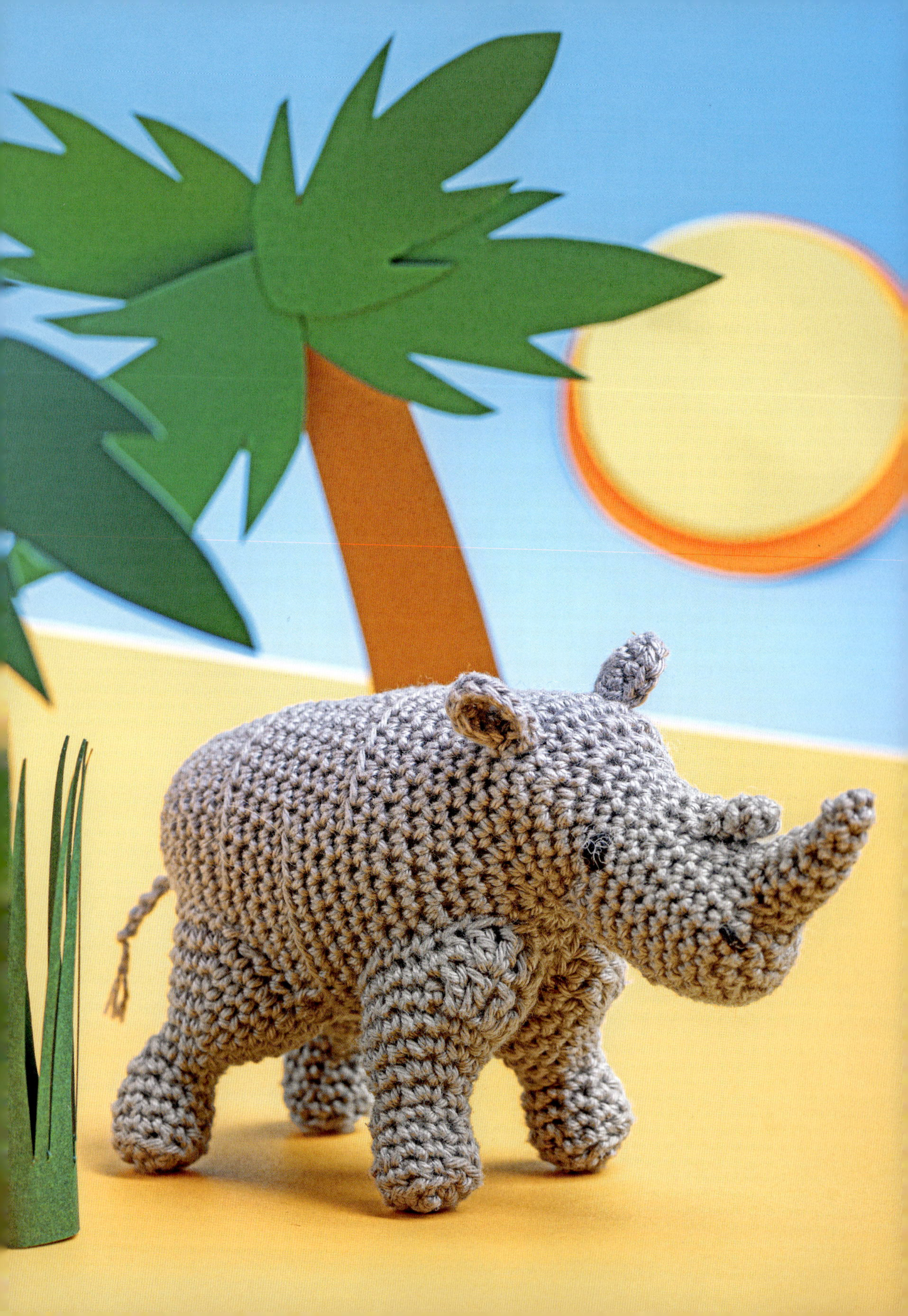

NASHORN

Schwierigkeit 4/5

Was wir benötigen

- Garn in Grau und Schwarz (z.B. Schachenmayr Catania in Rauchgrau 00435 und Schwarz 00110)
- Größe: (bei o.g. Garn und Nadelstärke 2,5) ca. 14 cm

Viel Spaß beim Häkeln!

Anleitung

Körper

Mit dem grauen Garn 6 fM in einen Fadenring häkeln (alternativ: 2 Lfm anschl., 6 fM in die 2. Lfm von der Nd aus) = 6 M

1. Rd.: jede M verd. = 12 M

2. Rd.: jede 2. M verd. = 18 M

3.–7. Rd.: 18 fM (5 Runden)

8. Rd.: 1 M verd., (1 fM, 1 M verd.) x 2, 4 fM, 2 M zus.häk., 1 fM, 2 M zus.häk., 4 fM = 19 M

9.–11. Rd.: 19 fM (3 Runden)

12. Rd.: (3 fM, 1 M verd.) x 2, 3 fM, 5 Lfm, die letzten 8 M auslassen und weiter in der 1. M der Rd. häkeln = 13 M

13. Rd.: 3 fM, (1 M verd., 1 fM) x 4, 2 fM, 5 Lfm, die letzten M wieder auslassen und weiter in der 1. M der Rd. = 17 M

14. Rd.: 4 fM, 1 M verd., (1 fM, 1 M verd.) x 4, 4 fM, in die letzten 8 M der 11. Rd.: 2 M zus.häk.) x 4 = 26 M

15. Rd.: 26 fM

16. Rd.: 22 fM, 4 M verd. = 30 M

Die Schnauze mit Füllmaterial ausstopfen.

17. Rd.: 5 fM, (1 fM, 2 M zus.häk.) x 4, 5 fM, (1 fM, 1 M verd.) x 4 = 30 M

18. u. 19. Rd.: 30 fM (2 Runden)

20. Rd.: 1 fM, 1 M verd., 18 fM, 1 M verd., 1 fM, (1 fM, 1 M verd.) x 4 = 36 M

21.–23. Rd.: 36 fM (3 Runden)

24. Rd.: 6 fM, ihMg (14 fM), 16 fM = 36 M

25.–27. Rd.: 36 fM (3 Runden)

28. Rd.: 20 fM, ihMg (16 fM) = 36 M

29. Rd.: ihMg (8 fM), 28 fM = 36 M

30. u. 31. Rd.: 36 fM (2 Runden)

Den Körper ausstopfen.

32. Rd.: 6 fM, ihMg (18 fM), 12 fM = 36 M

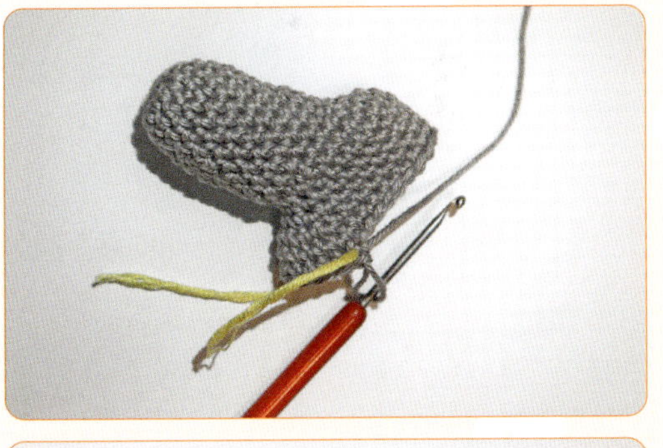

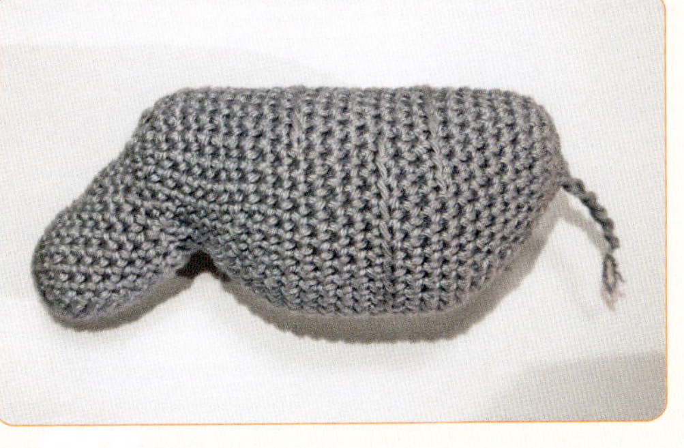

33. Rd.: 27 fM, (1 fM, 2 M zus.häk.) x 3 = 33 M
34. Rd.: 1 fM, 2 M zus.häk., 30 fM = 32 M
35. Rd.: 23 fM, (1 fM, 2 M zus.häk.) x 3 = 29 M
36. Rd.: 1 fM, 2 M zus.häk., 26 fM = 28 M
37. Rd.: 19 fM, (1 fM, 2 M zus.häk.) x 3 = 25 M
38. Rd.: 1 fM, 2 M zus.häk., 22 fM = 24 M
39. Rd.: jede 3. u. 4. M zus.häk. = 18 M
Den Körper weiter ausstopfen.
40. Rd.: jede 2. u. 3. M zus.häk. = 12 M
41. Rd.: je 2 M zus.häk. = 6 M
Das letzte Stück ausstopfen.
4 M zus.häk., 5 Lfm
Den Faden kurz abschneiden und durchziehen, anschließend den Faden etwas aufdröseln.

Hörner

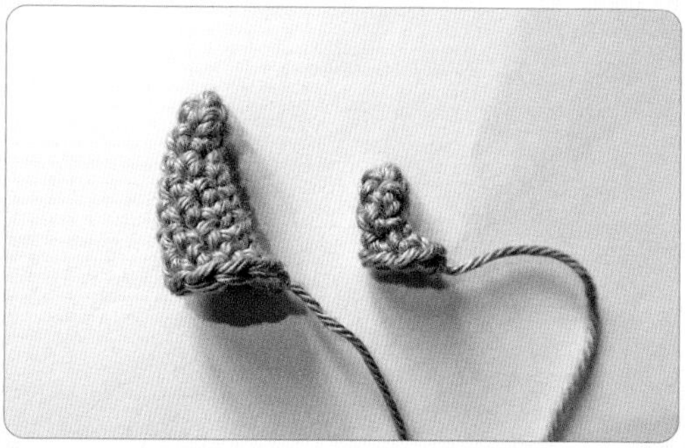

Großes Horn

Mit dem grauen Garn 4 fM in einen Fadenring häkeln (alternativ: 2 Lfm anschl., 4 fM in die 2. Lfm von der Nd aus) = 4 M
1. Rd.: 4 fM
2. Rd.: 3 fM, 1 M verd. = 5 M
3. Rd.: 4 fM, 1 M verd. = 6 M
4. Rd.: 5 fM, 1 M verd. = 7 M
5. Rd.: 6 fM, 1 M verd. = 8 M
6. Rd.: 7 fM, 1 M verd. = 9 M
7. Rd.: 8 fM, 1 M verd. = 10 M
1 Km, Faden abschneiden und durchziehen, noch nicht vernähen! Das Horn mit Füllmaterial ausstopfen.

Kleines Horn

Genauso wie großes Horn bis einschließlich Rd. 3 (= 6 M)
1 Km, Faden abschneiden und durchziehen, noch nicht vernähen! Das Horn leicht ausstopfen.

Ohren (2x)

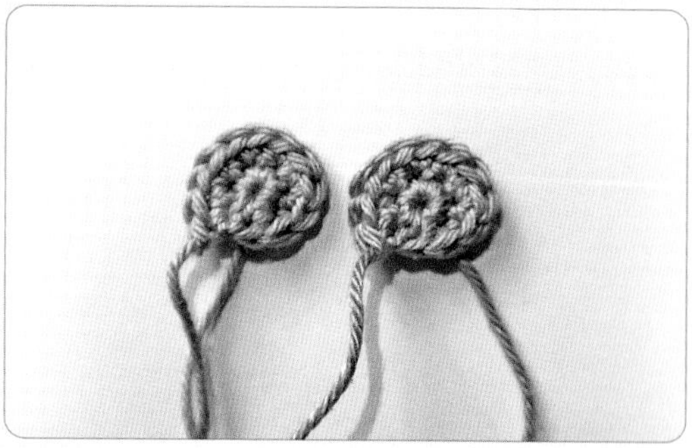

Mit dem grauen Garn 6 fM in einen Fadenring häkeln (alternativ: 2 Lfm anschl., 6 fM in die 2. Lfm) = 6 M
1. Rd.: jede M verd. = 12 M
Faden abschneiden und durchziehen, noch nicht vernähen!

Hinterbeine (2x)

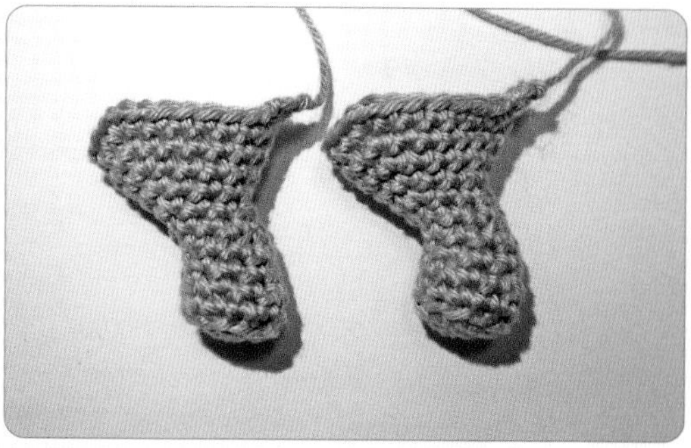

Mit dem grauen Garn 6 fM in einen Fadenring häkeln (alternativ: 2 Lfm anschl., 6 fM in die 2. Lfm) = 6 M
1. Rd.: jede M verd. = 12 M
2. Rd.: ihMg (12 fM)
3. Rd.: jede 3. u. 4. M zus.häk. = 9 M

4. u. 5. Rd.: 9 fM (2 Runden)
6. Rd.: 3 M verd., (2 M zus.häk.) x 3 = 9 M
7. Rd.: 2 fM, 2 M verd., 2 fM, 3 M zus.häk. = 9 M
8. Rd.: jede 3. M verd. = 12 M
9. Rd.: jede 4. M verd. = 15 M
10. Rd.: jede 5. M verd. = 18 M
11. Rd.: jede 6. M verd. = 21 M
12. Rd.: jede 7. M verd. = 24 M
Faden abschneiden und durchziehen, noch nicht vernähen! Das Bein ausstopfen.

Vorderbeine (2x)

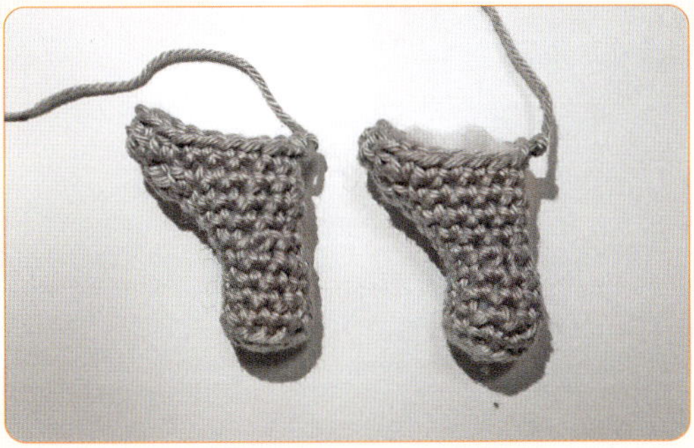

Mit dem grauen Garn 6 fM in einen Fadenring häkeln (alternativ: 2 Lfm anschl., 6 fM in die 2. Lfm von der Nd aus) = 6 M
1.–6. Rd.: siehe Hinterbeine = 9 M
7. Rd.: 2 fM, 2 M verd., 5 fM = 11 M
8. Rd.: 3 fM, 2 M verd., 6 fM = 13 M
9. Rd.: 4 fM, 2 M verd., 7 fM = 15 M
10. Rd.: 4 fM, 1 hStb, (2 Stb in 1 M) x 2, 1 hStb, 7 fM = 17 M
11. Rd.: 5 fM, 1 hStb, (2 Stb in 1 M) x 2, 1 hStb, 8 fM = 19 M
Den Faden abschneiden und durchziehen, noch nicht vernähen! Das Bein ausstopfen.

Fertigstellen

1

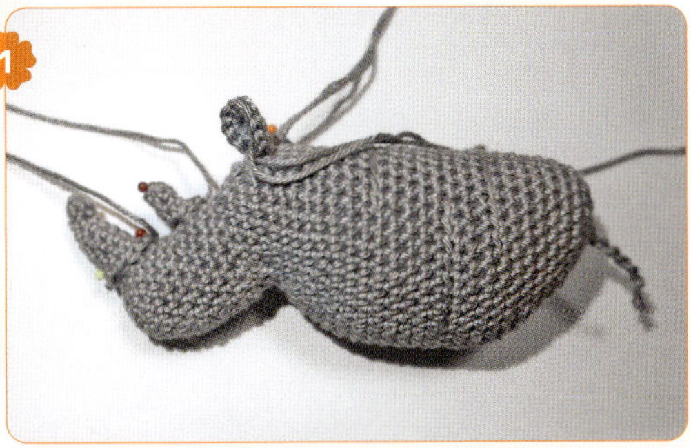

2

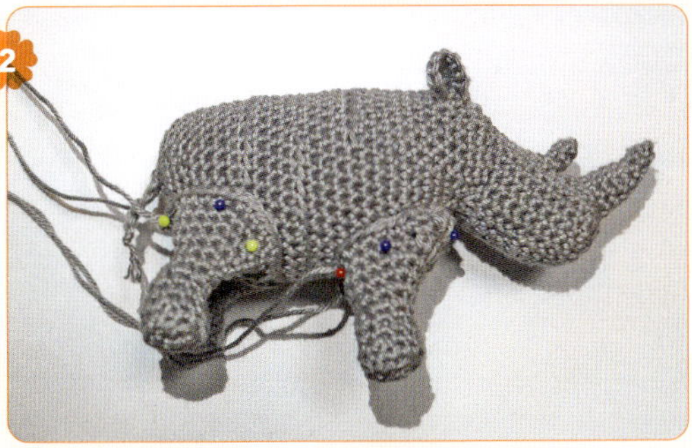

Die beiden Hörner am Kopf in die richtige Position bringen und annähen, die Seite mit den Verdopplungen befindet sich jeweils hinten, sodass das Horn leicht nach hinten gekrümmt ist. Die Ohren in der Mitte falten und am Kopf festnähen (Bild 1,). Alle vier Beine so am Körper positionieren und festnähen, dass sich die Fußsohlen auf einer Ebene befinden (Bild 2). Zuletzt in Schwarz die Augen und vorne auf der Schnauze zwei Nüstern aufsticken (siehe Foto S. 12). Fertig!

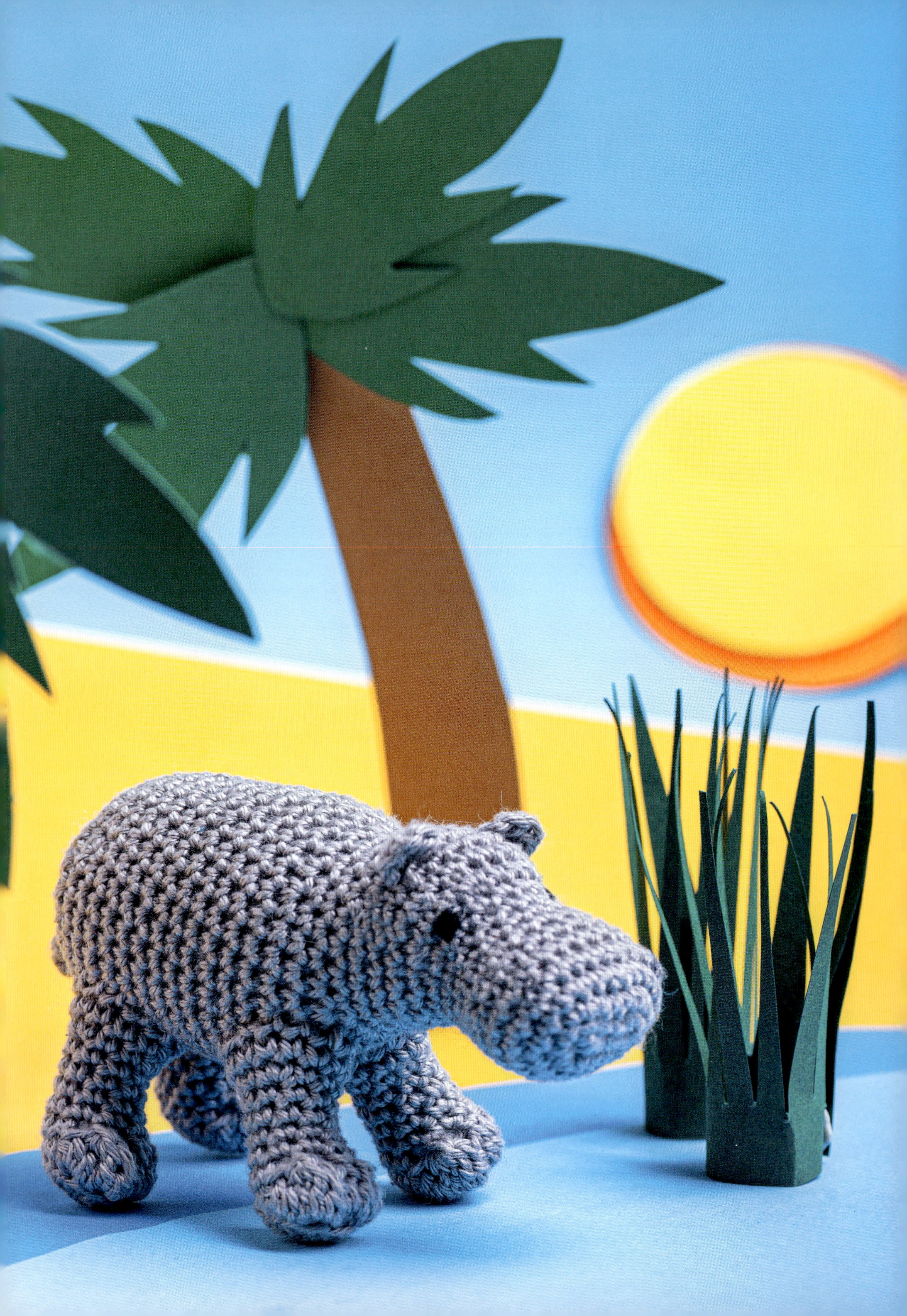

NILPFERD

Schwierigkeit 2/5

Was wir benötigen

- Garn in Grau, Dunkelgrau und Schwarz (z.B. Schachenmayr Catania in Rauchgrau 00435, Graphit 00393 und Schwarz 00110)
- Größe: (bei o.g. Garn und Nadelstärke 2,5) ca. 11 cm

Viel Spaß beim Häkeln!

Anleitung

Körper

Mit dem grauen Garn 5 Lfm anschl.
1. Rd.: 2 fM in die 2. Lfm von der Nd aus, 2 fM, 1 M verd., an der unteren Seite der Lfm-Kette weiterhäkeln: 1 M verd., 2 fM, 1 M verd. = 12 M
2. Rd.: (2 M verd., 2 fM, 2 M verd.) x 2 = 20 M
3. Rd.: (1 fM, 1 M verd., 6 fM, 1 M verd., 1 fM) x 2 = 24 M
4. u. 5. Rd.: 24 fM (2 Runden)
6. Rd.: (2 M zus.häk.) x 2, 6 fM, (2 M zus. häk.) x 3, 6 fM, 2 M zus. häk. = 18 M
7. Rd.: 18 fM
8. Rd.: jede 5. u. 6. M zus.häk. = 15 M
9. Rd.: 15 fM
10. Rd.: jede 5. M verd. = 18 M
11. Rd.: jede 3. M verd. = 24 M
12.–14. Rd.: 24 fM (3 Runden)
15. Rd.: 6 fM, (2 M zus.häk.) x 4, 6 fM, 4 M verd. (= 24 M)
16. Rd.: 6 fM, (2 M zus.häk.) x 2, 8 fM, 1 M verd., 2 fM, 1 M verd., 2 fM (= 24 M)
Den Kopf mit Füllmaterial ausstopfen.
17. Rd.: 24 fM
18. Rd.: jede 4. M verd. = 30
19.–30. Rd.: 30 fM (12 Runden)
Den Körper ausstopfen.
31. Rd.: jede 4. u. 5. M zus.häk. = 24 M
32. Rd.: jede 3. u. 4. M zus.häk. = 18 M
33. Rd.: jede 2. u. 3. M zus.häk. = 12 M
Den Körper fertig ausstopfen.
34. Rd.: je 2 M zus.häk. = 6 M
Den Faden abschneiden, durchziehen und vernähen.

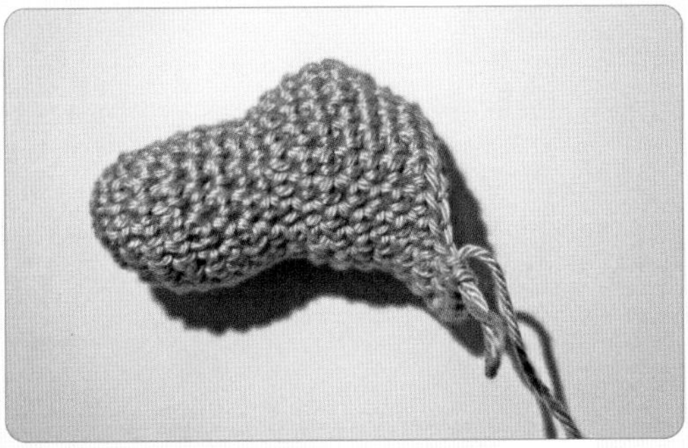

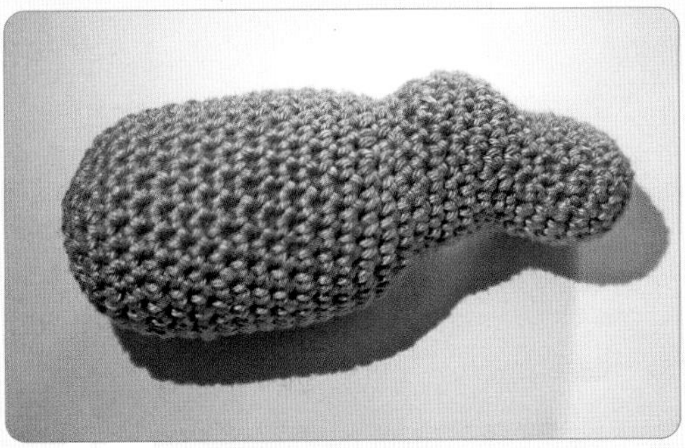

Beine (4x)

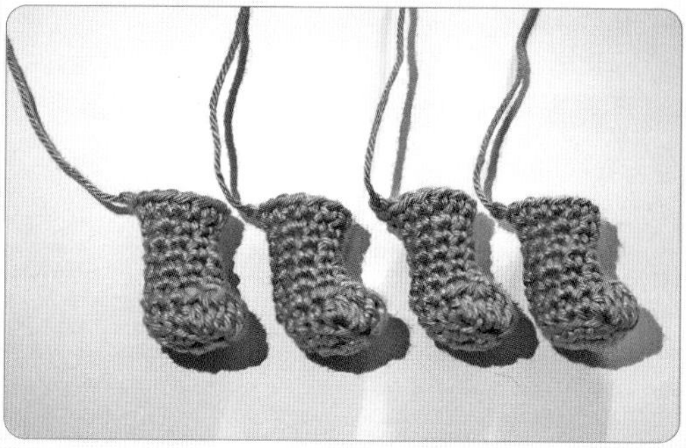

Mit dem grauen Garn 6 fM in einen Fadenring häkeln (alternativ: 2 Lfm anschl., 6 fM in die 2. Lfm von der Nd aus) = 6 M
1. Rd.: jede M verd. = 12 M
2. Rd.: ihMg (3 hStb in 1 M) x 4, 8 fM) = 20 M
3. Rd.: (3 M zus.häk.) x 2, 6 M zus.häk., (2 fM, 2 M zus.häk.) x 2 = 9 M
4.–7. Rd.: 9 fM (4 Runden)
8. Rd.: jede 3. M verd. = 12 M
9. Rd.: 12 fM
Den Faden abschneiden und durchziehen, noch nicht vernähen! Das Bein ausstopfen.

Ohren (2x)

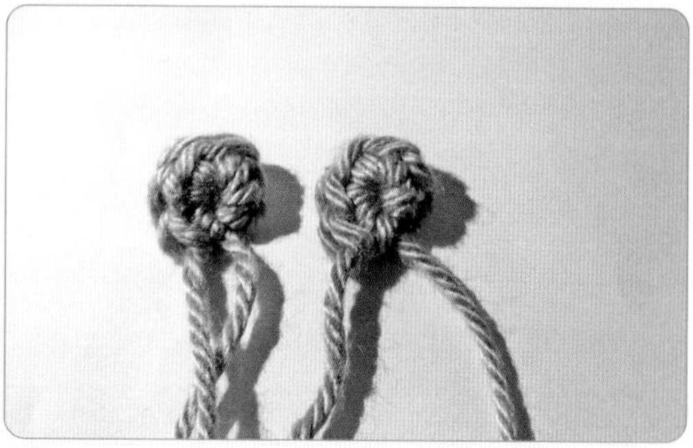

Mit dem grauen Garn 5 fM in einen Fadenring häkeln (alternativ: 2 Lfm anschl., 5 fM in die 2. Lfm) = 5 M
Den Faden abschneiden und durchziehen, noch nicht vernähen!

Schwanz

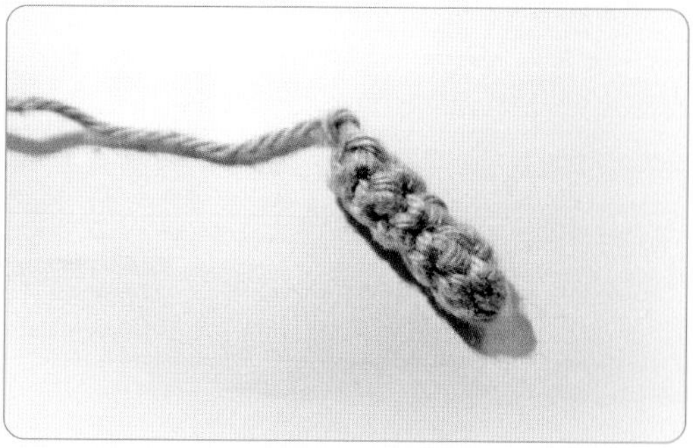

Mit dem grauen Garn 4 fM in einen Fadenring häkeln (alternativ: 2 Lfm anschl., 4 fM in die 2. Lfm) = 4 M
1.–5. Rd.: 4 fM (5 Runden)
Den Faden abschneiden und durchziehen, noch nicht vernähen!

Fertigstellen

Alle vier Beine am Körper platzieren und festnähen, dabei darauf achten, dass bei allen Beinen die Zehen nach vorne zeigen (Bild 1). Die Ohren oben am Kopf und den Schwanz hinten am Körper positionieren und festnähen (Bild 2). Zum Schluss noch in Schwarz die Augen und vorne an der Schnauze in Dunkelgrau die Nüstern aufsticken (siehe Foto S. 16). Fertig!

1

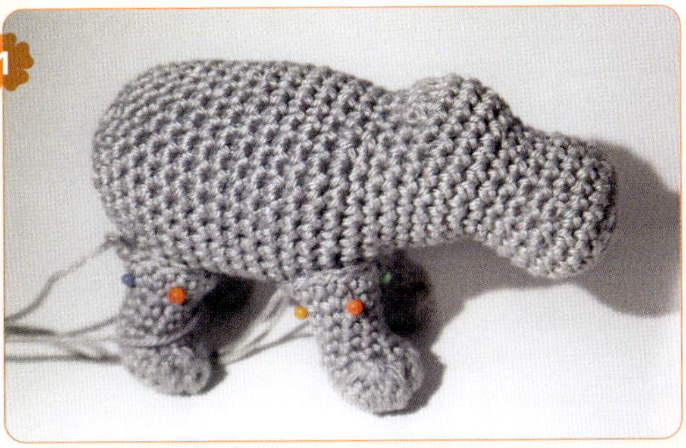

2

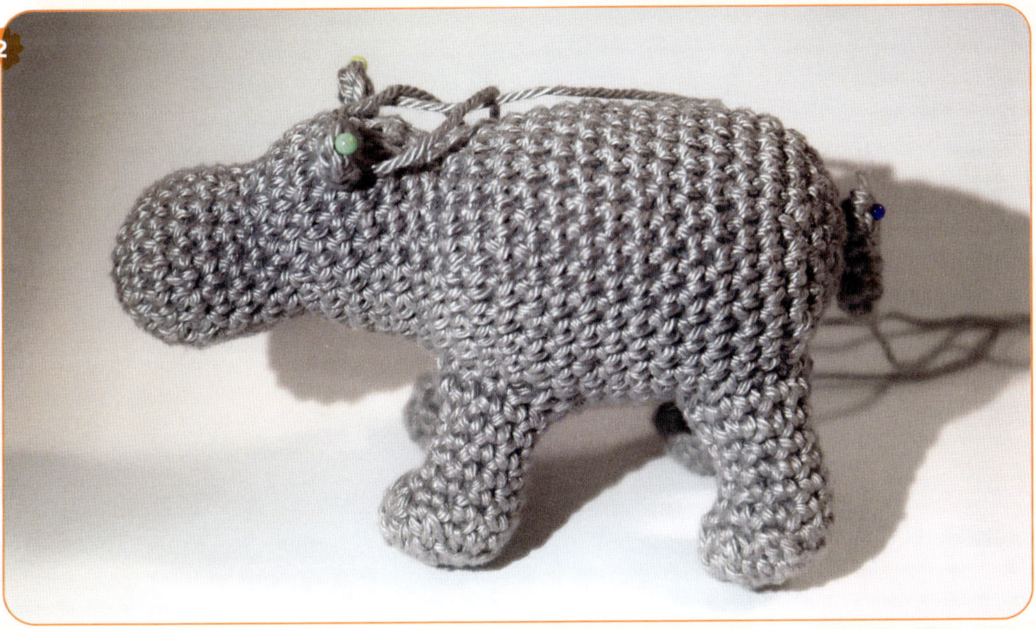

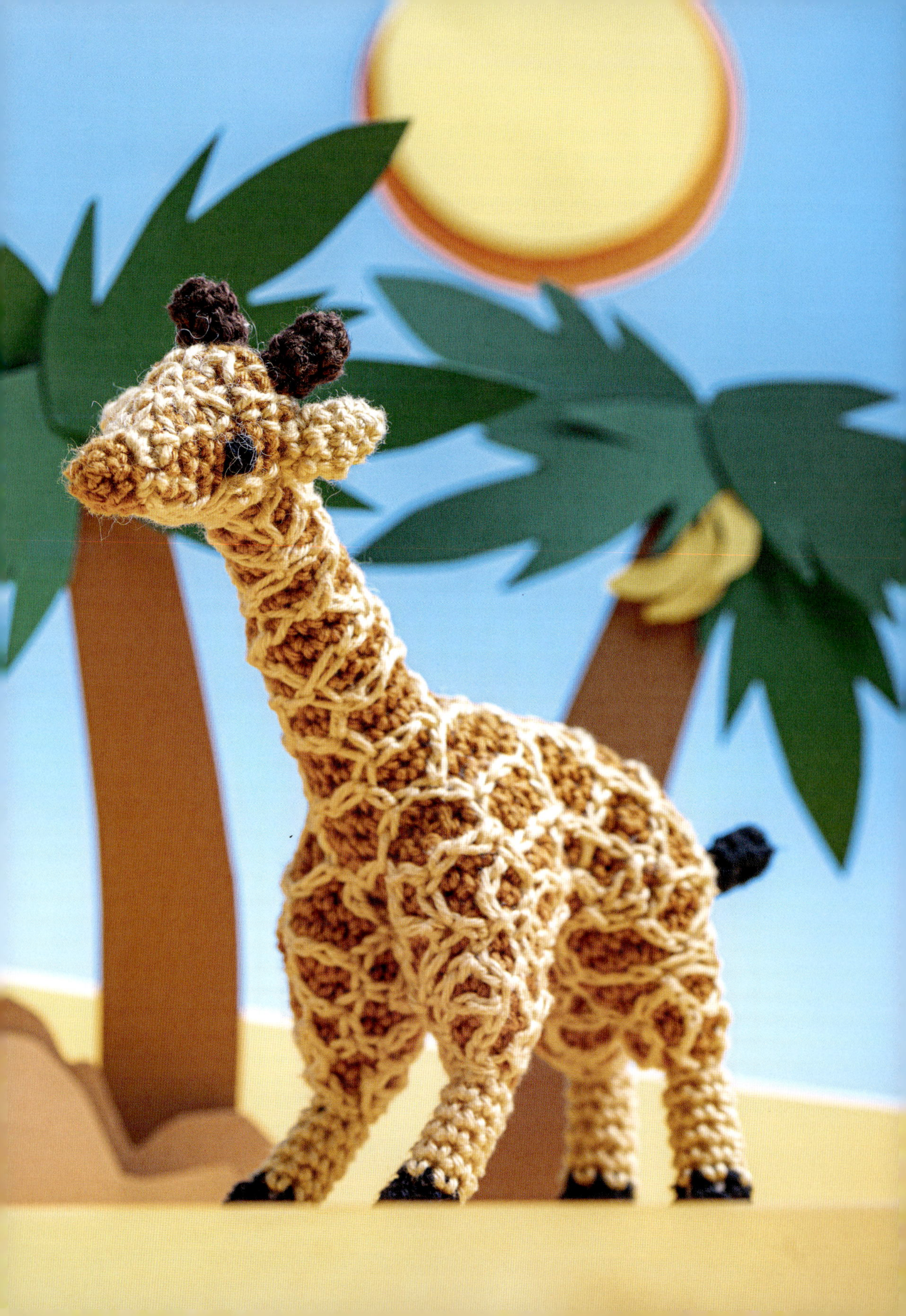

GIRAFFE

Schwierigkeit 5/5

Was wir benötigen

- Garn in Hellbraun, Dunkelbraun, Hellgelb und Schwarz (z.B. Schachenmayr Catania in Zimt 00383, Kaffee 00162, Honig 00206 und Schwarz 00110)
- Größe: (bei o.g. Garn und Nadelstärke 2,5) ca. 14 cm hoch

Viel Spaß beim Häkeln!

Anleitung

Körper

Mit dem hellbraunen Garn 3 fM in einen Fadenring häkeln (alternativ: 2 Lfm anschl., 3 fM in die 2. Lfm von der Nd aus) = 3 M

1. Rd.: jede M verd. = 6 M

2. Rd.: 6 fM

3. Rd.: in Hellgelb jede 2. M verd. = 9 M

4. Rd.: in Hellbraun 9 fM

5. Rd.: jede 3. M verd. = 12 M

6. Rd.: 12 fM

7. Rd.: 4 fM, 4 M verd., 4 fM = 16 M

8. Rd.: 16 fM

9. Rd.: 14 fM, ihMg (2 M zus.häk.) = 15 M

Den Kopf mit Füllmaterial ausstopfen. Eine Markierung setzen.

10. Rd.: ihMg (2 M zus.häk.), 11 fM, 4 Lfm, die nächsten 4 M überspringen, weiter in die 3. M der 10.Rd.

11. Rd.: 1 fM, (2 M zus.häk.) x 4, 1 fM, 1 fM in die 1. der 4 übersprungenen M, 2 Lfm, die nächsten 2 M überspringen, 1 fM in die 4. der 4 übersprungenen M, weiter in die 1. M der 11. Rd.:

12. Rd.: (2 M zus.häk.) x 3, 1 fM, 1 fM in das vMg der 15. M der 9. Rd., weiter in die 3 folgenden vMg: 2 M verd., 1 fM, 1 fM in die letzte M der 11. Rd.

13. Rd.: 3 M zus.häk., die Rd. nicht fertig häkeln = 9 M, den Maschenmarkierer neu ansetzen hinter den gerade gehäkelten 3 M zus.

14.–16. Rd.: 9 fM (3 Runden)

Den Kopf fertig ausstopfen.

17. Rd.: 4 fM, 1 M verd., 4 fM = 10 M

18. Rd.: 10 fM

19. Rd.: 5 fM, 2 M verd., 3 fM = 12 M

20.–25. Rd.: 12 fM (6 Runden)

26. Rd.: jede 4. M verd. = 15 M

27. Rd.: 15 fM

28. Rd.: jede 5. M verd. = 18 M

Den Hals ausstopfen.

29. Rd.: 4 fM, 3 M verd., 7 fM, 1 M verd., 3 fM = 22 M

30. Rd.: 6 fM, 2 M verd., 14 fM = 24 M

31. Rd.: 24 fM

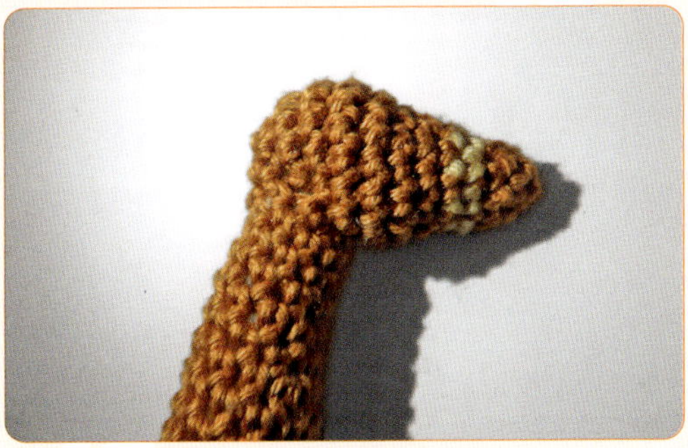

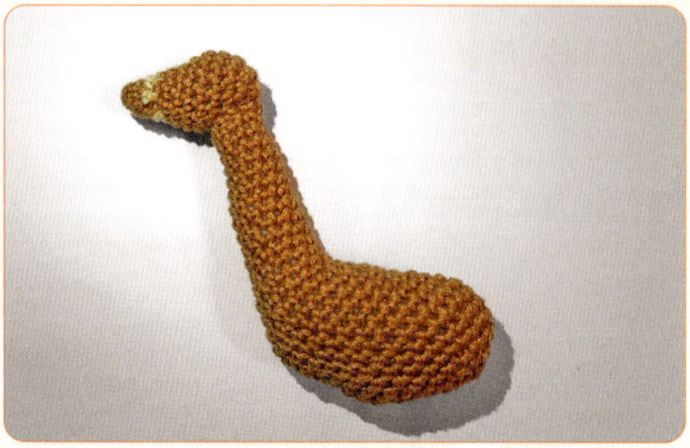

32. Rd.: 8 fM, 2 M verd., 9 fM, (2 M zus.häk.) x 2, 1 fM (= 24 M)
33. Rd.: 9 fM, 2 M verd., 9 fM, (2 M zus.häk.) x 2 (= 24 M)
34. Rd.: 24 fM
35. Rd.: 10 fM, 3 M verd., 10 fM, 1 M verd. = 28 M
36. u. 37. Rd.: 28 fM (2 Runden)
38. Rd.: 24 fM, (2 M zus.häk.) x 2 = 26 M
39. Rd.: (2 M zus.häk.) x 2, 22 fM = 24 M
Den Körper ausstopfen.
40. Rd.: jede 3. u. 4. M zus.häk. = 18 M
41. Rd.: jede 2. u. 3. M zus.häk. = 12 M
Den Körper fertig ausstopfen.
42. Rd.: je 2 M zus.häk. = 6 M
Den Faden abschneiden, durchziehen und vernähen.

Beine (4x)

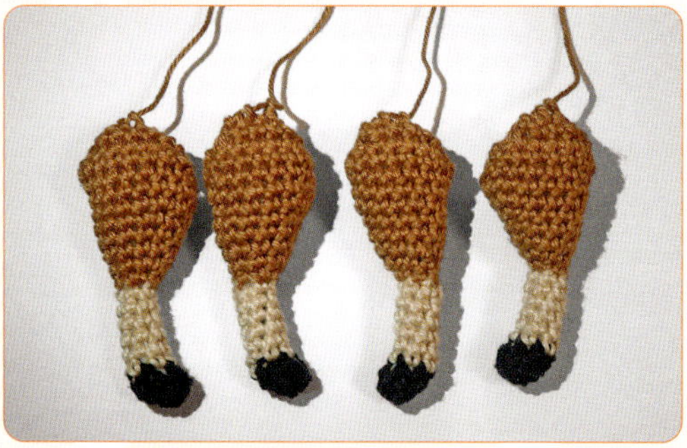

Mit dem schwarzen Garn 4 fM in einen Fadenring häkeln (alternativ: 2 Lfm anschl., 4 fM in die 2. Lfm von der Nd aus) = 4 M
1. Rd.: jede M verd. = 8 M
2. Rd.: ihMg (1 fM, (2 M zus.häk.) x 2, 1 fM), in Hellgelb 2 fM = 6 M
3.–8. Rd.: 6 fM (6 Runden)
Das Bein ausstopfen.
9. Rd.: in Hellbraun 2 M zus.häk., 1 fM, 2 M verd., 1 fM = 7 M
10. Rd.: 3 fM, 2 M verd., 2 fM = 9 M
11. Rd.: jede 3. M verd. = 12 M
12. Rd.: 12 fM
13. Rd.: 7 fM, 2 M verd., 3 fM = 14 M
14. Rd.: 8 fM, 2 M verd., 4 fM = 16 M
15. Rd.: 16 fM
Für zwei rechte und zwei linke Beine unterschiedlich weiterhäkeln:

Linkes Bein (2x)

16. Rd.: 1 fM, 2 M verd., 8 fM, 1 Lfm, wenden, den Rest des Beins in Reihen fertig häkeln:
1. R.: 2 M zus.häk., 6 fM, 2 M zus.häk., 1 WL = 8 M
2. R.: 2 M zus.häk., 4 fM, 2 M zus.häk., 1 WL = 6 M
3. R.: 2 M zus.häk., 2 fM, 2 M zus.häk., 1 WL = 4 M
4. R.: (2 M zus.häk.) x 2 = 2 M
Den Faden abschneiden und durchziehen, noch nicht vernähen! Das Bein ausstopfen.

Rechtes Bein (2x)

16. Rd.: 1 fM, 2 M verd., 13 fM = 18 M
17. Rd.: 3 fM, 1 Lfm, wenden, den Rest des Beins in Reihen fertig häkeln:
1. R.: 2 M zus.häk., 6 fM, 2 M zus.häk., 1 WL = 8 M
2. R.: 2 M zus.häk., 4 fM, 2 M zus.häk., 1 WL = 6 M
3. R.: 2 M zus.häk., 2 fM, 2 M zus.häk., 1 WL = 4 M
4. R.: (2 M zus.häk.) x 2 = 2 M
Den Faden abschneiden und durchziehen, noch nicht vernähen! Das Bein ausstopfen.

Ohren (2x)

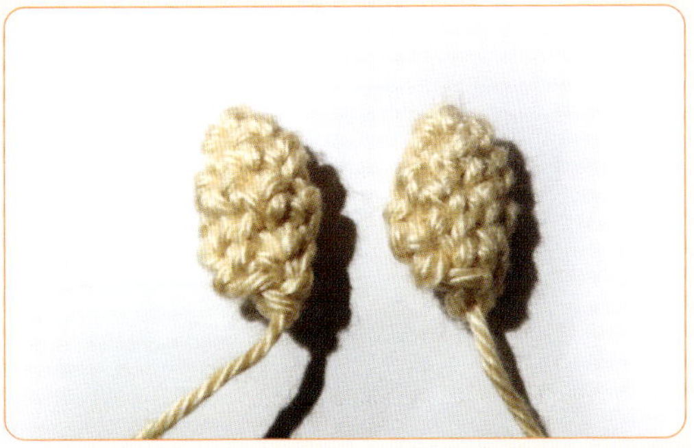

Mit dem hellgelben Garn 4 fM in einen Fadenring häkeln (alternativ: 2 Lfm anschl., 4 fM in die 2. Lfm von der Nd aus) = 4 M
1. Rd.: jede 2. M verd. = 6 M
2. Rd.: jede 3. M verd. = 8 M
3. Rd.: je 2 M zus.häk. = 4 M
Den Faden abschneiden und durchziehen, noch nicht vernähen!

Hörner (2x)

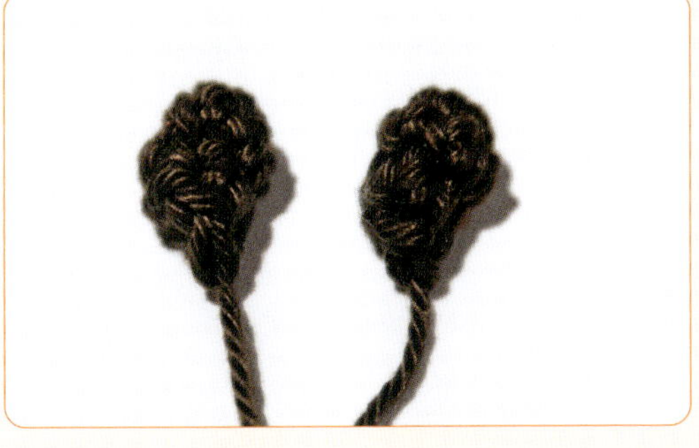

Mit dem dunkelbraunen Garn 6 fM in einen Fadenring häkeln (alternativ: 2 Lfm anschl., 6 fM in die 2. Lfm von der Nd aus) = 6 M
1. Rd.: 6 fM
2. Rd.: jede 2. u. 3. M zus.häk. = 4 M
Den Faden abschneiden und durchziehen, noch nicht vernähen!

Schwanz

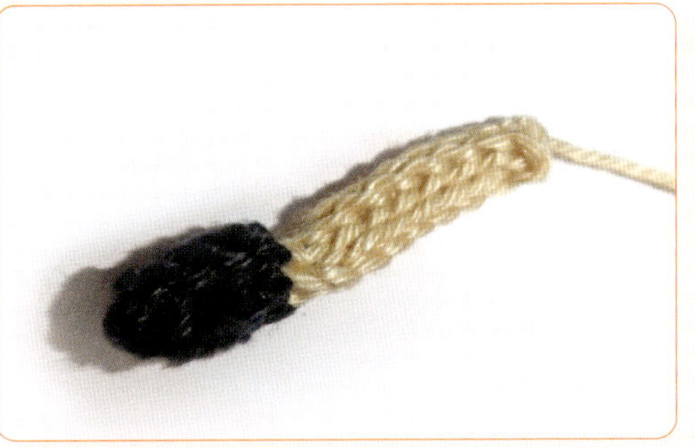

Mit dem hellgelben Garn 10 Lfm anschl., dabei darauf achten, dass der Anfangsfaden nicht zu kurz ist!
In Schwarz 1 Lfm,
1. R.: 6 Stb in die 2. Mvon der Nd aus, in Hellgelb 9 Km, 1 WL = 15 M
2. R.: 9 Km, die letzten 6 Stb in der Mitte falten und die R. in Schwarz durch je zwei gegenüberliegende M häkeln: 3 fM
Den Faden abschneiden und durchziehen. Alle Fäden, bis auf den gelben Anfangsfaden vernähen.

Fertigstellen

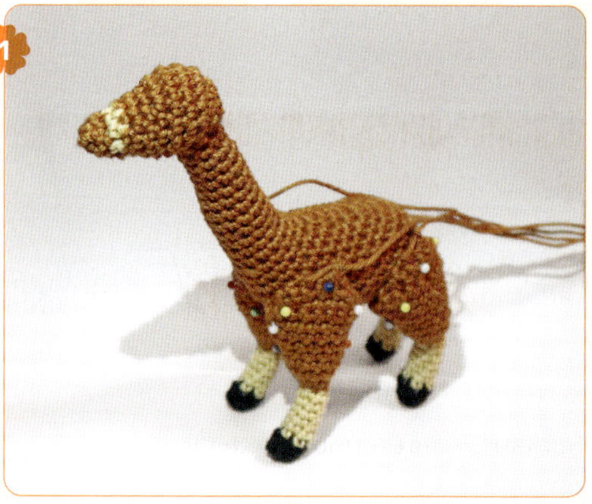

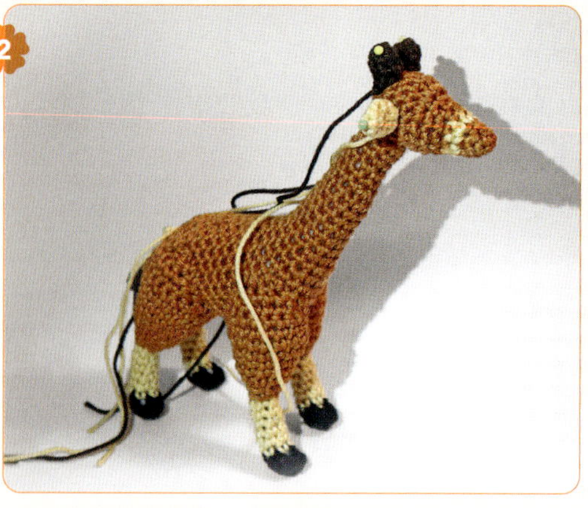

Die vier Beine am Körper positionieren und annähen, dabei auf rechts und links achten; alle Hufe sollten nach vorne zeigen (Bild 1)! Ohren, Hörner und Schwanz ebenfalls am Körper platzieren und annähen (Bild 2). Schließlich mit hellgelbem Garn ein Netzmuster über den ganzen Körper sticken (siehe Sticktechnik auf der nächsten Seite). Dabei am Kopf mit einfachen Stichen arbeiten. Zum Schluss in Schwarz die Augen aufsticken (siehe Foto S. 20). Fertig!

Sticktechnik für das Netz

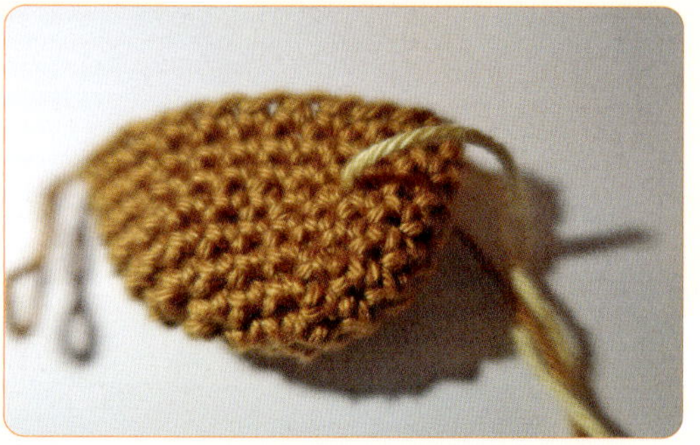

1. Anfangsfaden aus dem Körper herausführen.

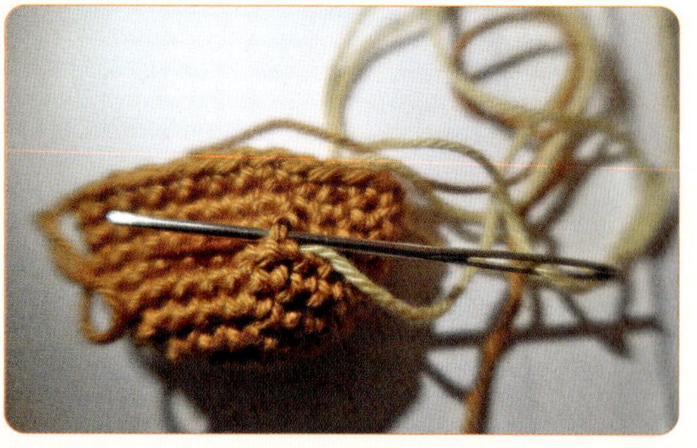

2. Mit der Nadel wieder in die gleiche Öffnung einstechen und 1 M weiter wieder aus dem Körper führen.

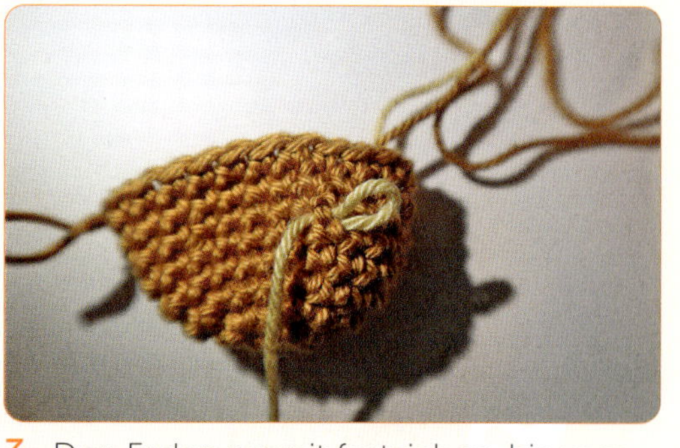

3. Den Faden soweit festziehen, bis vom Faden eine kleine Schlaufe übrig bleibt. Nicht zu stark ziehen, sonst löst sich die Schlaufe auf!

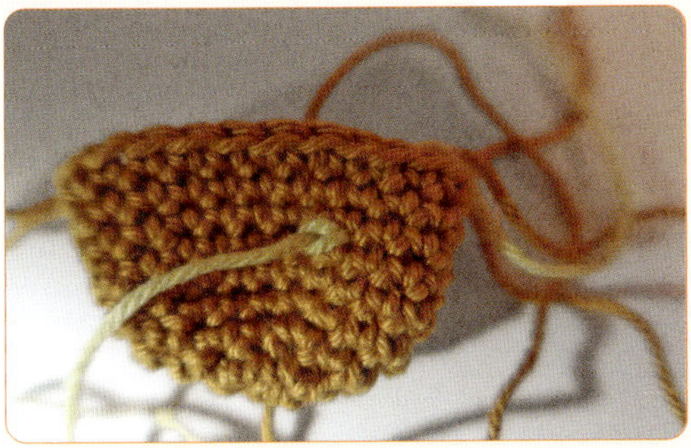

4. Den Faden durch die kleine Schlaufe führen und festziehen.

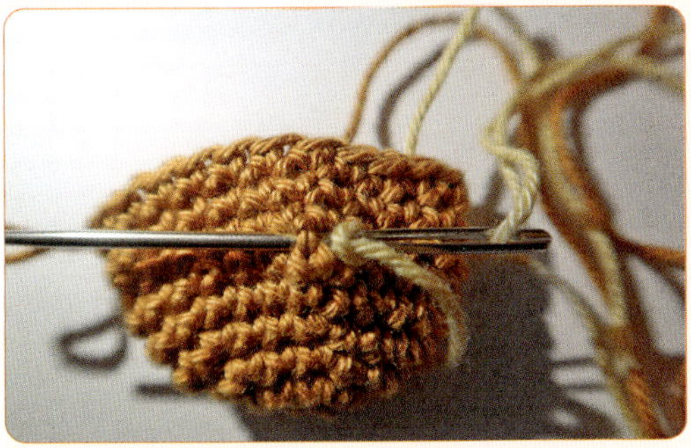

5. Die Nadel durch die festgezogene Schlaufe und die Öffnung wieder in den Körper führen und 1 M weiter wieder aus dem Körper führen.

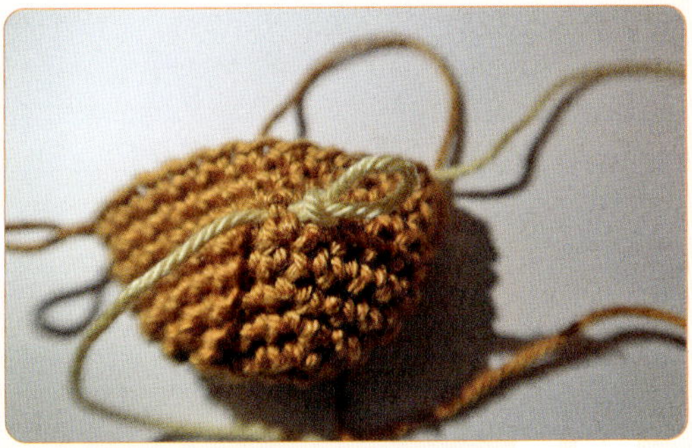

6. Den Faden festziehen, bis vom Faden eine kleine Schlaufe übrig bleibt. Nicht zu stark ziehen, sonst löst sich die Schlaufe auf!

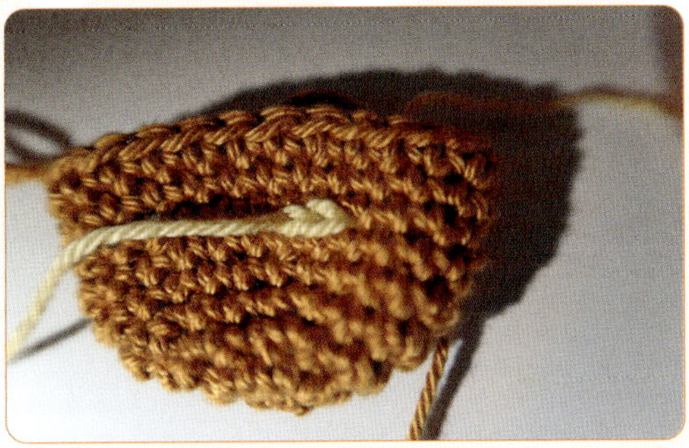

7. Den Faden wieder durch die kleine Schlaufe führen und festziehen.

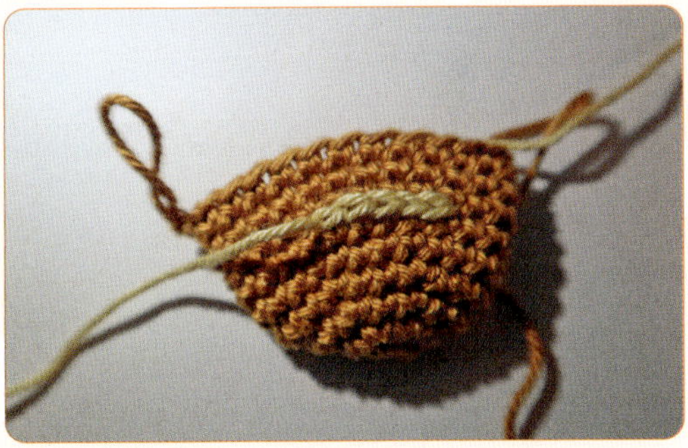

Schritte 5.–7. Wiederholen, den Faden dabei unterschiedlich führen, so dass ein Netzmuster entsteht.

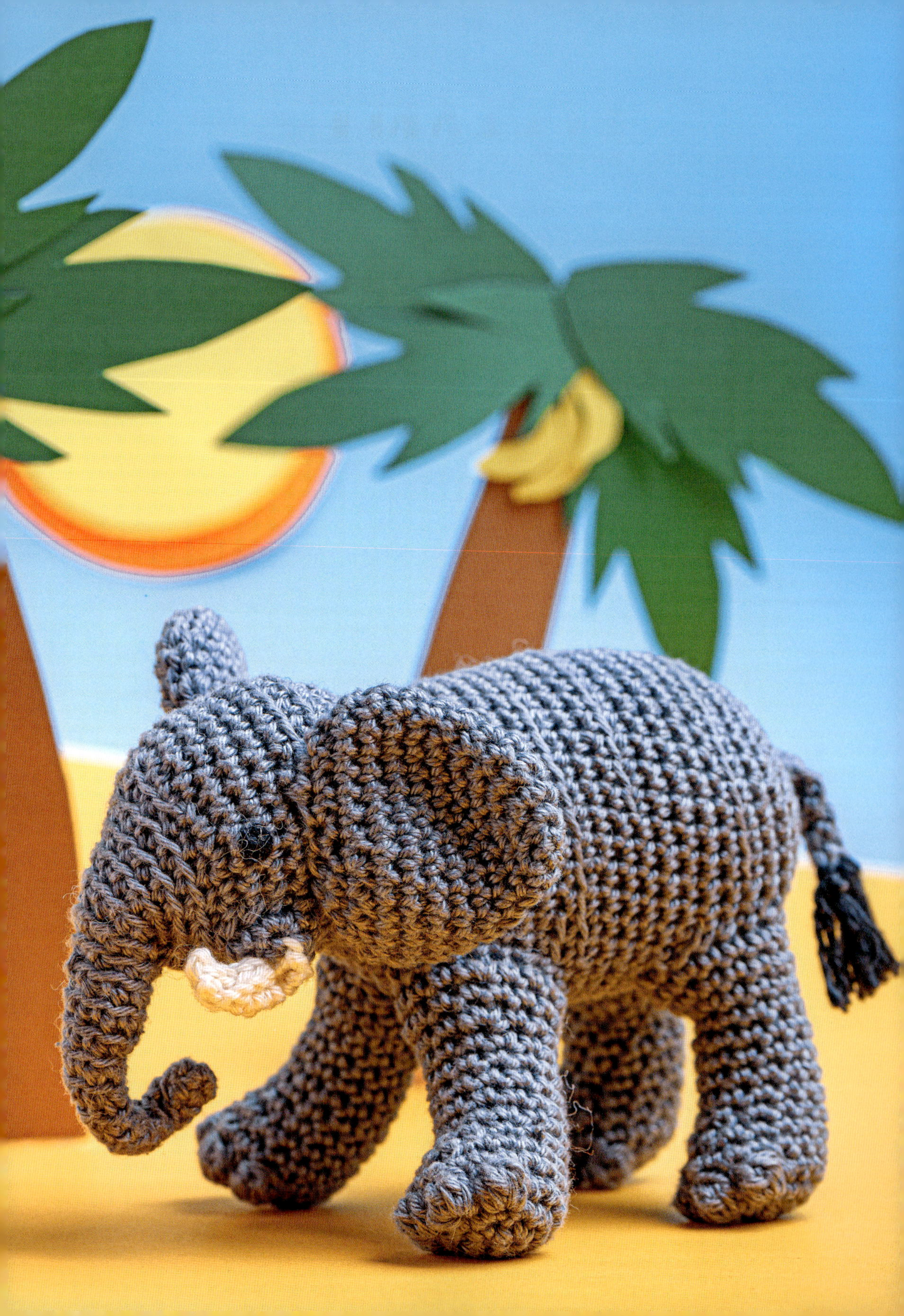

ELEFANT

Schwierigkeit 4/5

Was wir benötigen

- Garn in Grau, Weiß und Schwarz (z.B. Schachenmayr Catania in Stein 00242 , Weiß 00106 und Schwarz 00110)
- Größe: (bei o.g. Garn und Nadelstärke 2,5) ca. 15 cm

Viel Spaß beim Häkeln!

Anleitung

Körper

Mit dem grauen Garn 4 fM in einen Fadenring häkeln (alternativ: 2 Lfm anschl., 4 fM in die 2. Lfm von der Nd aus) = 4 M
1. Rd.: 1 M verd., 2 fM, 1 M verd. = 6 M
2. Rd.: ihMg (6 fM)
3.–7. Rd.: ihMg (1 M verd., (2 M zus.häk.) x 2, 1 M verd.) = 6 M (5 Runden)
8. Rd.: ihMg (6 fM)
9. Rd.: ihMg (1 fM, 2 M verd., 3 fM) = 8 M
10. u. 11. Rd.: ihMg (8 fM) (2 Runden)
12. Rd.: ihMg (7 fM, 1 M verd.) = 9 M
13. Rd.: ihMg (8 fM, 1 M verd.) = 10 M
14. Rd.: ihMg (4 fM, 1 M verd.) x 2 = 12 M
15. Rd.: ihMg (5 fM, 1 M verd.) x 2 = 14 M
16. Rd.: ihMg (6 fM, 1 M verd.) x 2 = 16 M
17. Rd.: ihMg (7 fM, 1 M verd.) x 2 = 18 M
Den Rüssel ca. ab der 7. Rd. mit Füllmaterial ausstopfen.
18. Rd.: ihMg (14 fM, (1 fM, 1 M verd.) x 2) = 20 M
19. Rd.: 7 Lfm, die nächsten 13 M überspringen, in die letzten 7 M der 18. Rd. ihMg (2 fM, 1 M verd., 1 fM, 1 M verd., 2 fM) = 22 M
20. Rd.: Weiter in der ersten M der 18. Rd.: 2 M verd., 3 fM, 1 M verd., 1 fM, 1 M verd., 3 fM, 2 M verd., in die letzten 9 M der 19. Rd.: 9 fM = 28 M
21. Rd.: 2 fM, 1 M verd., 13 fM, 1 M verd., 11 fM = 30 M
22.–24. Rd.: 30 fM (3 Runden)
Mit einem Stück grauen Faden den Rüssel an der Unterseite an den Körper nähen, sodass er nicht mehr nach vorne steht, sondern nach unten zeigt.

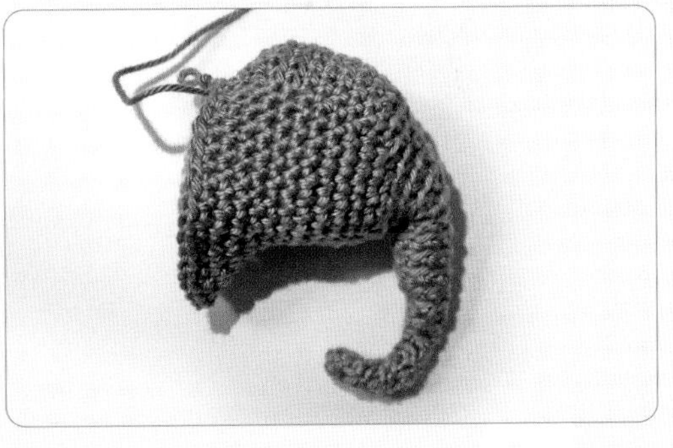

25. u. 26. Rd.: 21 fM, ihMg (9 fM) (2 Runden)
27. Rd.: 7 fM, (1 fM, 1 M verd.) x 3, 7 fM, (1 fM, 2 M zus.häk.) x 3, 1 fM = 30 M
28. Rd.: 7 fM, (2 fM, 1 M verd.) x 3, 8 fM (2 M zus.häk.) x 3 = 30 M
29. Rd.: 11 fM, (1 fM, 1 M verd.) x 3, 7 fM, (1 fM, 2 M zus.häk.) x 2 = 31 M

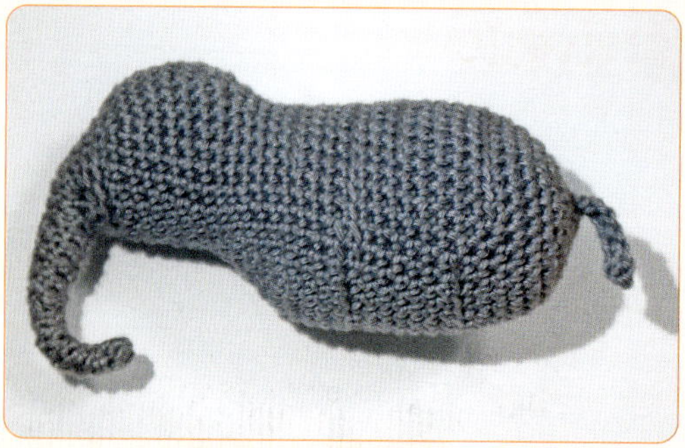

30. Rd.: 1 fM, 2 M zus.häk., 7 fM, 2 fM, 1 M verd.) x 3, 12 fM = 33 M
31. Rd.: 9 fM, (3 fM, 1 M verd.) x 3, 12 fM = 36 M
32. Rd.: 36 fM
33. Rd.: 30 fM, ihMg (6 fM)
34. Rd.: ihMg (6 fM), 30 fM
35. Rd.: 36 fM
36. Rd.: 12 fM, ihMg (16 fM), 8 fM
37. Rd.: 26 fM, ihMg (10 fM)
38. Rd.: ihMg (14 fM), 22 fM
39. Rd.: 36 fM
40. Rd.: 32 fM, ihMg (4 fM)
41. Rd.: ihMg (6 fM), 30 fM
42. Rd.: 36 fM
43. Rd.: 16 fM, ihMg (12 fM), 8 fM
44. Rd.: 36 fM
45. Rd.: 30 fM, ihMg (6 fM)
46. Rd.: ihMg (12 fM), 24 fM
47. Rd.: 36 fM
Den Körper mit Füllmateral ausstopfen.
48. Rd.: jede 5. u. 6. M zus.häk. = 30 M
49. Rd.: jede 4 . u. 5. M zus.häk. = 24 M
50. Rd.: jede 3. u. 4. M zus.häk. = 18 M
51. Rd.: jede 2. u. 3. M zus.häk. = 12 M
Den Körper fertig ausstopfen.
52. Rd.: je 2 M zus.häk. = 6 M
53. Rd.: 2 M zus.häk., 7 Lfm, 1 fM in die 2. Lfm von der Nd aus, 5 fM (= Schwanz), 1 Km in die nächste M am Körper.
Den Faden abschneiden, durchziehen und vernähen.

Beine (4x)

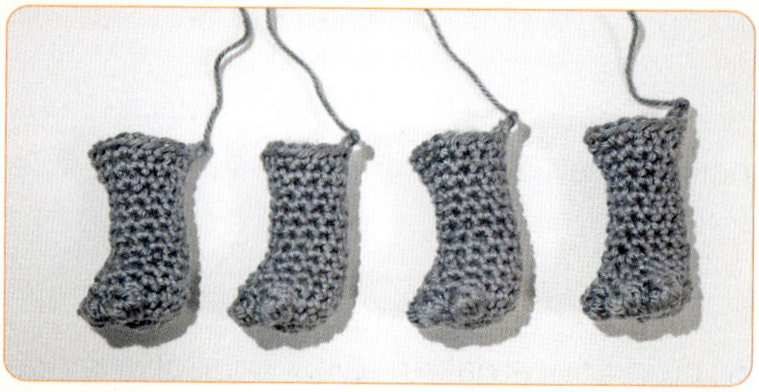

Mit dem grauen Garn 6 fM in einen Fadenring häkeln (alternativ: 2 Lfm anschl., 6 fM in die 2. Lfm) = 6 M
1. Rd.: jede M verd. = 12 M
2. Rd.: 4 M verd., 8 fM = 16 M
3. Rd.: (1 bs mit 4 Stb, 1 fM) x 4, 8 fM = 16 M (alternativ: (4 Stb in 1 M, 1 fM) x 4, 8 fM und in der nächsten Rd. (4 M zus.häk., 1 fM) x 4, 8 fM)
4. Rd.: 16 fM
5. Rd.: 2 fM, (2 M zus.häk.) x 2, 10 fM = 14 M
6. Rd.: 1 fM, (2 M zus.häk.) x 2, 9 fM = 12 M
7.–11. Rd.: 12 fM (5 Runden)
12. Rd.: jede 4. M verd. = 15 M
13. Rd.: 15 fM
14. Rd.: jede 5. M verd. = 18 M
Den Faden abschneiden und durchziehen, noch nicht vernähen! Das Bein ausstopfen.

Stoßzähne (2x)

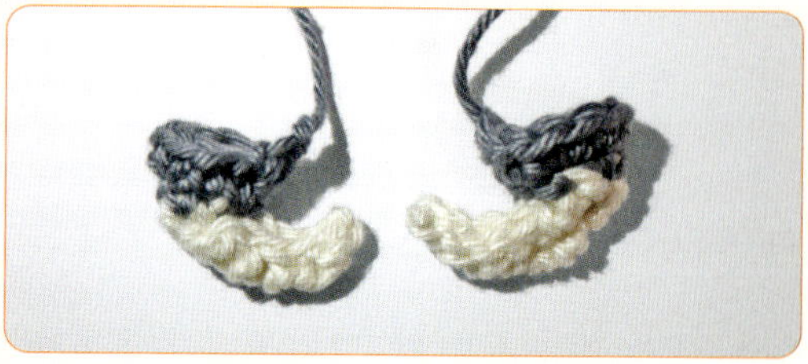

Mit dem weißen Garn 7 Lfm anschl.
1. R.: 3 fM in die 2. M, 2 Stb, 1 hStb, 1 fM, 1 Km, 1 WL = 8 M
2. R.: Den Stoßzahn flach aufeinanderlegen und jeweils durch 2 gegenüberliegende M

(je 1 Lfm der Anfangskette und 1 Masche) häkeln: 4 Km, 1 fM, in Grau in die ersten 3 M der 1. R.: 1 fM, 1 M verd., 1 fM; in die letzte weiße fM der 2.R.: 1 M verd. = 6 M
Weiter in die eben entstandene Runde häkeln. Den Stoßzahn mit einer Runde wie folgt beenden:
1. Rd.: jede 2. M verd. = 9 M
Den Faden abschneiden und durchziehen, noch nicht vernähen! Den Stoßzahn leicht ausstopfen.

Ohren (2x)

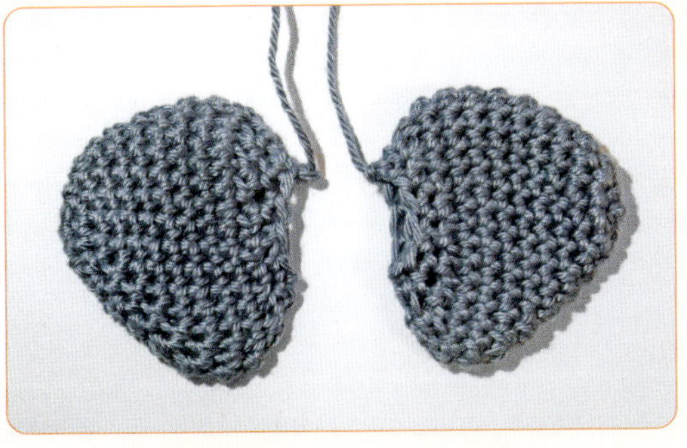

Mit dem grauen Garn 6 fM in einen Fadenring häkeln (alternativ: 2 Lfm anschl., 6 fM in die 2. Lfm von der Nd aus) = 6 M
1. Rd.: jede M verd. = 12 M
2. Rd.: jede 4. M verd. = 15 M
3. Rd.: 3 fM, 2 M verd., 6 fM, 1 M verd., 3 fM = 18 M
4. Rd.: 4 fM, 2 M verd., 7 fM, 1 M verd., 4 fM = 21 M
5. Rd.: 5 fM, 2 M verd., 9 fM, 1 M verd., 4 fM = 24 M
6. Rd.: 6 fM, 2 M verd., 10 fM, 1 M verd., 5 fM = 27 M
7. Rd.: 7 fM, 2 M verd., 12 fM, 1 M verd., 5 fM = 30 M
8. u. 9. Rd.: 30 fM (2 Runden)
10. Rd.: je 2 M zus.häk. = 15 M
11. Rd.: jede 2. u. 3. M zus.häk. = 10 M
Den Faden abschneiden und durchziehen, noch nicht vernähen!

Fertigstellen

1

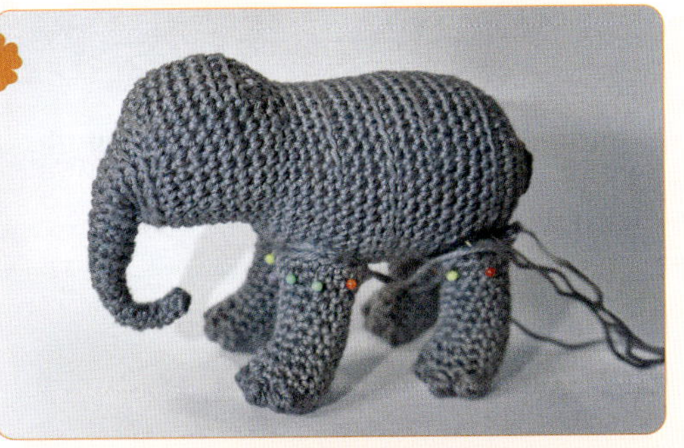

2

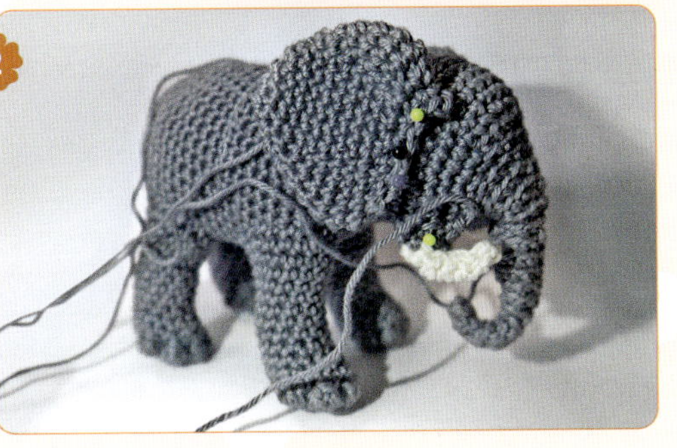

Alle vier Beine am Körper positionieren, dabei darauf achten, dass die vier Zehen jeweils nach vorne zeigen (Bild 1). Die Ohren flach aufeinanderlegen und so am Körper platzieren, dass der längere Teil des Ohrs (also die Kante mit den jeweils 2 Verdopplungen pro Reihe) nach unten gerichtet ist. Auch die Stoßzähne annähen, sodass beide Zähne leicht nach schräg oben zeigen (Bild 2). Zuletzt in Schwarz die Augen aufsticken und ebenfalls mit schwarzem Garn am Ende des Schwanzes einige Fäden anknüpfen und zurechtschneiden (siehe Foto S. 20). Fertig!

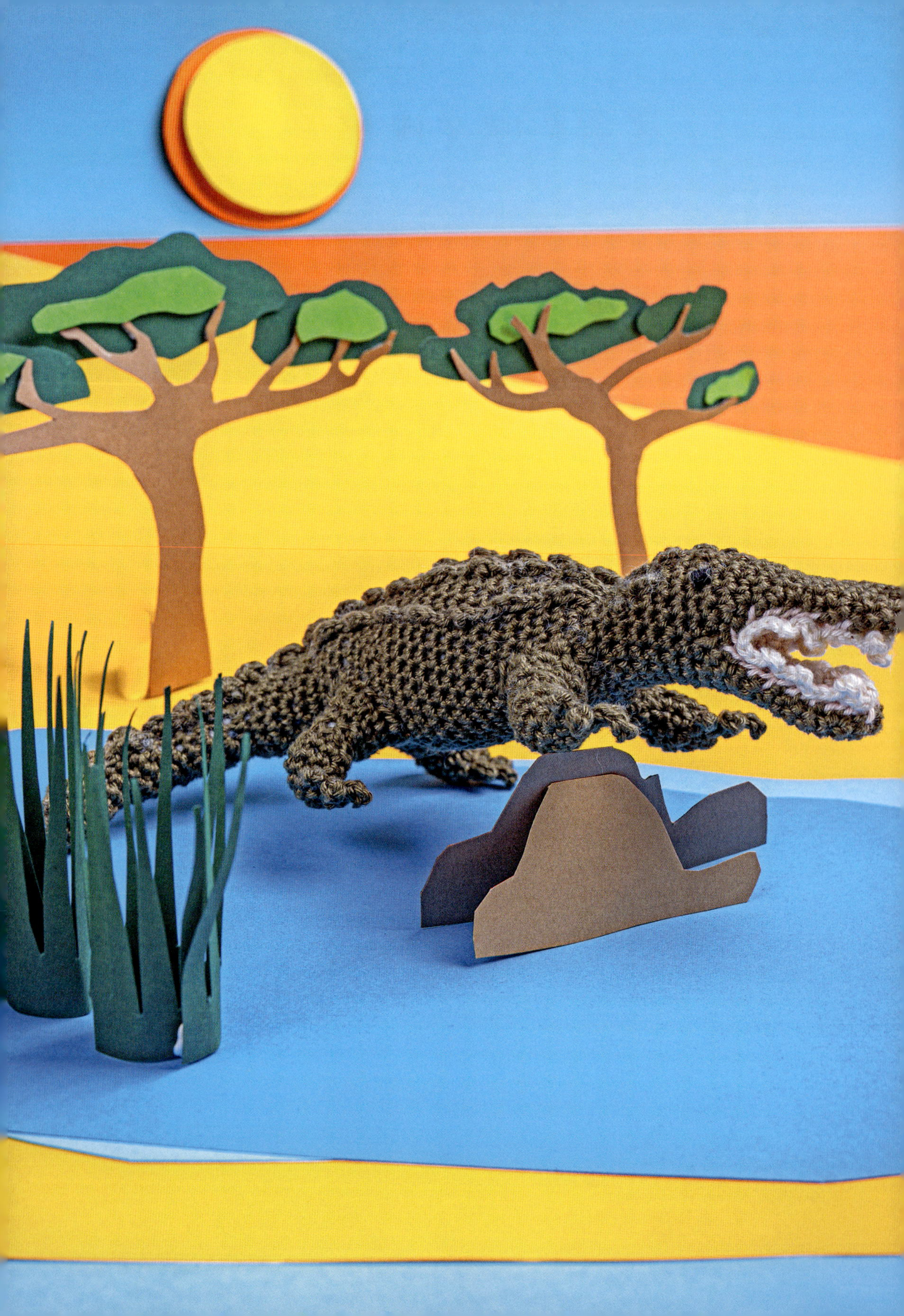

KROKODIL

Schwierigkeit 5/5

Was wir benötigen

- Garn in Grün, Beige, Weiß und Schwarz (z.B. Schachenmayr Catania in Camouflage 00414, Soft apricot 00263, Natur 00105 und Schwarz 00110)
- Größe: (bei o.g. Garn und Nadelstärke 2,5) ca. 21 cm

Viel Spaß beim Häkeln!

Anleitung

Unteres Maul

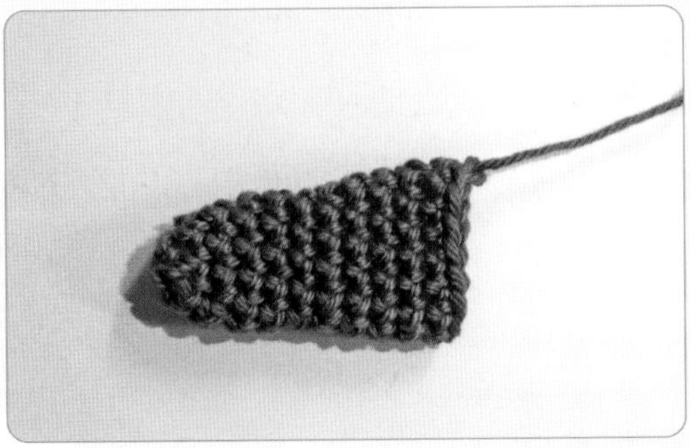

Mit dem grünen Garn 4 Lfm anschl.
1. Rd.: 1 fM in die 2. Lfm von der Nd aus, 1 fM, 1 M verd., an der unteren Seite der Lfm-Kette: 2 fM, 1 M verd. = 8 M
2. Rd.: 8 fM
3. Rd.: jede 4. M verd. = 10 M
4.–6. Rd.: 10 fM (3 Runden)
7. Rd.: jede 5. M verd. = 12 M
8. u. 9. Rd.: 12 fM (2 Runden)
10. Rd.: jede 6. M verd. = 14 M
11. Rd.: 14 fM
Den Faden kurz abschneiden und durchziehen, nicht vernähen!

Körper

Mit dem grünen Garn 4 Lfm anschl.
1. Rd.: 1 fM in die 2. Lfm von der Nd aus, 1 fM, 1 M verd., an der unteren Seite der Lfm-Kette: 2 fM, 1 M verd. = 8 M
2. Rd.: 8 fM
3. Rd.: jede 4. M verd. = 10 M
4.–6. Rd.: 10 fM (3 Runden)
7. Rd.: jede 5. M verd. = 12 M
8. Rd.: jede 6. M verd. = 14 M
9. Rd.: 14 fM
10. Rd.: jede 7. M verd. = 16 M
11. Rd.: jede 4. M verd. = 20 M
12. Rd.: 20 fM
Um den unteren Teil des Mauls direkt an den Körper zu häkeln, dieses flach aufeinanderlegen und vor das Häkelstück halten. Das Maul wird in den folgenden zwei Runden angehäkelt.
13. Rd.: In dieser Runde die dem Körper nähere Seite des Mauls anhäkeln. Dazu 7 fM jeweils durch 1 M des unteren Mauls und die nächste M am Körper häkeln; den Rest der Runde nur in die M des Körpers häkeln: 13 fM (= 20 M, ohne die restlichen M des unteren Mauls)
Der Körper besteht nun aus zwei Öffnungen, diese bilden das spätere Maul.

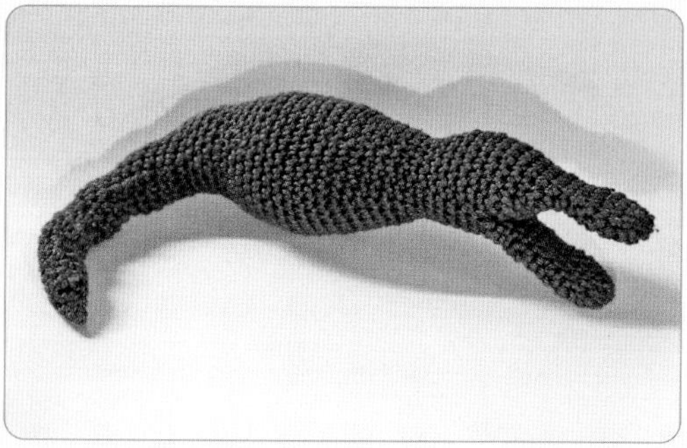

14. Rd.: 7 fM nur in die restlichen 7 M des unteren Mauls, die ersten 7 fM der vorherigen Runde bleiben in der Mitte liegen, werden aber nicht weiter gebraucht. Den Rest der Runde wieder durch die 13 restlichen M am Körper häkeln: 13 fM (= 20 M)
Der Körper wird durch die außen liegenden 20 M der 14. Rd. weiter gehäkelt.
15. u. 16. Rd.: 20 fM (2 Runden)
17. Rd.: 11 fM, 2 M zus.häk., 1 fM, 2 M zus.häk., 4 fM = 18 M
18. Rd.: 18 fM
19. Rd.: 10 fM, 2 M zus.häk., 1 fM, 2 M zus.häk., 3 fM = 16 M
20. Rd.: 16 fM
Den Kopf mit Füllmaterial ausstopfen. Die beiden Maulseiten dabei kaum bis gar nicht ausstopfen, damit sie flach bleiben.
21. Rd.: jede 8. M verd. = 18 M
22. Rd.: 18 fM
23. Rd.: jede 6. M verd. = 21 M
24. Rd.: 21 fM
25. Rd.: jede 7. M verd. = 24 M
26. Rd.: jede 8. M verd. = 27 M
27. Rd.: jede 9. M verd. = 30 M
28.–35. Rd.: 30 fM (8 Runden)
36. Rd.: jede 9. u. 10. M zus.häk. = 27 M
37. Rd.: jede 8. u. 9. M zus.häk. = 24 M
38. Rd.: jede 3. u. 4. M zus.häk. = 18 M
39.–42. Rd.: 18 fM (4 Runden)
Den Körper ausstopfen.
43. Rd.: (2 M zus.häk.) x 3, 3 fM, 4 M verd., 3 fM, 2 M zus.häk. = 18 M
44. Rd.: 18 fM
45. Rd.: (2 M zus.häk.) x 3, 3 fM, 4 M verd., 3 fM, 2 M zus.häk. = 18 M
46. Rd.: (2 M zus.häk.) x 2, 4 fM, 2 M verd., 4 fM, (2 M zus.häk.) x 2 = 16 M
47. Rd.: 16 fM
Den Schwanz ausstopfen.
48.–50. Rd.: (2 M zus.häk.) x 2, 3 fM, 2 M ver3., 3 fM, (2 M zus.häk.) x 2 = 16 M (3 Runden)
51. Rd.: 2 fM, (2 M zus.häk.) x 2, 10 fM = 14 M
Den Schwanz weiter ausstopfen.
52.–54. Rd.: (2 M zus.häk.) x 2, 2 fM, 2 M ver3., 2 fM, (2 M zus.häk.) x 2 = 14 M (3 Runden)
55. Rd.: 2 fM, (2 M zus.häk.) x 2, 8 fM = 12 M
Den Schwanz weiter ausstopfen.
56. Rd.: 3 M zus.häk., 3 fM, 2 M ver3., 1 fM, 3 M zus.häk. = 12 M
57. Rd.: (2 M zus.häk.) x 2, 2 fM, 2 M ver3., (2 M zus.häk.) x 2 = 12 M
58. Rd.: (2 M zus.häk.) x 2, 1 fM, 2 M verd., 1 fM, (2 M zus.häk.) x 2 = 10 M
Den Schwanz weiter ausstopfen.
59. Rd.: (2 M zus.häk.) x2, 2 M verd., (2 M zus.häk.) x 2 = 8 M
60. Rd.: 8 fM
61. Rd.: 2 fM, (2 M zus.häk.) x2, 2 fM = 6 M
Den Schwanz fertig ausstopfen.
62. Rd.: jede 2. u. 3. M zus.häk. = 4 M
Den Faden abschneiden, durchziehen und vernähen.

Beine (4x)

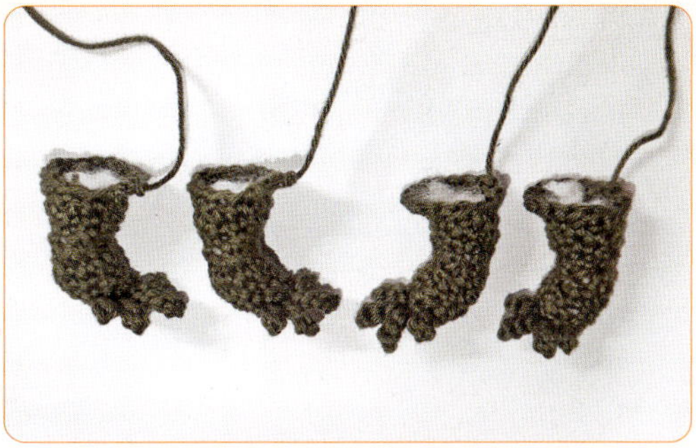

Mit dem grünen Garn 6 fM in einen Fadenring häkeln (alternativ: 2 Lfm anschl., 6 fM in die 2. Lfm von der Nd aus) = 6 M
1. Rd.: 3 Lfm, 1 Km in die 2. Lfm von der Nd aus, 1 Km, 1 Km ivMg der nächsten M am Bein, 4 Lfm, 1 Km in die 2. Lfm von der Nd aus, 2 Km, 1 Km ivMg derselben M am Bein, 4 Lfm, 1 Km in die 2. Lfm von der Nd aus, 2 Km, 1 Km ivMg der nächsten M am Bein, 3 Lfm, 1 Km in die 2. Lfm von der Nd aus, 1 Km, 1 Km ivMg derselben M am Bein, 1 fM, 2 M verd., 1 fM = 8 M (ohne die Zehen)
2. Rd.: 2 fM ihMg der ersten 2 M im Fadenring; die Zehen befinden sich in den vMg dieser 2 M und stehen anschließend nach außen ab, 2 fM, 2 M verd., 2 fM = 10 M
3. Rd.: 2 M zus.häk., 8 fM = 9 M
4. Rd.: 9 fM
Für zwei rechte und zwei linke Beine unterschiedlich weiter häkeln:

Linkes Bein (2x)

5. Rd.: 3 M zus.häk., 3 M ver3., 3 M zus.häk. = 11 M
6. Rd.: 3 M zus.häk., 1 fM, 3 M verd., 1 fM, 3 M zus.häk. = 10 M
7. Rd.: 10 fM
8. Rd.: jede 2. M verd. = 15 M
9. Rd.: 3 M zus.häk., 3 fM, 3 M verd., 3 fM, 3 M zus.häk. = 14 M
Den Faden abschneiden und durchziehen, noch nicht vernähen! Das Bein ausstopfen.

Rechtes Bein (2x)

3 fM, den Maschenmarkierer ansetzen
5. Rd.: 3 M zus.häk., 3 M ver3., 3 M zus.häk. = 11 M
6. Rd.: 3 M zus.häk., 1 fM, 3 M verd., 1 fM, 3 M zus.häk. = 10 M
7. Rd.: 10 fM
8. Rd.: jede 2. M verd. = 15 M
9. Rd.: 3 M zus.häk., 3 fM, 3 M verd., 3 fM, 3 M zus.häk. = 14 M
Den Faden abschneiden und durchziehen, noch nicht vernähen! Das Bein ausstopfen.

Maulinnenseite

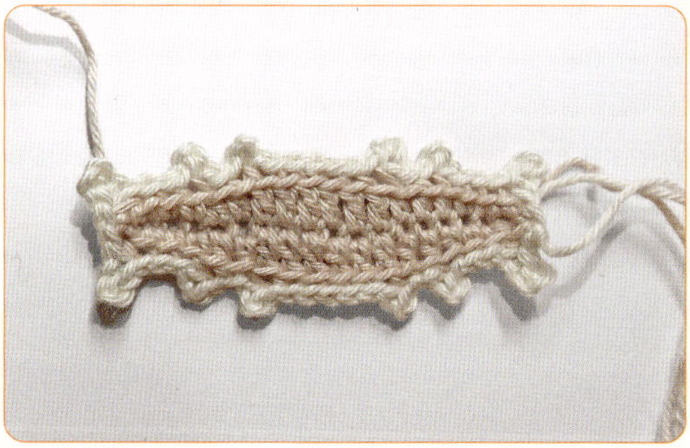

Mit dem beigen Garn 19 Lfm anschl.
1. Rd.: 1 fM in die 2. Lfm von der Nd aus, 2 fM, 3 hStb, 6 Stb, 2 hStb, 4 fM, an der unteren Seite der Lfm-Kette: 4 fM, 2 hStb, 6 Stb, 3 hStb, 3 fM = 36 M
2. Rd.: in Weiß ihMg (1 Km, 3 Lfm, 1 Km in die 2. Lfm von der Nd aus, 1 Km, 3 Km, 2 Lfm, 1 Km in die 2. Lfm von der Nd aus, 2 Km, 2 Lfm, 1 Km in die 2. Lfm von der Nd aus, 6 Km, 2 Lfm, 1 Km in die 2. Lfm von der Nd aus, 2 Km, 2 Lfm, 1 Km in die 2. Lfm von der Nd aus, 3 Km, 3 Lfm, 1 Km in die 2. Lfm von der Nd aus, 1 Km, 1 Km) x 2 (an beiden Seiten der Lfm-Kette), 1 Km in die erste M der 2. Rd.
Den weißen Faden abschneiden und durchziehen. Den beigen Faden lang abschneiden, dieser wird später zum Annähen verwendet.

Fertigstellen

1

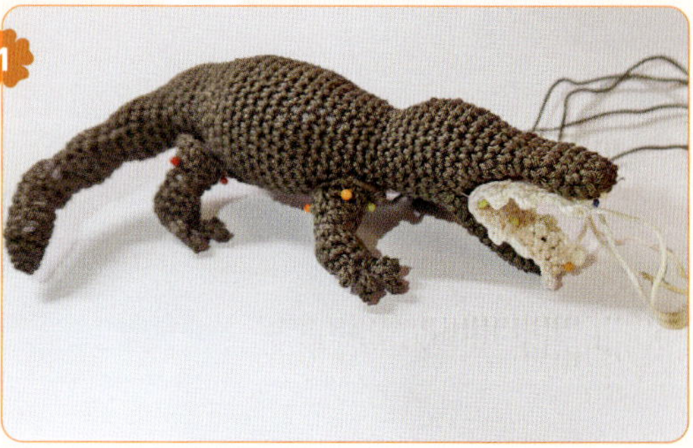

2

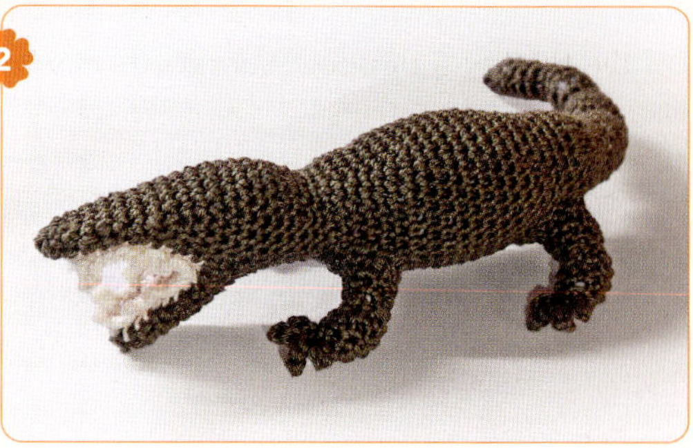

Die Beine am Körper befestigen und annähen. Die Maulinnenseite mit den Fadenenden am oberen Maul platzieren. Beim Annähen ausschließlich die vMg der 1. Rd. am Maul festnähen, dabei stellen sich die Zähne von selbst leicht auf. Optional den inneren Teil des Mauls noch zusätzlich am Körper befestigen (Bild 1).
Der Körper ist soweit fertig (Bild 2). Für mehr Struktur des Krokodils Rückenschuppen wie im Folgenden beschrieben auf das Krokodil häkeln. Zum Schluss mit grünem Garn noch mit wenigen Stichen kleine Buckel auf den Kopf des Krokodils nähen und mit schwarzem Garn die Augen aufsticken (siehe Foto S. 30). Fertig!

Rückenschuppen

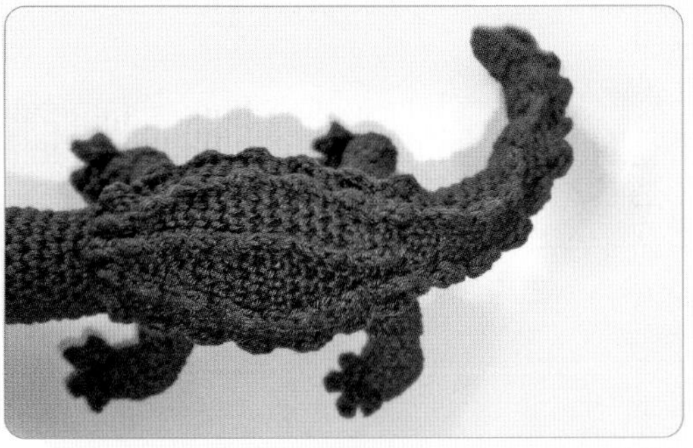

Für die Rückenschuppen werden jeweils 5 einzelne Reihen auf den Körper des Krokodils gehäkelt. Dafür jeweils am Nacken anfangen und wie beschrieben arbeiten. Für 1 fM in den Körper einstechen und 1 M weiter hinten den Faden holen. Die nächste M beginnt in der Lücke, in der die vorherige aufgehört hat.

Mittlere Schuppenreihe

Die mittlere Reihe in der Mitte des Nackens mit 1 Lfm beginnen und mittig über den Körper bis etwa zum Schwanzansatz häkeln:
1.R: 1 Km, 1 Lfm, 1 hStb, 1 Lfm, 2 Km,
(1 Lfm, 1 Stb, 1 Lfm, 2 Km) x 5, 1 Lfm,
1 hStb, 1 Lfm, 2 Km.
Den Faden abschneiden, durchziehen und vernähen.

Seitliche Schuppenreihen (2x)

Beide seitlichen Schuppenreihen etwas rechts bzw. links neben der mittleren Schuppenreihe mit 1 Lfm beginnen. Im Verlauf sollte die Schuppenreihe etwa zur Körpermitte hin jeweils ein wenig seitlicher ablaufen, zum Schwanzansatz hin sich jedoch wieder zur mittleren Reihe hinbewegen.
1.R: 1 Km, 1 Lfm, 1 hStb, 1 Lfm, 2 Km,
(1 Lfm, 1 Stb, 1 Lfm, 2 Km) x 6.
Die beiden seitlichen Schuppenreihen laufen nun weiter bis zum Schwanzende:
(1 Lfm, 2 Stb in 1 M, 1 Lfm, 2 Km) x 5, (1 Lfm, 1 Stb, 1 Lfm, 2 Km) x 2, 1 Lfm, 1 hStb, 1 Lfm, 2 Km, 1 Lfm, 1 fM, 1 Lfm, 1 Km.
Den Faden abschneiden, durchziehen und vernähen.

Äußerste Schuppenreihen (2x)

Die äußersten Reihen etwas neben den jeweiligen seitlichen Reihen mit 1 Lfm beginnen und seitlich am Körper entlang häkeln. Am Schwanzansatz verlaufen auch diese Schuppenreihen wieder zur Körpermitte hin.
1.R: 1 Km, (1 Lfm, 1 hStb, 1 Lfm, 2 Km) x 7
Den Faden abschneiden, durchziehen und vernähen.

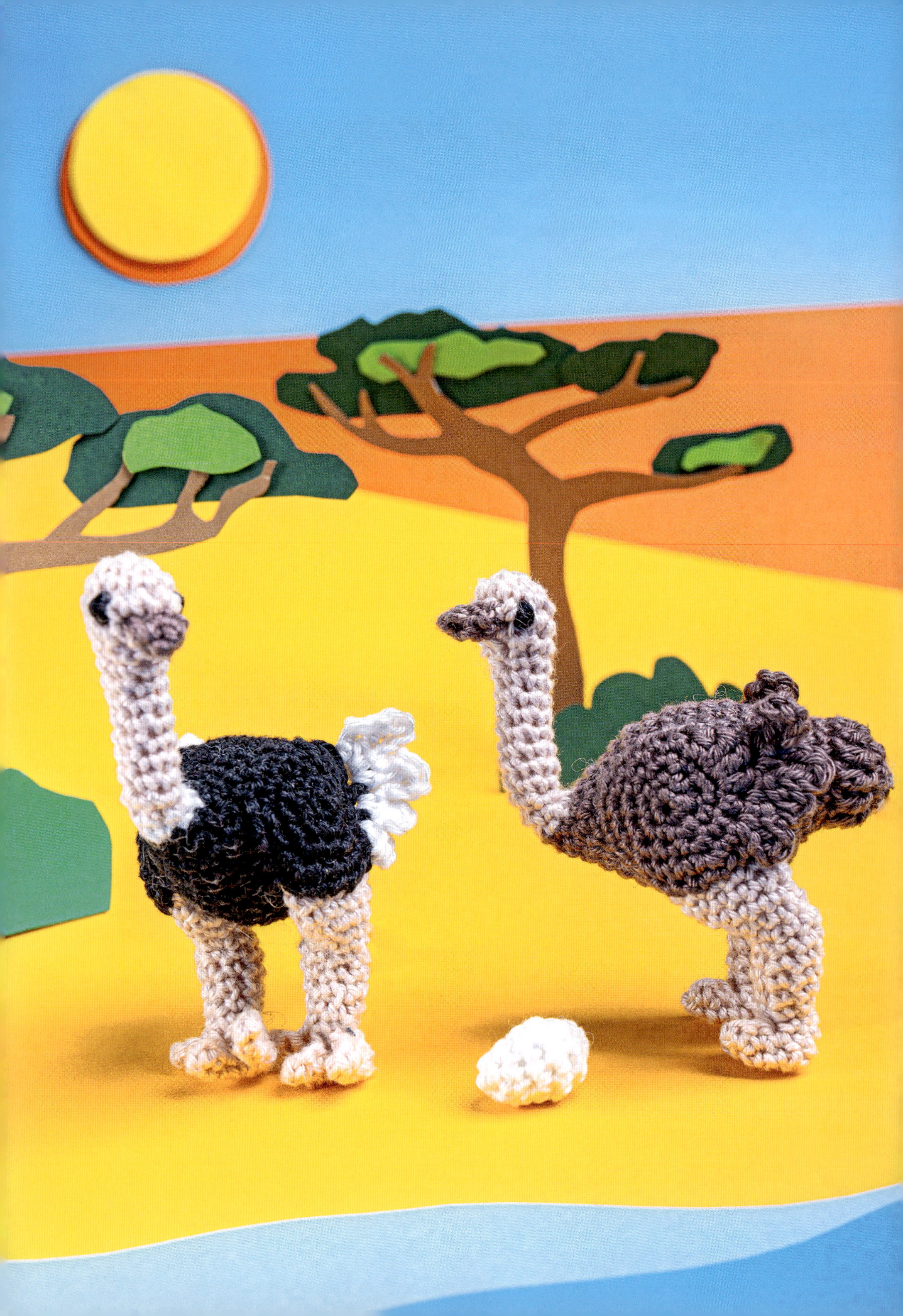

STRAUß

Schwierigkeit 4/5

Was wir benötigen

- Garn in Beige, Braun, Weiß und Schwarz (z.B. Schachenmayr Catania in Soft apricot 00263, Teddy 00161, Weiß 00106 und Schwarz 00110)
- Größe: (bei o.g. Garn und Nadelstärke 2,5) ca. 10 cm hoch
- Für das Weibchen: Den Körper in Rd. 1-14 in Beige, den Rest des Körpers in Braun häkeln. Die Flügel komplett in Braun, Beine und Schnabel wie beim Männchen häkeln.

Viel Spaß beim Häkeln!

Anleitung

Körper

Mit dem beigen Garn 6 fM in einen Fadenring häkeln (alternativ: 2 Lfm anschl., 6 fM in die 2. Lfm von der Nd aus) = 6 M
1. Rd.: 2 M verd., 4 fM = 8 M
2. Rd.: 1 fM, 2 M verd., 5 fM = 10 M
3. Rd.: 10 fM
4. Rd.: 1 fM, (2 M zus.häk.) x 2, 5 fM = 8 M
5. Rd.: (2 M zus.häk.) x 2, 4 fM = 6 M
Den Kopf mit Füllmaterial ausstopfen.
6.–13. Rd.: 6 fM (8 Runden), dabei den Hals fortlaufend ausstopfen.
14. Rd.: in Weiß 1 M ver3., (2 M zus.häk.) x 2, 1 M ver3. = 8 M
15. Rd.: in Schwarz 2 M verd., (2 M zus.häk.) x 2, 2 M verd. = 10 M
16. Rd.: 2 M verd., 1 fM, (2 M zus.häk.) x 2, 1 fM, 2 M verd. = 12 M
17. Rd.: 1 M verd., 10 fM, 1 M verd. = 14 M
18. Rd.: 14 fM
19. Rd.: 3 M verd., 10 fM, 1 M verd. = 18 M
20. Rd.: jede 3. M verd. = 24 M
21.–24. Rd.: 24 fM (4 Runden)
Den Körper ausstopfen.
25. Rd.: 12 fM, (2 M zus.häk., 2 fM) x 3 = 21 M
26. Rd.: jede 6. u. 7. M zus.häk. = 18 M
27. Rd.: 18 fM
28. Rd.: 12 fM, (2 M zus.häk.) x 3 = 15 M
29. Rd.: jede 4. u. 5. M zus.häk. = 12 M

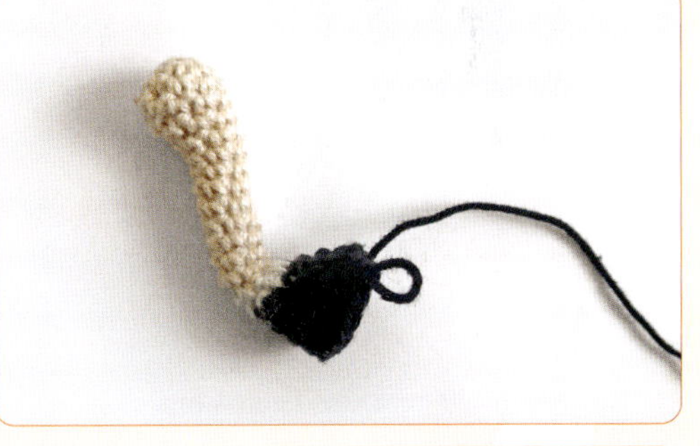

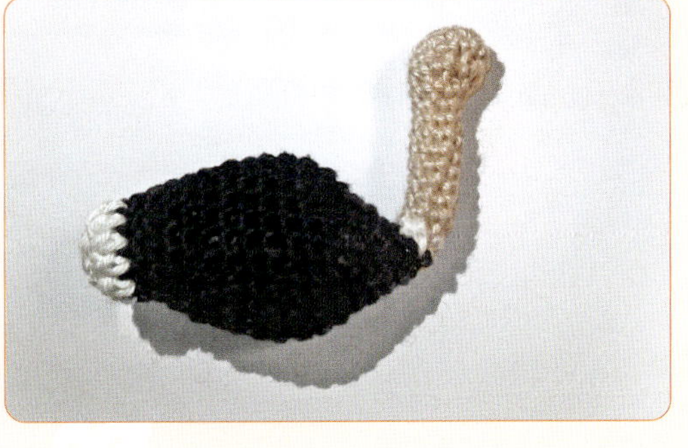

30. Rd.: 12 fM
31. Rd.: in Weiß 1 Lfm, 12 Stb
Den Körper fertig ausstopfen.
32. Rd.: (2 M zus.häk.) x 6 = 6 M
Den Faden abschneiden, durchziehen und vernähen.

Flügel (2x)

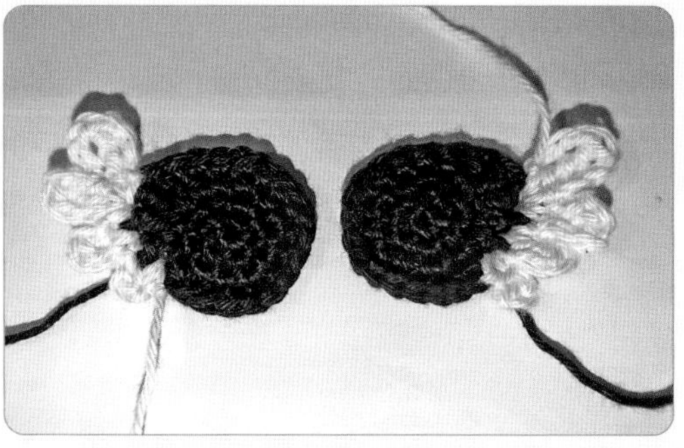

Mit dem schwarzen Garn 5 fM in einen Fadenring häkeln (alternativ: 2 Lfm anschl., 5 fM in die 2. Lfm) = 5 M
1. Rd.: jede M verd. = 10 M
2. Rd.: jede 2. M verd. = 15 M
3. Rd.: 1 fM, 1 hStb, (1 Stb, 1 DStb) in 1 M, (1 DStb, 1 Stb) in 1 M, 1 hStb, 1 fM, (2 fM, 1 M verd.) x 3 = 20 M
Für einen rechten und einen linken Flügel wird die letzte Runde unterschiedlich gehäkelt:

Linker Flügel

4. Rd.: 1 fM, in Weiß 1 Km, 2 Lfm, 1 Stb in dieselbe M, 2 Lfm, 1 Km in dieselbe M, 2 Lfm, 1 DStb in die nächste M, 2 Lfm, 1 Km in dieselbe M, 3 Lfm, 1 DStb in die nächste M, 3 Lfm, 1 Km in dieselbe M, 4 Lfm, 1 3Stb in die nächste M, 4 Lfm, 1 Km in dieselbe M.
Beide Fäden (schwarz und weiß) abschneiden und durchziehen. Alle Fäden bis auf den schwarzen Schlussfaden vernähen, dieser wird später zum Annähen gebraucht.

Rechter Flügel

4. Rd.: 4 fM, in Weiß 1 Km, 4 Lfm, 1 3Stb in dieselbe M, 4 Lfm, 1 Km in dieselbe M, 3 Lfm, 1 DStb in die nächste M, 3 Lfm, 1 Km in dieselbe M, 2 Lfm, 1 DStb in die nächste M, 2 Lfm, 1 Km in dieselbe M, 2 Lfm, 1 Stb in die nächste M, 2 Lfm, 1 Km in dieselbe M.
Beide Fäden (schwarz und weiß) abschneiden und durchziehen. Alle Fäden bis auf den schwarzen Schlussfaden vernähen, dieser wird später zum Annähen gebraucht.

Beine (2x)

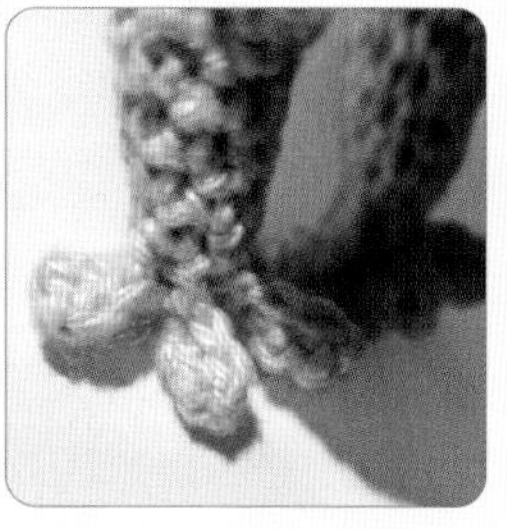

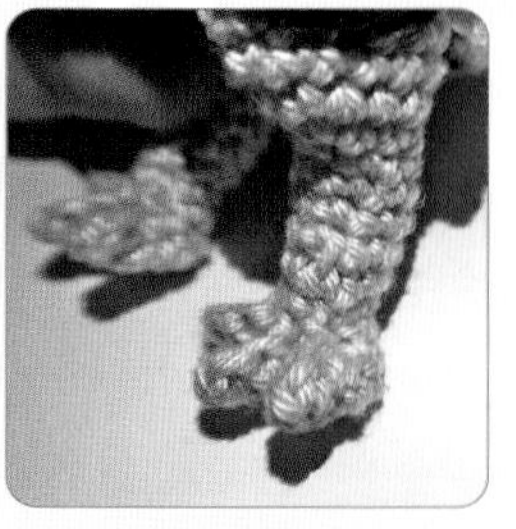

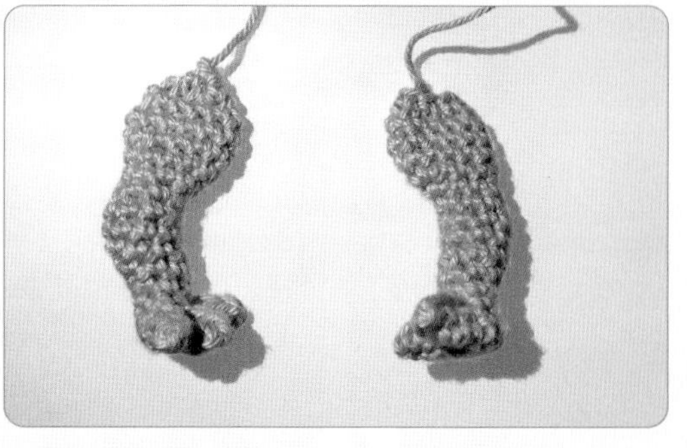

Mit dem beigen Garn einen Fadenring anschlagen. In den Fadenring häkeln: 1 fM, (4 Lfm, 1 fM in die 2. Lfm von der Nd aus, 2 fM, 1 Km in den Fadenring) x 2, 4 Lfm, 1 fM in die 2. Lfm von der Nd aus, 2 fM, 2 fM in den Fadenring = 3 M (ohne die Zehen).
1. Rd.: 1 fM, (3 fM den Zeh hoch, 1 Lfm, den Zeh flach aufeinanderlegen und durch jeweils 2 gegenüberliegende M häkeln: 3 fM, die Km überspringen) x 2, 3 fM den

Zeh hoch, 1 Lfm, den Zeh flach aufeinanderlegen und durch jeweils 2 gegenüberliegende M häkeln: 3 fM, am Bein 2 fM = 3 M (ohne die Zehen)
2. Rd.: 1 fM, (1 fM in die letzte M der 3 M am Zeh) x 3, 1 fM, 1 M verd. = 7 M
3. Rd.: 1 fM, 2 M zus.häk., 2 fM, 2 M verd. = 8 M
4. Rd.: 8 fM
5. Rd.: 1 fM, 2 M zus.häk., 2 fM, 1 M verd., 2 fM = 8 M
6. u. 7. Rd.: 8 fM (2 Runden)
Das Bein ausstopfen.
8. Rd.: 1 fM, 2 M verd., 2 fM, 3 M zus.häk. = 8 M
9. Rd.: 3 fM, 2 M verd., 3 fM = 10 M
10. Rd.: 4 fM, 2 M verd., 4 fM = 12 M
Das Bein fertig ausstopfen.
11.–13. Rd.: 12 fM (3 Runden)
14. Rd.: je 2 M zus.häk. = 6 M
Den Faden lang genug abschneiden und durchziehen, noch nicht vernähen!

Schnabel

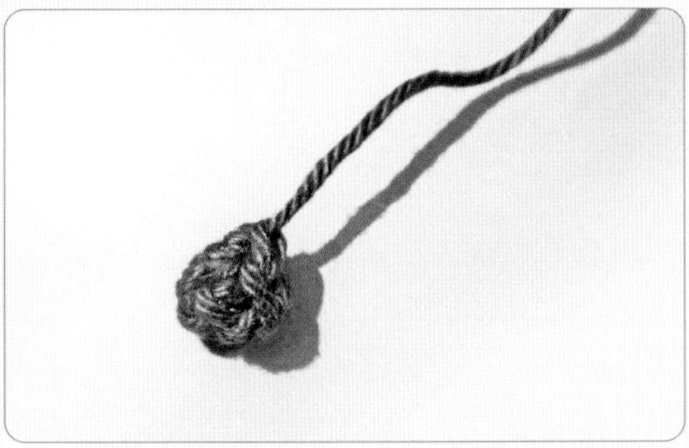

Mit dem braunen Garn 4 fM in einen Fadenring häkeln (alternativ: 2 Lfm anschl., 4 fM in die 2. Lfm) = 4 M
1. Rd.: 4 fM
Den Faden abschneiden und durchziehen, noch nicht vernähen!

Fertigstellen

1

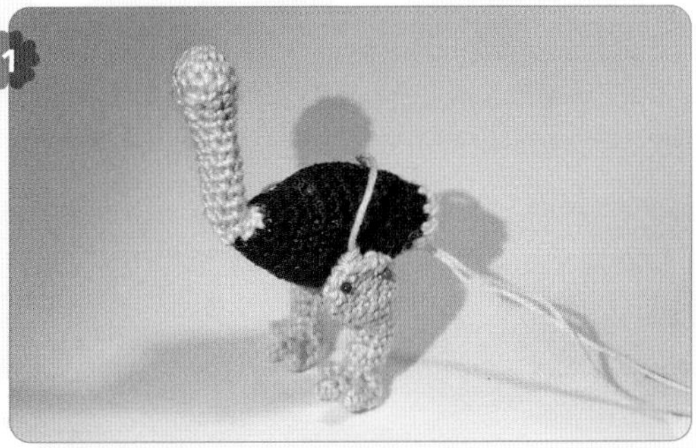

2

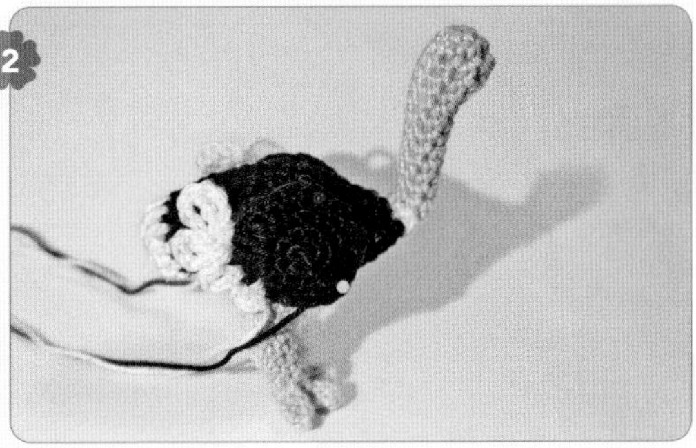

Die Beine oben flach aufeinanderlegen, so dass der mittlere Zeh jeweils nach vorne zeigt, dann positionieren und annähen (Bild 1). Die Flügel jeweils an der richtigen Seite (die lange weiße Feder zeigt nach oben) ÜBER den Beinen positionieren und ebenfalls festnähen (Bild 2). Zuletzt den Schnabel annähen und in Schwarz die Augen aufsticken (siehe Foto S. 36). Fertig!

Ei (optional)

Mit weißem Garn 6 fM in einen Fadenring häkeln (alternativ: 2 Lfm anschl., 6 fM in die 2. Lfm von der Nd aus) = 6 M
1. Rd.: 6 fM
2. Rd.: jede 2. M verd. = 9 M
3. u. 4. Rd.: 9 fM (2 Runden)
Das Ei ausstopfen.
5. Rd.: (3 M zus.häk.) x 3 = 3 M
Den Faden abschneiden, durchziehen und vernähen.

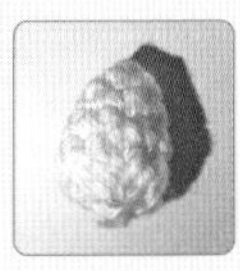

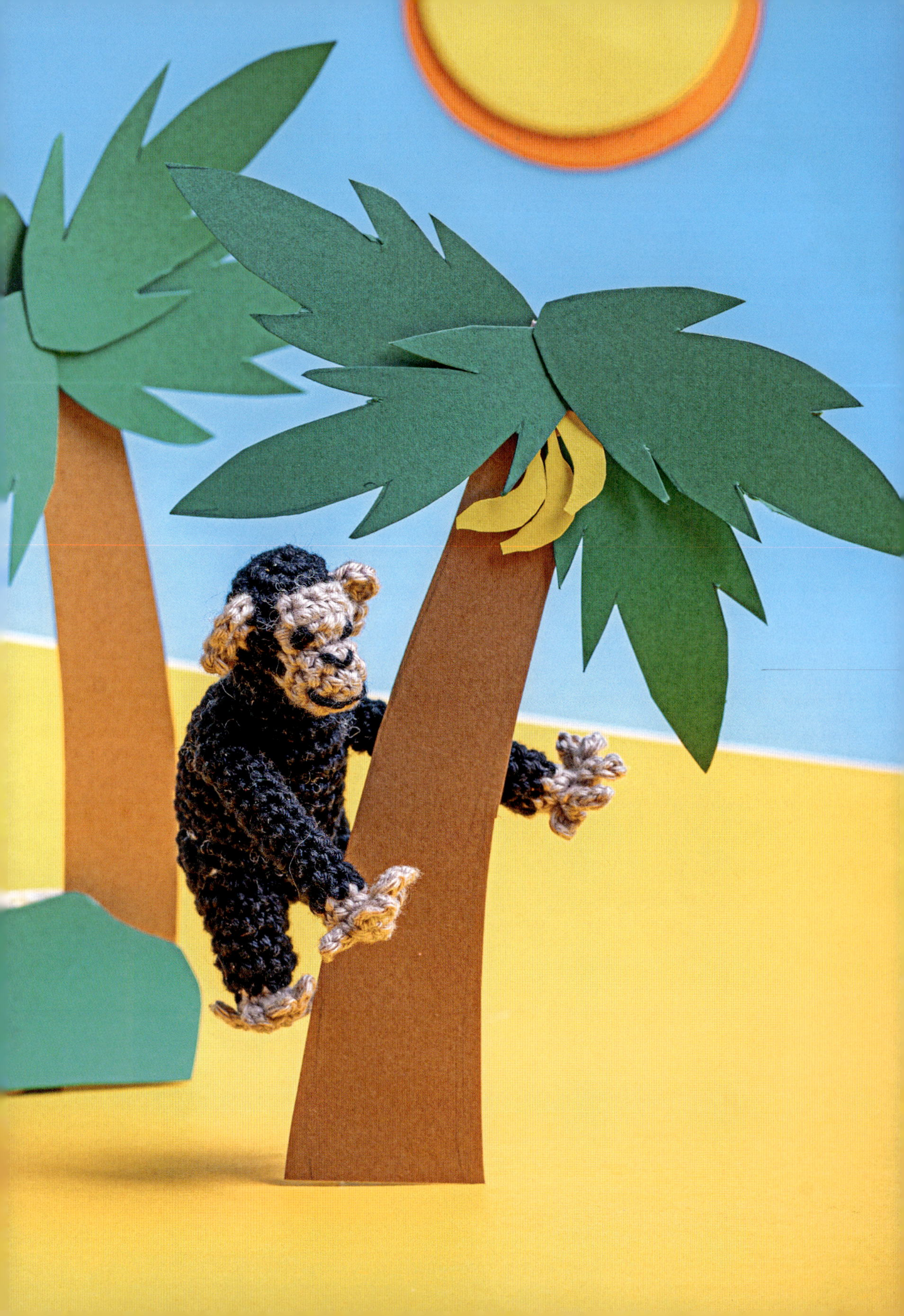

SCHIMPANSE

Schwierigkeit 4/5

Was wir benötigen

- Garn in Beige und Schwarz (z.B. Schachenmayr Catania in Schlamm 00406 und Schwarz 00110)
- Größe: (bei o.g. Garn und Nadelstärke 2,5) ca. 8 cm hoch

Viel Spaß beim Häkeln!

Anleitung

Körper

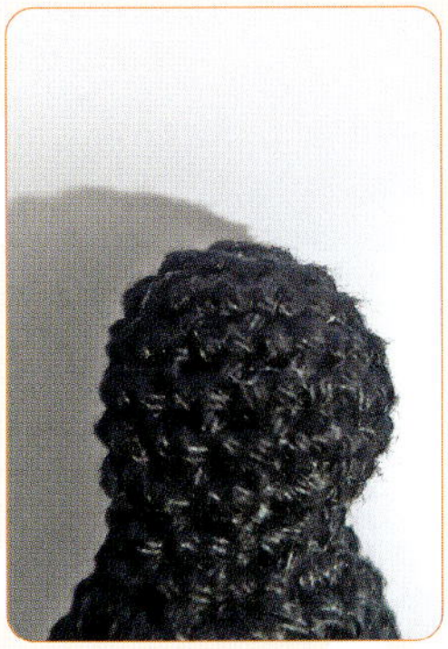

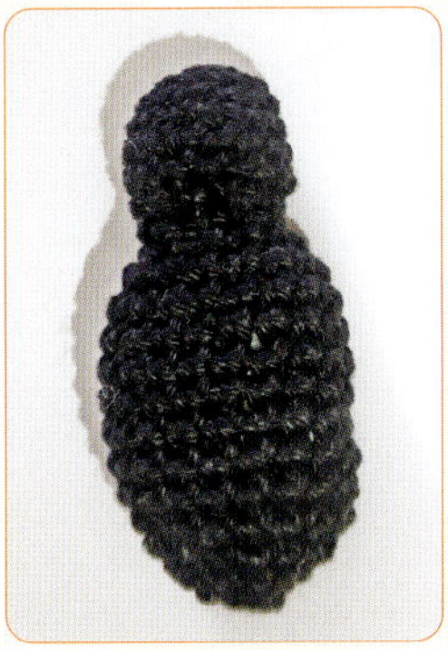

Mit dem schwarzen Garn 6 fM in einen Fadenring häkeln (alternativ: 2 Lfm anschl., 6 fM in die 2. Lfm von der Nd aus) = 6 M
1. Rd.: jede M verd. = 12 M
2. Rd.: 12 fM
3. Rd.: 10 fM, 2 M verd. = 14 M
4. u. 5. Rd.: 14 fM (2 Runden)
6. Rd.: 10 fM, (2 M zus.häk.) x2 = 12 M
7. Rd.: jede 3. u. 4. M zus.häk. = 9 M
8. Rd.: jede 3. M verd. = 12 M
Den Kopf mit Füllmaterial ausstopfen.
9. Rd.: (2 fM, 2 M ver3., 2 fM) x 2 = 20 M
10.–17. Rd.: 20 fM (8 Runden)
18. Rd.: jede 4. u. 5. M zus.häk. = 16 M
Den Körper ausstopfen.
19. Rd.: jede 3. u. 4. M zus.häk. = 12 M
20. Rd.: jede 2. u. 3. M zus.häk. = 8 M
Den Körper fertig ausstopfen.
21. Rd.: je 2 M zus.häk. = 4 M
Den Faden abschneiden, durchziehen und vernähen.

Hände/Füße (4x)

Rechts (2x)

Mit dem beigen Garn einen Fadenring anschlagen. In den Fadenring häkeln:
1 fM, 2 Lfm, 1 Km in die 2. Lfm von der Nd aus, 1 fM in den Fadenring, (3 Lfm, 1 Km in die 2. Lfm von der Nd aus, 1 Km, 1 Km in den Fadenring) x 4, 2 fM.
Den Fadenring noch nicht schließen!
1. Rd.: 1 fM, 1 fM hinter den ersten Finger / Zeh (die Finger/Zehen liegen immer vor der Nadel!), hinter dem nächsten Finger/ Zeh in den Fadenring einstechen und den Faden durchziehen, genauso hinter dem dritten Finger/ Zeh arbeiten, dann beide Schlaufen zusammen abmaschen, hinter dem vierten Finger/ Zeh einstechen und den Faden durchziehen, diese Masche mit der nächsten fM hinter dem letzten Finger/ Zeh abmaschen, 1 fM = 5 M.

Den Fadenring nun schließen.
Die Arbeit nicht beenden, sondern direkt 1 x als Arm und 1 x als Bein fertig häkeln.

Links (2x)

Mit dem beigen Garn einen Fadenring anschlagen. In den Fadenring häkeln:
1 fM, (3 Lm, 1 Km in die 2. Lfm von der Nd aus, 1 Km, 1 Km in den Fadenring) x 4, 1 fM, 2 Lfm, 1 Km in die 2. Lfm von der Nd aus, 2 fM in den Fadenring.
Den Fadenring noch nicht schließen!
1. Rd.: 1 fM, hinter dem ersten Finger/Zeh in den Fadenring einstechen (die Finger/ Zehen liegen immer vor der Nadel!) und den Faden durchziehen, genauso hinter dem zweiten Finger/Zeh arbeiten, dann beide Schlaufen zusammen abmaschen, hinter dem dritten Finger/ Zeh einstechen und den Faden durchziehen, diese Masche mit der nächsten fM hinter dem vierten Finger/ Zeh abmaschen, 1 fM hinter den letzten Finger/Zeh, 1 fM = 5 M.
Den Fadenring nun schließen.
Farbwechsel zu Schwarz, 1 x als Arm und 1 x als Bein fertig häkeln.

Arme (2x)

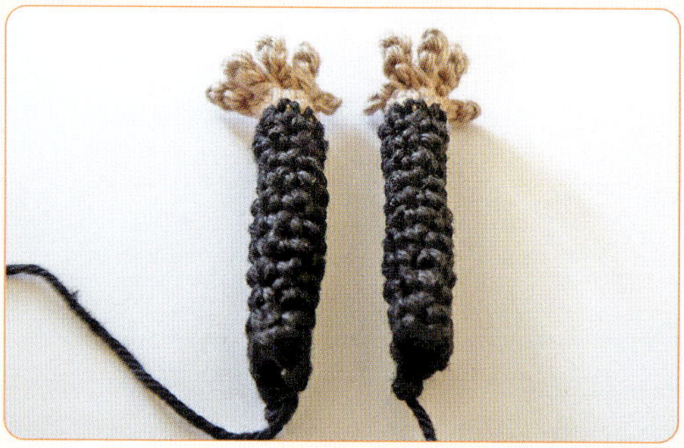

Je eine linke und eine rechte Hand arbeiten und wie folgt weiterhäkeln:
2. Rd.: 1 fM, 1 M verd., 3 fM = 6 M
3.–14. Rd.: in Schwarz 6 fM (12 Runden)
Den Faden abschneiden und durchziehen, noch nicht vernähen! Den Arm leicht ausstopfen.

Beine (2x)

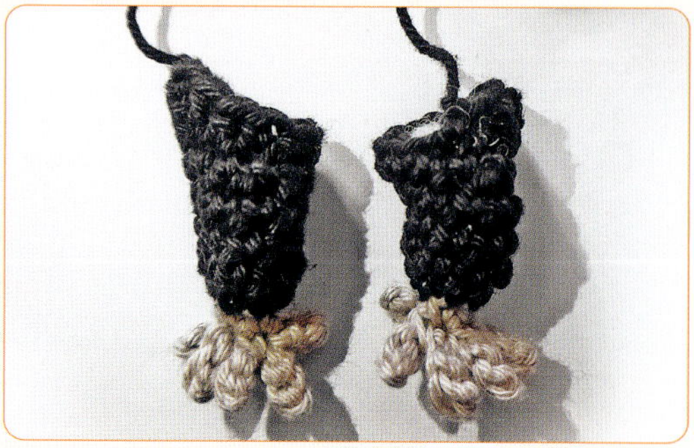

Je einen linken und einen rechten Fuß arbeiten und wie folgt weiterhäkeln:
2. Rd.: 3 fM, in Schwarz 2 M verd. = 7 M
3. Rd.: 1 fM, 1 M verd., 5 fM = 8 M
4. u. 5. Rd.: 8 fM (2 Runden)
6. Rd.: 1 M ver3., 1 M verd., 4 fM, 1 M verd., 1 M ver3. = 14 M
7. Rd.: 5 fM, (2 M zus.häk.) x 2, 5 fM = 12 M
Für ein rechtes und ein linkes Bein (siehe Füße!) unterschiedlich fertig häkeln:

Rechtes Bein

8. Rd.: 5 fM, 2 M zus.häk., 1 hStb, 1 Stb, 2 DStb in 1 M, 1 Stb, 1 hStb.
Den Faden abschneiden und durchziehen, noch nicht vernähen! Das Bein ausstopfen.

Linkes Bein

8. Rd.: 1 fM, 1 hStb, 1 Stb, 2 DStb in 1 M, 1 Stb, 1 hStb.
Den Faden abschneiden und durchziehen, noch nicht vernähen! Das Bein ausstopfen.

Gesicht

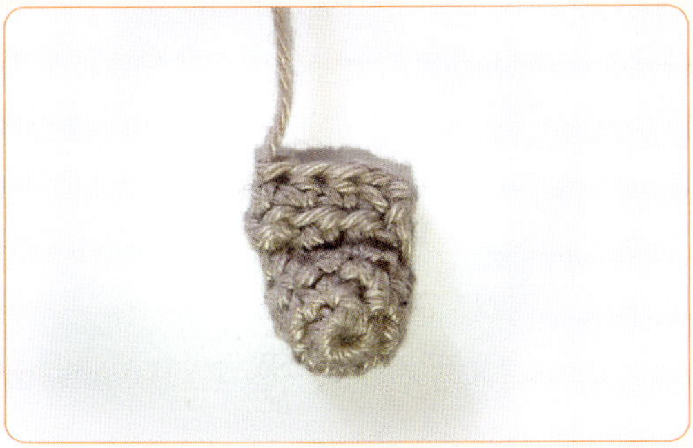

Mit dem beigen Garn 6 fM in einen Fadenring häkeln (alternativ: 2 Lfm anschl., 6 fM in die 2. M von der Nd aus) = 6 M
1. Rd.: 2 M verd., 2 fM, 1 fM, 2 M verd., 1 fM = 10 M
2. Rd.: 10 fM
3. Rd.: 4 fM, 1 WL, das Gesicht in Reihen fertig häkeln:
1.R: ihMg (1 fM, 2 hStb, 1 fM), 1 WL = 4 M
2.R: 1 fM, 2 hStb, 1 fM
Den Faden abschneiden und durchziehen, noch nicht vernähen! Die Schnauze leicht ausstopfen.

Ohren (2x)

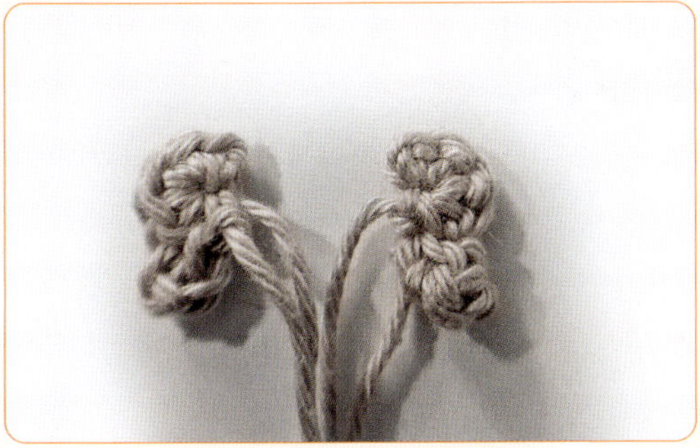

Mit dem beigen Garn einen Fadenring anschlagen. In den Fadenring häkeln:
4 fM, 3 Lfm, 1 hStb in die 2. Lfm von der Nd aus, 1 Km, 1 fM in den Fadenring.
Den Faden abschneiden und durchziehen, noch nicht vernähen!

Fertigstellen

1

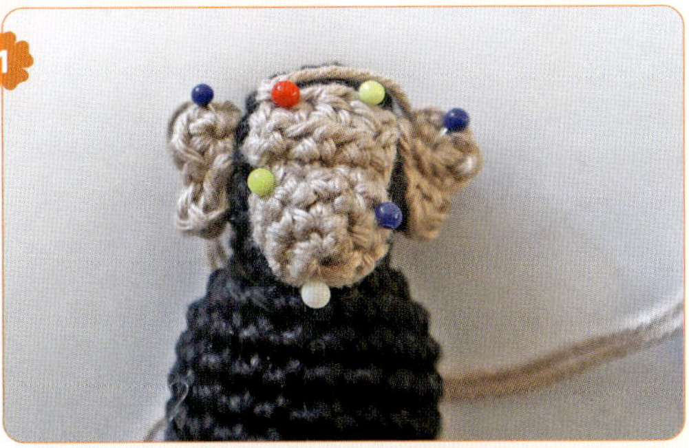

2

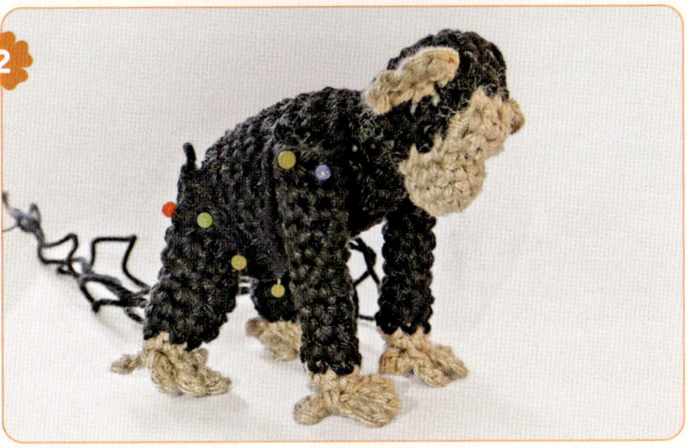

Das Gesicht auf der kleinen Erhebung am Kopf platzieren und mit der Schnauze unten festnähen. Die Ohren seitlich am Kopf anbringen (Bild 1). Arme und Beine in der gewünschten Position anbringen, dabei auf rechte und linke Gliedmaßen achten. Der Schimpanse kann auch stehen oder hängen, dafür einfach Arme und Beine wie gewünscht ausrichten und annähen (Bild 2). Zuletzt mit schwarzem Garn Augen auf das Gesicht des Affen sticken (siehe Foto S. 40). Fertig!

GRASLAND

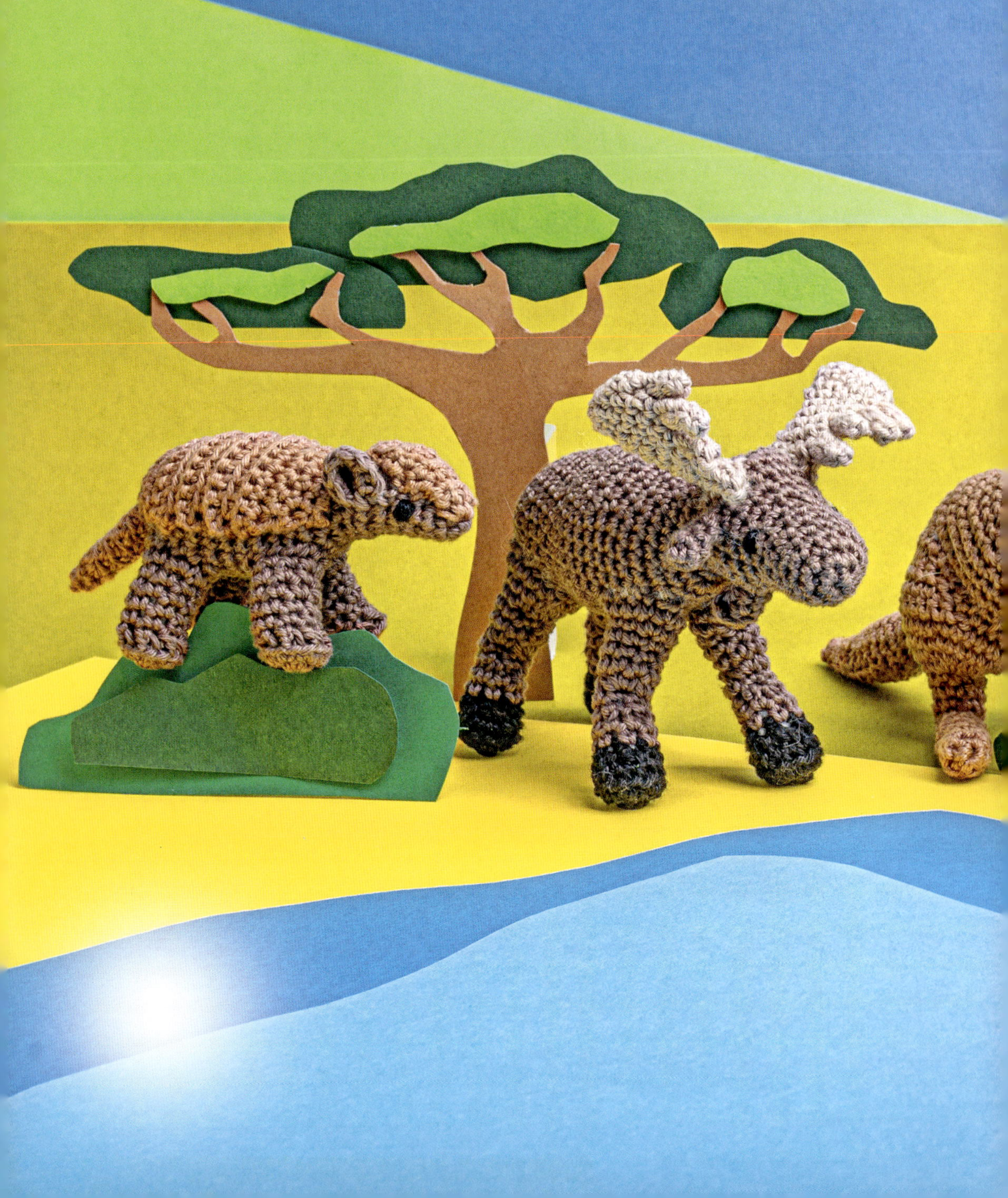

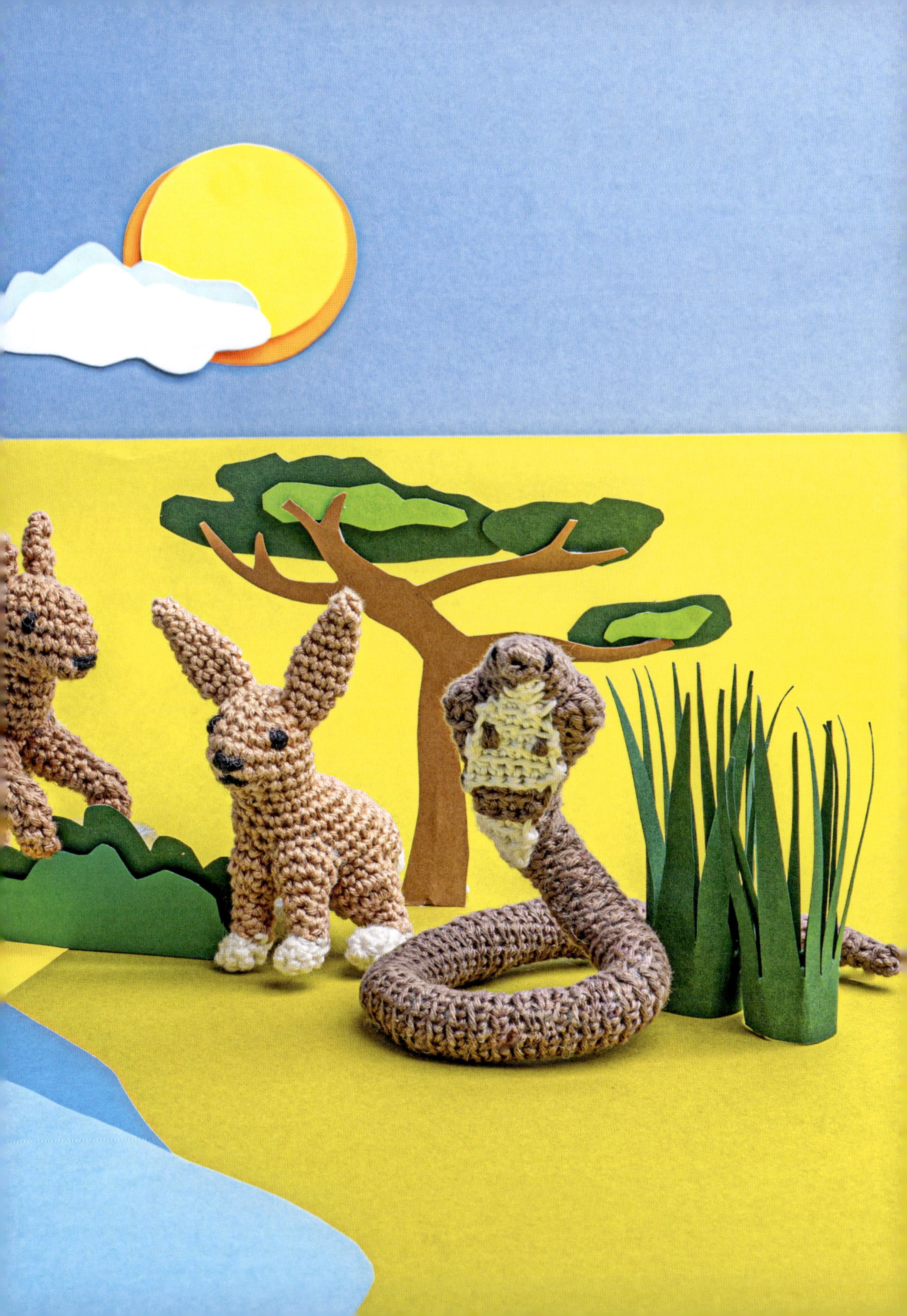

Wellensittich

Schwierigkeit 5/5

Was wir benötigen

- Garn in Blau ODER Grün und Hellgelb, in Schwarz, Weiß, Gelb, Dunkelgrau und Beige (z.B. Schachenmayr Catania in Pfau 00146 ODER Apfel 00205 und Vanille 00403, Schwarz 00110, Weiß 00106, Mango 00411, Stein 00242 und Soft apricot 00263)
- Diese Anleitung ist für einen blauen Wellensittich.
- Um einen grünen Wellensittich zu häkeln, die Angaben in den Klammern beachten, sonst genauso häkeln.
- Größe: (bei o.g. Garn und Nadelstärke 2,5) ca. 14 cm

Viel Spaß beim Häkeln!

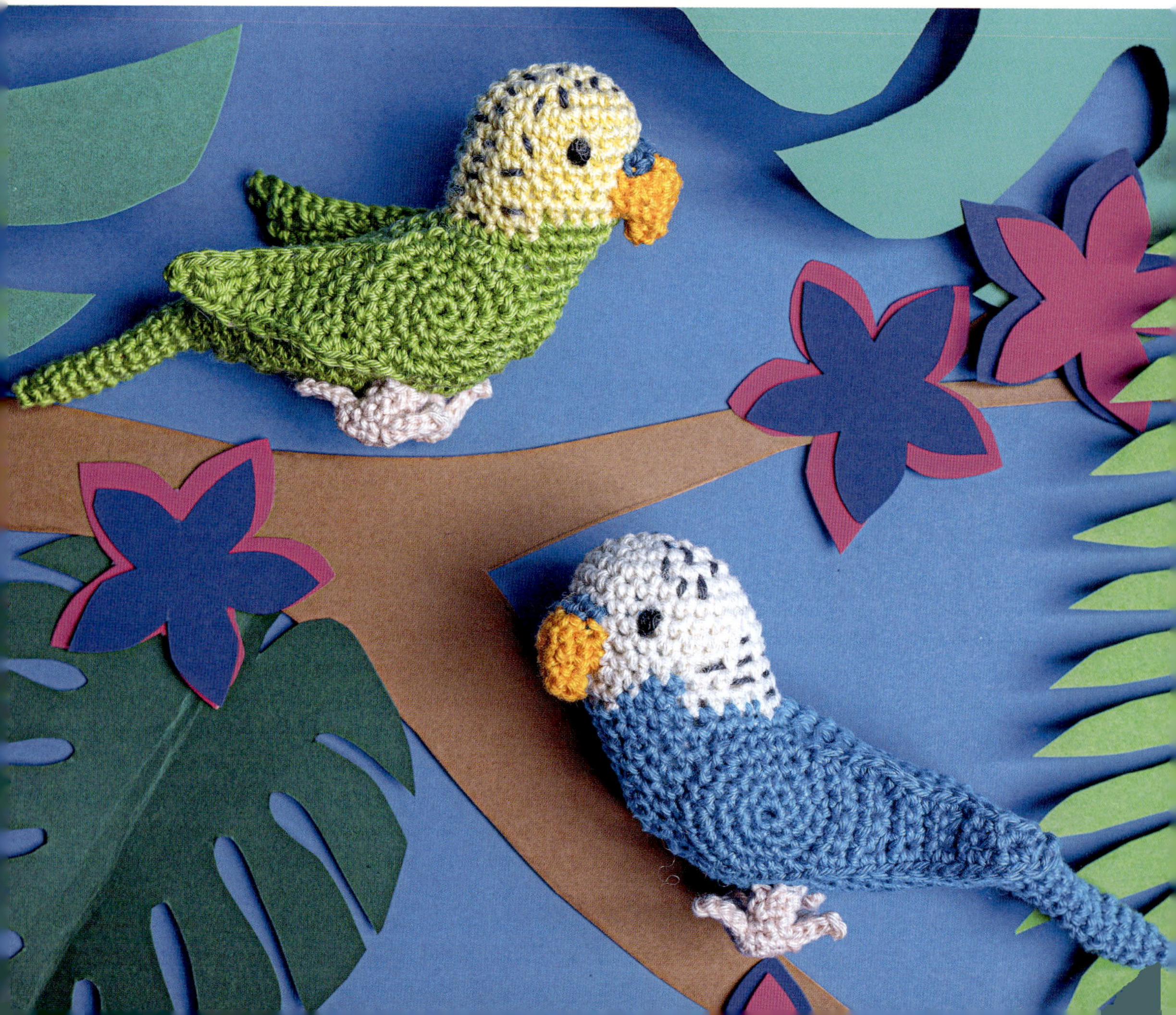

Anleitung

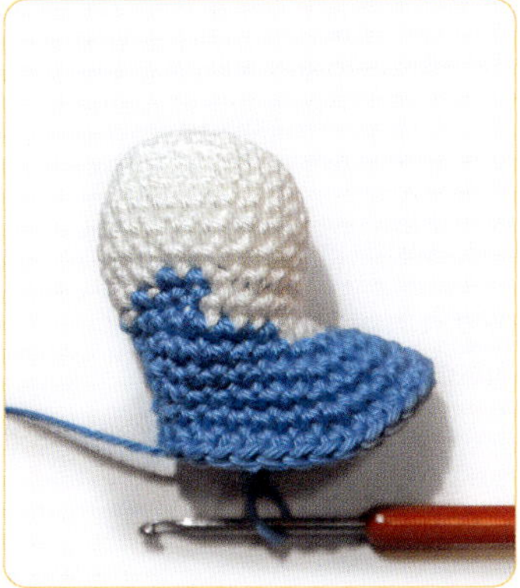

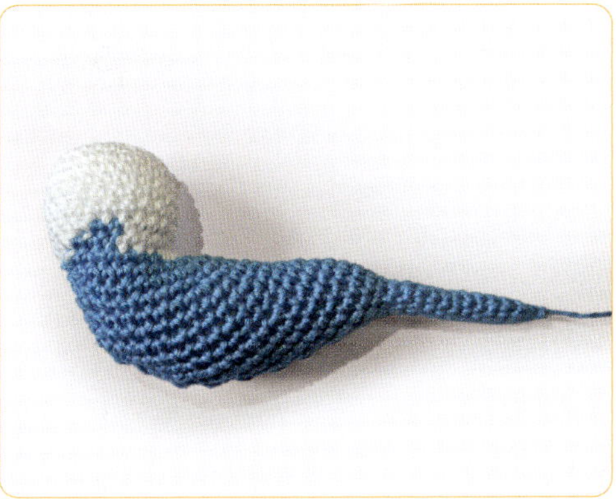

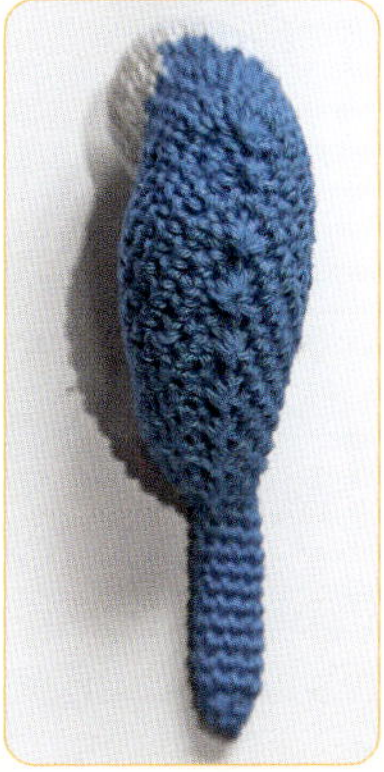

Körper

Mit dem weißen (hellgelben) Garn 6 fM in einen Fadenring häkeln (alternativ: 2 Lfm anschl., 6 fM in die 2. Lfm von der Nd aus) = 6 M

1. Rd.: jede M verd. = 12 M
2. Rd.: jede 2. M verd. = 18 M
3. Rd.: jede 3. M verd. = 24 M

4.–8. Rd.: 24 fM (5 Runden)

9. Rd.: 2 fM, in Blau 2 fM, in Weiß 6 fM, in Blau 2 fM, in Weiß 12 fM (24 fM in hellgelb)

10. Rd.: 2 fM, in Blau 3 fM, in Weiß 4 fM, in Blau 3 fM, in Weiß 12 fM (24 fM in Grün; ab jetzt nur noch in Grün weiterhäkeln)

11. Rd.: in Blau 5 fM, (2 M zus.häk.) x 2, 7 fM, in Weiß 2 fM, 2 M verd., 2 fM, in Blau 2 fM = 24 M; ab jetzt nur noch in Blau weiterhäkeln

12. Rd.: 4 fM, (2 M zus.häk.) x 2, 6 fM, (1 fM, 1 M verd.) x 4, 2 fM = 26 M

13. Rd.: (2 fM, 2 M zus.häk.) x 2, 4 fM, (2 fM, 1 M verd.) x 4, 2 fM = 28 M

14. Rd.: 28 fM

Den Kopf mit Füllmaterial ausstopfen.

15. Rd.: 2 fM, (2 M zus.häk.) x 2, 4 fM, (3 fM, 1 M verd.) x 4, 2 fM = 30 M

16. Rd.: 30 fM

17. Rd.: jede 5. M verd. = 36 M

18. Rd.: 1 fM, 6 M zus.häk., 14 fM, 2 M verd., 12 fM, den Maschenmarkierer neu ansetzen (Markierer vom Anfang der Runde herausnehmen und direkt hinter den zuletzt gehäk. M wieder ansetzen), die letzte M der Rd. ist nun die erste M der neuen Rd. = 33 M

19. Rd.: 5 M zus.häk., 13 fM, 2 M verd., 13 fM = 31 M

20. Rd.: (4 fM, 1 M verd.) x 5, 4 fM, den Maschenmarkierer neu ansetzen, die letzten 2 M der Rd. sind nun die ersten 2 M der neuen Rd. = 36 M

21. Rd.: 5 M zus.häk., 15 fM, 2 M verd., 11 fM, den Maschenmarkierer neu ansetzen, die letzten 3 M der Rd. sind nun die ersten 3 M der neuen Rd. = 34 M

22. Rd.: 7 M zus.häk., 25 fM, den Maschenmarkierer neu ansetzen, die letzten 2 M der Rd. sind nun die ersten 2 M der neuen Rd. = 28 M

23. Rd.: 5 M zus.häk., 21 fM, den Maschenmarkierer neu ansetzen, die letzten 2 M der Rd. sind nun die ersten 2 M der neuen Rd. = 24 M

24. Rd.: 5 M zus.häk., 17 fM, den Maschenmarkierer neu ansetzen, die letzten 2 M der Rd. sind nun die ersten 2 M der neuen Rd. = 20 M

Den Körper ausstopfen

25. Rd.: 5 M zus.häk., 13 fM, den Maschenmarkierer neu ansetzen, die letzten 2 M der Rd. sind nun die ersten 2 M der neuen Rd. = 16 M

26. Rd.: 5 M zus.häk., 9 fM, den Maschenmarkierer neu ansetzen, die letzten 2 M der Rd. sind nun die ersten 2 M der neuen Rd. = 12 M

Den Körper fertig ausstopfen, der Schwanz wird nicht ausgestopft.

27. Rd.: 5 M zus.häk., 2 fM, 2 M verd., 2 fM, den Maschenmarkierer neu ansetzen, die letzte M der Rd. ist nun die erste M der neuen Rd. = 10 M

28. Rd.: 3 M zus.häk., 7 fM = 8 M

29.–38. Rd.: 8 fM (10 Runden)

39. Rd.: je 2 M zus.häk. = 4 M

Den Faden abschneiden, durchziehen und vernähen.

Schnabel

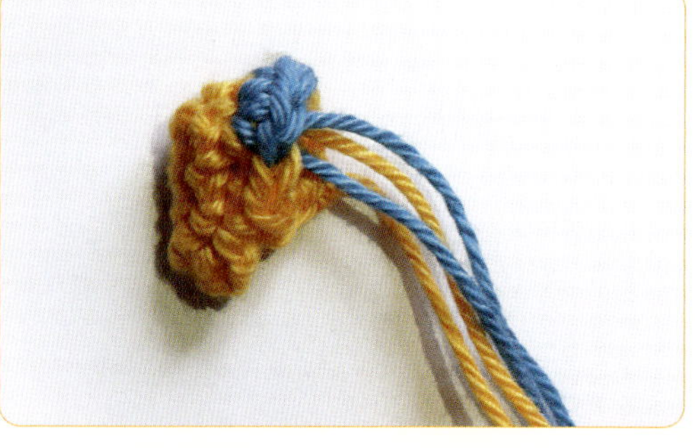

Mit dem gelben Garn 4 Lfm anschl.

1. Rd.: 2 fM in die 2. Lfm von der Nd aus, 1 fM, 1 M verd., an der unteren Seite der Lfm-Kette weiterhäkeln: 1 M verd., 1 fM, 1 M verd. = 10 M

2. Rd.: 1 fM, 1 Lfm, Schnabel flach aufeinanderlegen und durch 2 gegenüberliegende M häkeln (hier die folgende M (die als nächstes gehäkelt werden würde) und die zuletzt gehäkelte M): 1 Km, anschließend wieder normal in je eine M im Rundenverlauf häkeln: 8 fM = 8 M (ohne die Km)

3. Rd.: 3 fM, in Blau 2 M verd., in Gelb 3 fM = 10 M

1 Km, beide Fäden abschneiden und den gelben Faden durchziehen. Den Schnabel leicht ausstopfen.

Flügel (2x)

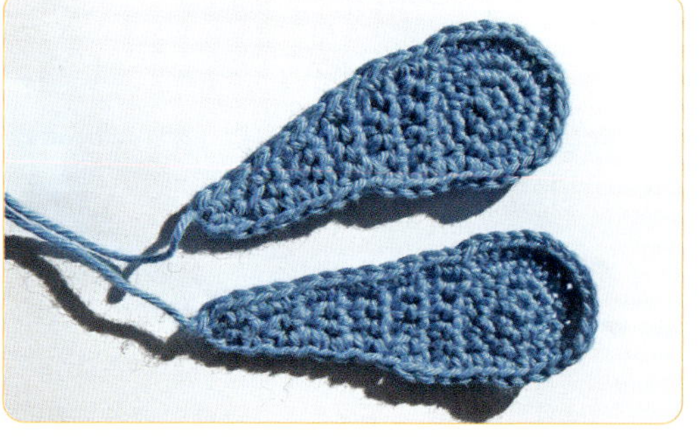

Mit dem blauen (grünen) Garn 6 fM in einen Fadenring häkeln (alternativ: 2 Lfm, 6 fM in die 2. Lfm) = 6 M

1. Rd.: jede M verd. = 12 M

2. Rd.: jede 2. M verd. = 18 M

3. Rd.: 5 fM, 1 WL, von nun an in Reihen häkeln:

1.–3. R.: 5 fM, 1 WL (3 Reihen)

4. R.: 2 M zus.häk., 1 fM, 2 M zus.häk., 1 WL = 3 M

5.–7. R.: 3 fM, 1 WL (3 Reihen)

8. R.: 2 M zus.häk., 1 fM (ACHTUNG: für den linken Flügel: 1 fM, 2 M zus.häk.; sonst bleibt alles gleich), 1 WL = 2 M

9. R.: 2 fM, 1 WL

10. R.: 2 M zus.häk., 1 WL = 1 M

11.. u. 12. R.: 1 fM, 1 WL (2 Reihen)
Das ganze Stück einmal umhäkeln, dabei: ca. 12 fM den Flügel entlang zum Anfangskreis; 1 fM, 1 M verd., (2 fM, 1 M verd.) x 4 an der Rundung; ca. 12 fM den Flügel entlang zur Flügelspitze; 1 Km in die M der 12. R.
Den Faden abschneiden und durchziehen, noch nicht vernähen!

Füße (2x)

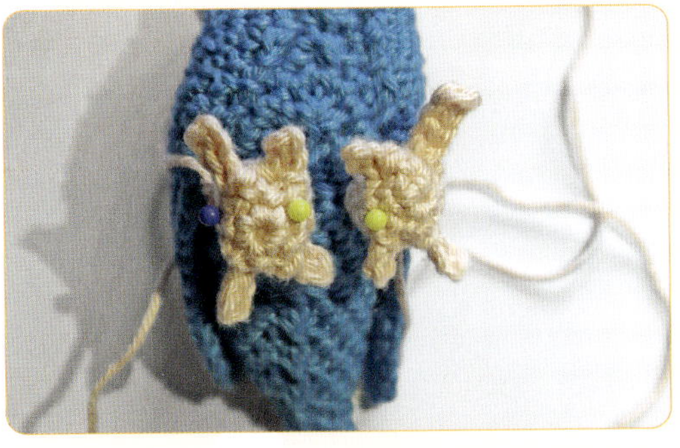

Mit dem beigen Garn 6 fM in einen Fadenring häkeln (alternativ: 2 Lfm anschl., 6 fM in die 2. Lfm von der Nd aus) = 6 M
1. Rd.: 5 Lfm, 1 Km in die 2. Lfm, 3 Km, 1 fM am Bein, 3 Lfm, 1 Km in die 2. Lfm von der Nd aus, 1 Km, 2 fM am Bein, 3 Lfm, 1 Km in die 2. Lfm von der Nd aus, 1 Km, 1 fM am Bein, 5 Lfm, 1 Km in die 2. Lfm von der Nd aus, 3 Km, 2 fM am Bein/an der Runde
2. Rd.: 6 fM, dabei die vier Zehen jeweils überspringen, sodass sie am Ende nach außen abstehen.
3. u. 4. Rd.: 6 fM
1 Km, den Faden abschneiden und durchziehen, noch nicht vernähen! Den Fuß leicht ausstopfen.

Fertigstellen

1
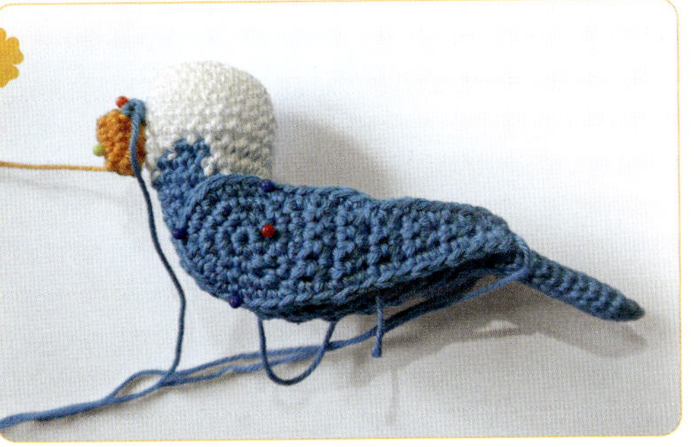

2
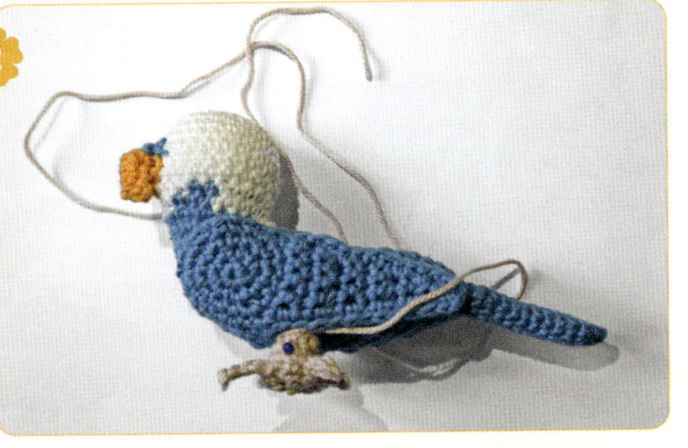

Zuerst den Schnabel positionieren und festnähen, dabei für den blauen Teil den blauen, sonst den gelben Faden verwenden. Die Flügel annähen, dabei auf rechts und links achten (die Flügelspitze sollte leicht nach oben zeigen, die Flügeloberseite liegt gerade zum Körper, die Unterseite leicht angeschrägt) (Bild 1). Die Beine zwischen den Flügeln am Bauch annähen, wobei sich die beiden längeren Zehen jeweils außen befinden (Bild 2). Zuletzt in Schwarz die Augen aufsticken und mit dunkelgrauem Garn kleine, kurze Striche auf den Kopf sticken (siehe Foto S. 46). Fertig!

MARIENKÄFER

Schwierigkeit 2/5

Was wir benötigen

- Garn in Rot, Weiß und Schwarz (z.B. Schachenmayr Catania in Signalrot 00115, Weiß 00106 und Schwarz 00110)
- Größe: (bei o.g. Garn und Nadelstärke 2,5) ca. 4 cm

Viel Spaß beim Häkeln!

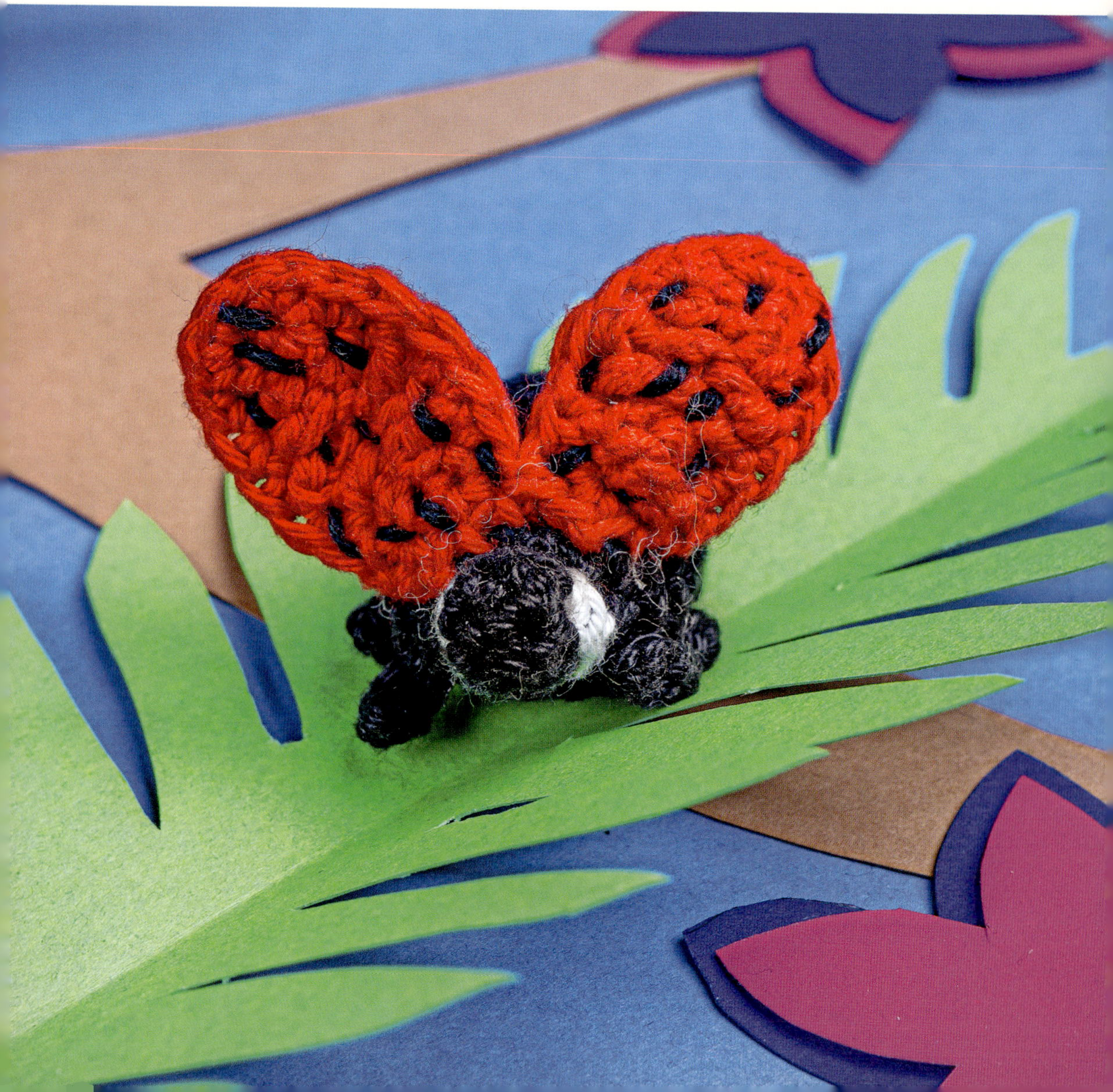

Anleitung

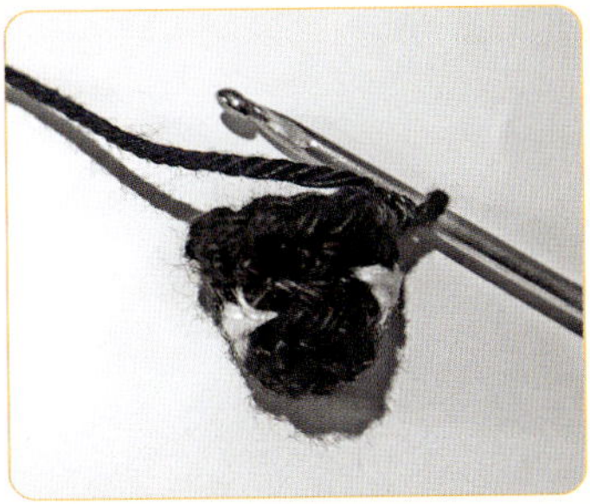
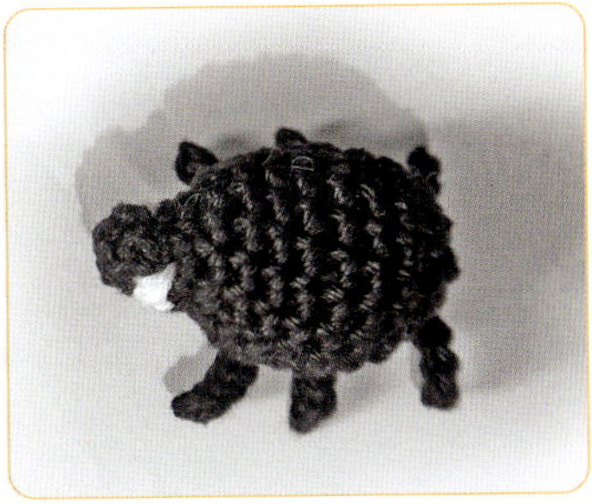
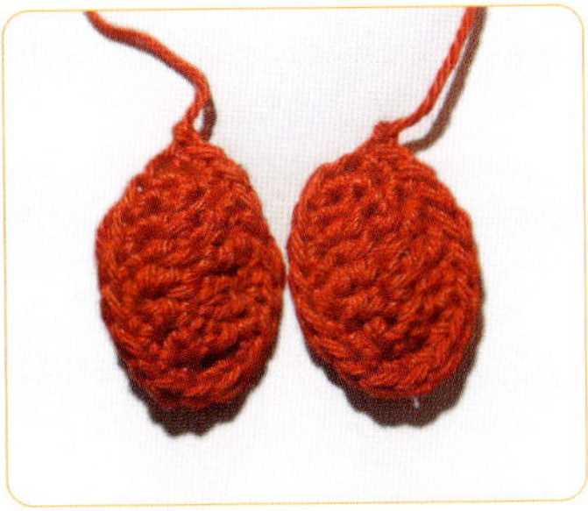

Körper

Mit dem schwarzen Garn 3 Lfm anschl.
1. Rd.: 1 fM in die 2. Lfm von der Nd aus, 1 M verd., an der unteren Seite der Lfm-Kette weiterhäkeln: 1 fM, 1 M verd. = 6 M
2. Rd.: 2 fM, in Weiß 1 M verd., in Schwarz 2 fM, in Weiß 1 M verd. = 8 M
3. Rd.: in Schwarz ihMg ((2 fM, 2 M zus. häk.) x 2) = 6 M
4. Rd.: jede M verd. = 12 M
5. Rd.: 1 M verd., 4 fM, 2 M verd., 1 Bein (5 Lfm, 1 Km in die 2. Lfm von der Nd aus, 3 Km), 4 fM, 1 Bein, 1 M verd. = 16 M
6. u. 7. Rd.: 16 fM (2 Runden)
8. Rd.: 10 fM, 1 Bein, 4 fM, 1 Bein, 2 fM (= 16 M)
9. u. 10. Rd.: 16 fM (2 Runden)
11. Rd.: 1 fM, (2 M zus.häk.) x 4, 2 fM, 1 Bein, 4 fM, 1 Bein, 1 fM = 12 M
Den Körper ausstopfen.
12. Rd.: je 2 M zus.häk. = 6 M
Den Faden abschneiden, durchziehen und vernähen.

Flügel (2x)

Mit dem roten Garn 8 Lfm anschl.
1. Rd.: 1 fM in die 2. Lfm von der Nd aus, 1 hStb, 1 Stb, 1 DStb, 1 Stb, 1 hStb, 1 fM, an der unteren Seite der Lfm-Kette weiterhäkeln: 1 fM, 1 hStb, 1 Stb, 1 DStb, 1 Stb, 1 hStb, 1 fM = 14 M
2. Rd.: 1 M verd., 5 fM, 2 M verd., 5 fM, 1 M verd. = 18 M
Den Faden lang genug abschneiden und durchziehen, noch nicht vernähen!

Fertigstellen

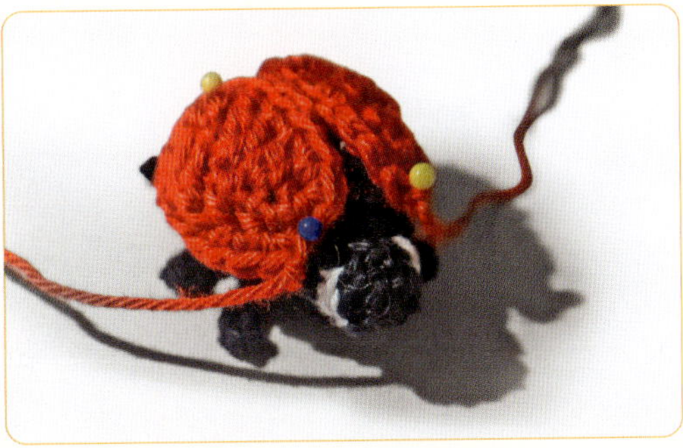

Die Flügel oben am Rücken des Körpers positionieren und festnähen (entweder komplett oder nur den Flügelansatz am Kopf). Mit schwarzem Garn kleine Punkte auf die Flügel sticken (siehe Foto S. 50). Fertig!

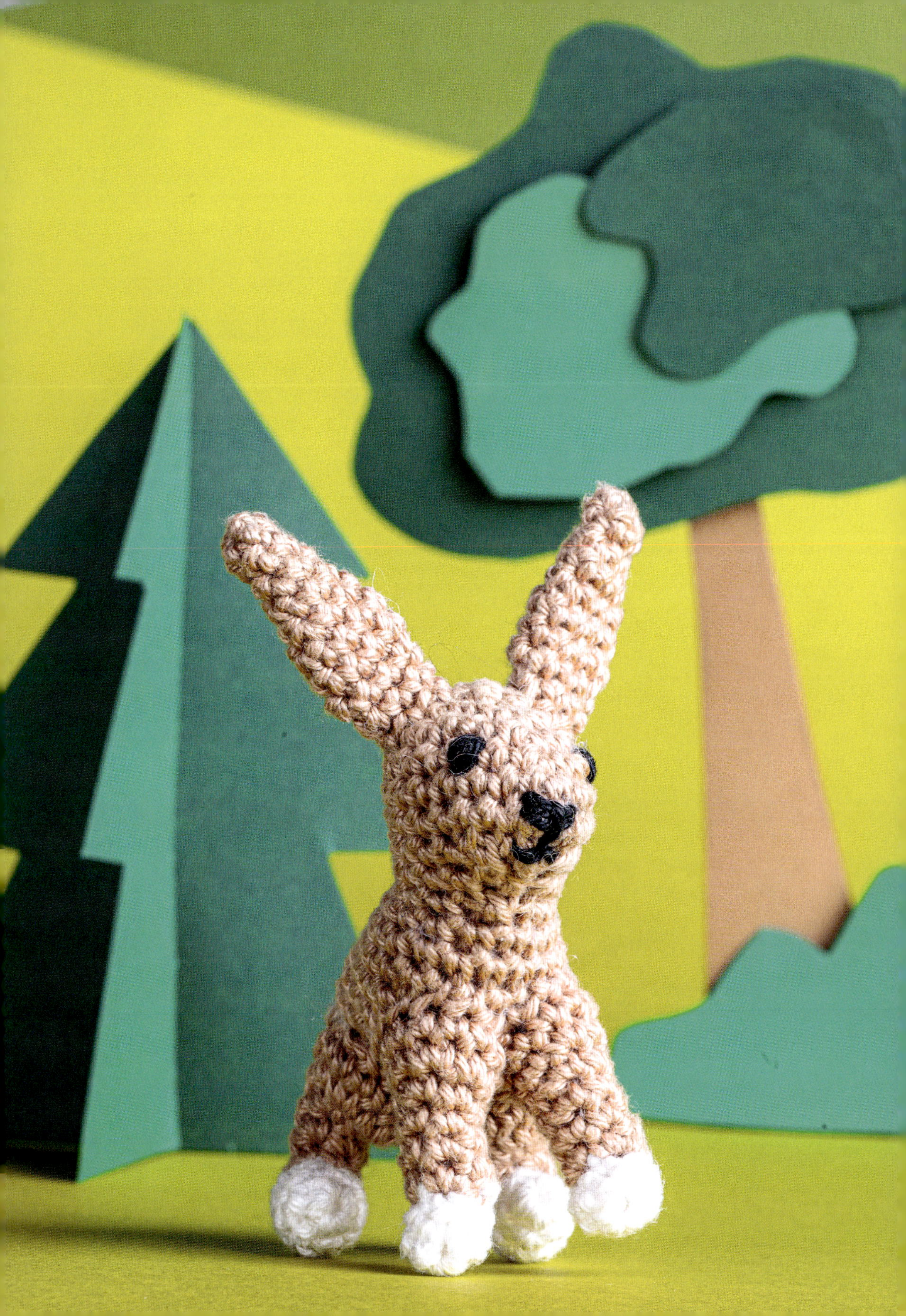

HASE

Schwierigkeit 2/5

Was wir benötigen

- Garn in Hellbraun, Weiß und Schwarz (z.B. Schachenmayr Catania in Sun-kissed 00437, Weiß 00106 und Schwarz 00110)
- Größe: (bei o.g. Garn und Nadelstärke 2,5) ca. 9 cm hoch

Viel Spaß beim Häkeln!

Anleitung

Körper

Mit dem braunen Garn 6 fM in einen Fadenring häkeln (alternativ: 2 Lfm anschl., 6 fM in die 2. Lfm von der Nd aus) = 6 M
1. Rd.: jede M verd. = 12 M
2. Rd.: 1 fM, 2 M verd., 9 fM = 14 M
3. Rd.: 2 fM, 2 M verd., 10 fM = 16 M
4. Rd.: 3 fM, 2 M verd., 11 fM = 18 M
5. Rd.: 4 fM, 2 M verd., 12 fM = 20 M
6. Rd.: 20 fM
7. Rd.: 2 fM, 2 M zus.häk., 4 M zus.häk., 2 M zus.häk., 10 fM = 15 M
8. Rd.: 2 fM, 3 M zus.häk., 5 fM, 2 M ver3., 3 fM = 17 M
Den Kopf mit Füllmaterial ausstopfen.
9. Rd.: 1 fM, 3 M zus.häk., 5 fM, 4 M verd., 4 fM = 19 M
10. Rd.: 10 fM, 2 M verd., 7 fM = 21 M
11. Rd.: 21 fM
12. Rd.: 11 fM, 3 M verd., 7 fM = 24 M
13. Rd.: (2 M zus.häk.) x 2, 9 fM, 2 M verd., 9 fM (= 24 M)

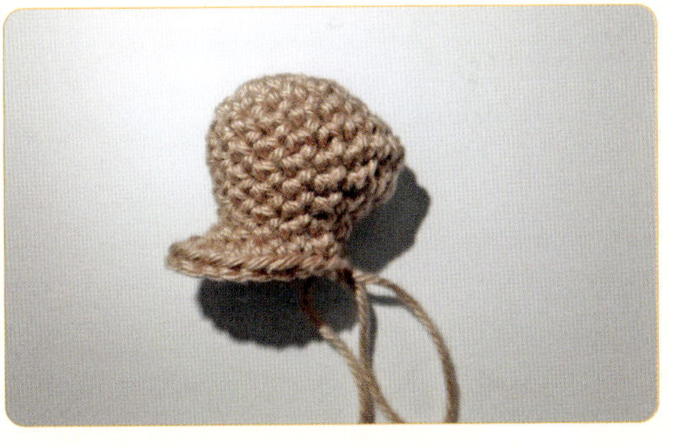

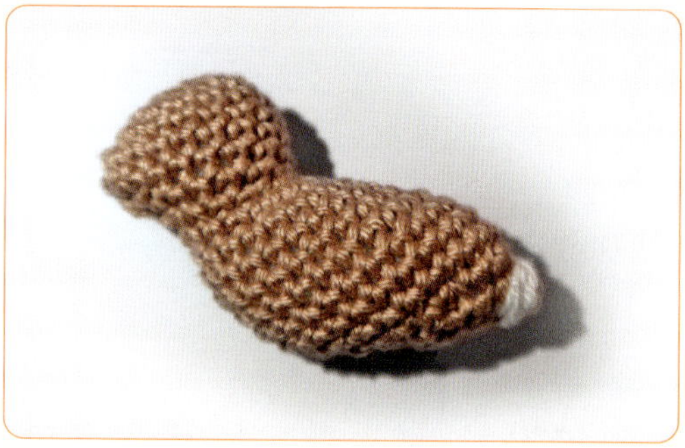

14. Rd.: 2 M zus.häk., 11 fM, 2 M verd., 9 fM = 25 M
15. Rd.: 3 M zus.häk., 2 M zus.häk., 8 fM, 2 M verd., 8 fM, 2 M zus.häk. = 23 M
16. Rd.: 3 M zus.häk., (2 fM, 2 M zus.häk.) x 5 = 16 M
Den Körper mit Füllmaterial ausstopfen.
17. Rd.: (2 fM, 2 M zus.häk.) x 2, 1 fM, in Weiß 1 bs bobble stitch) (mit 6 Stb (alternativ: 6 Stb in 1 M und in der nächsten Rd. insgesamt 7 M (1 braune M und 6 weiße Stb) zus.häk.), in Braun 1 fM, 2 M zus.häk., 2 fM, 2 M zus.häk. = 12 M
Den Körper fertig ausstopfen.
18. Rd.: je 2 M zus.häk. = 6 M
Den Faden abschneiden, durchziehen und vernähen.

Ohren (2x)

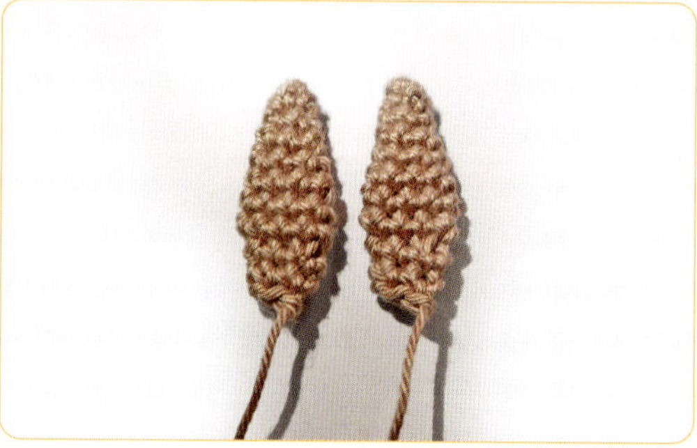

Mit dem braunen Garn 4 fM in einen Fadenring häkeln (alternativ: 2 Lfm anschl., 4 fM in die 2. Lfm von der Nd aus) = 4 M
1. Rd.: 4 fM
2. Rd.: jede 2. M verd. = 6 M
3. Rd.: 6 fM
4. Rd.: jede 3. M verd. = 8 M
5.–7. Rd.: 8 fM (3 Runden)
8. Rd.: jede 3. u. 4. M zus.häk. = 6 M
9. Rd.: 6 fM
Den Faden abschneiden und durchziehen, noch nicht vernähen!

Vorderbeine (2x)

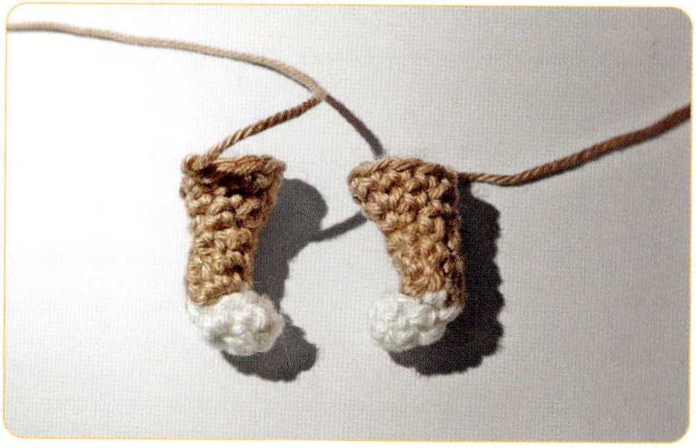

Mit dem weißen Garn 6 fM in einen Fadenring häkeln (alternativ: 2 Lfm anschl., 6 fM in die 2. Lfm von der Nd aus) = 6 M
1. u. 2. Rd.: 6 fM (2 Runden)
3. Rd.: In Braun 2 M ver3., (2 M zus.häk.) x 2 = 8 M

4. Rd.: 2 M zus.häk., 2 M verd., (2 M zus. häk.) x 2 = 7 M
5. Rd.: 2 M zus.häk., 2 M verd., 2 M zus. häk., 1 fM = 7 M)
6. Rd.: 2 M zus.häk., 2 M verd., 2 M zus. häk., 1 M verd. = 8 M
7. Rd.: 2 fM, 2 M verd., 4 fM = 10 M
8. Rd.: 10 fM
Den Faden abschneiden und durchziehen, noch nicht vernähen! Das Bein ausstopfen.

Hinterbeine (2x)

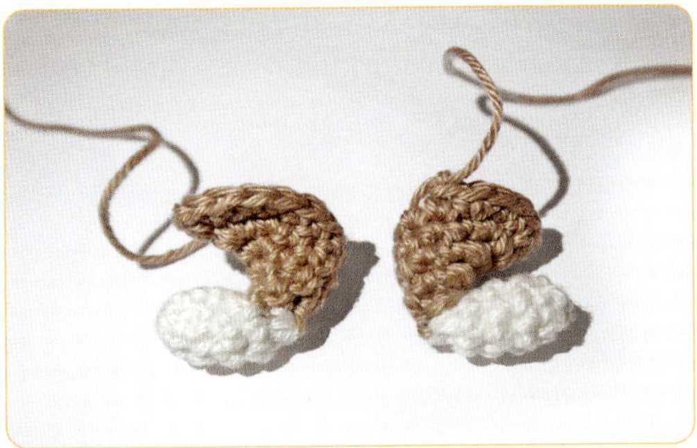

Mit dem weißen Garn 6 fM in einen Fadenring häkeln (alternativ: 2 Lfm anschl., 6 fM in die 2. Lfm von der Nd aus) = 6 M
1.–4. Rd.: 6 fM (2 Runden)
Die Pfote leicht ausstopfen.
5. Rd.: in Braun 2 M ver3., 4 M zus.häk. = 7 M
6. Rd.: 2 M zus.häk., 2 M ver3., 2 M zus. häk., 1 fM = 9 M
7. Rd.: 2 M zus.häk., 1 fM, 2 M ver3., 1 fM, 2 M zus.häk., 1 fM = 11 M
8. Rd.: 2 M zus.häk., 1 fM, 1 M verd., 2 M ver3., 1 M verd., 1 fM, 2 M zus.häk., 1 fM = 15 M
9. Rd.: 15 fM
Den Faden abschneiden und durchziehen, noch nicht vernähen! Das Bein ausstopfen.

Fertigstellen

1

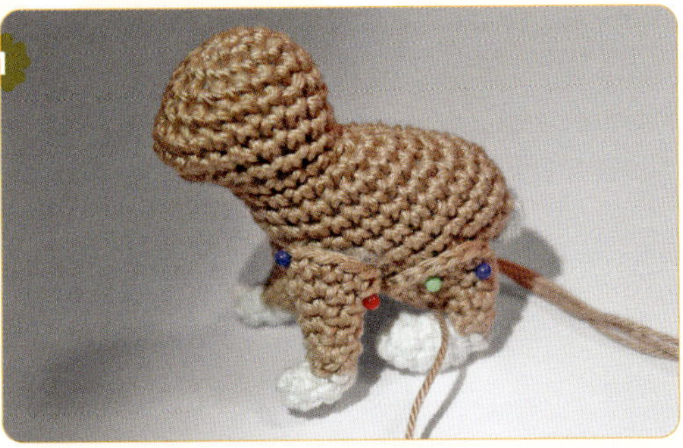

2

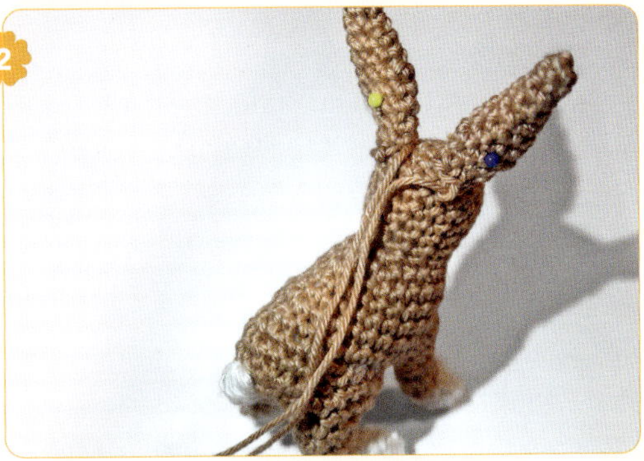

Bei den Vorderbeinen müssen die Pfoten noch leicht nach vorne gebogen werden. Dann alle vier Beine am Körper positionieren und festnähen (Bild 1). Die Ohren oben am Kopf annähen (Bild 2) und mit schwarzem Garn die Augen und Schnauze aufsticken (siehe Foto S. 52). Fertig!

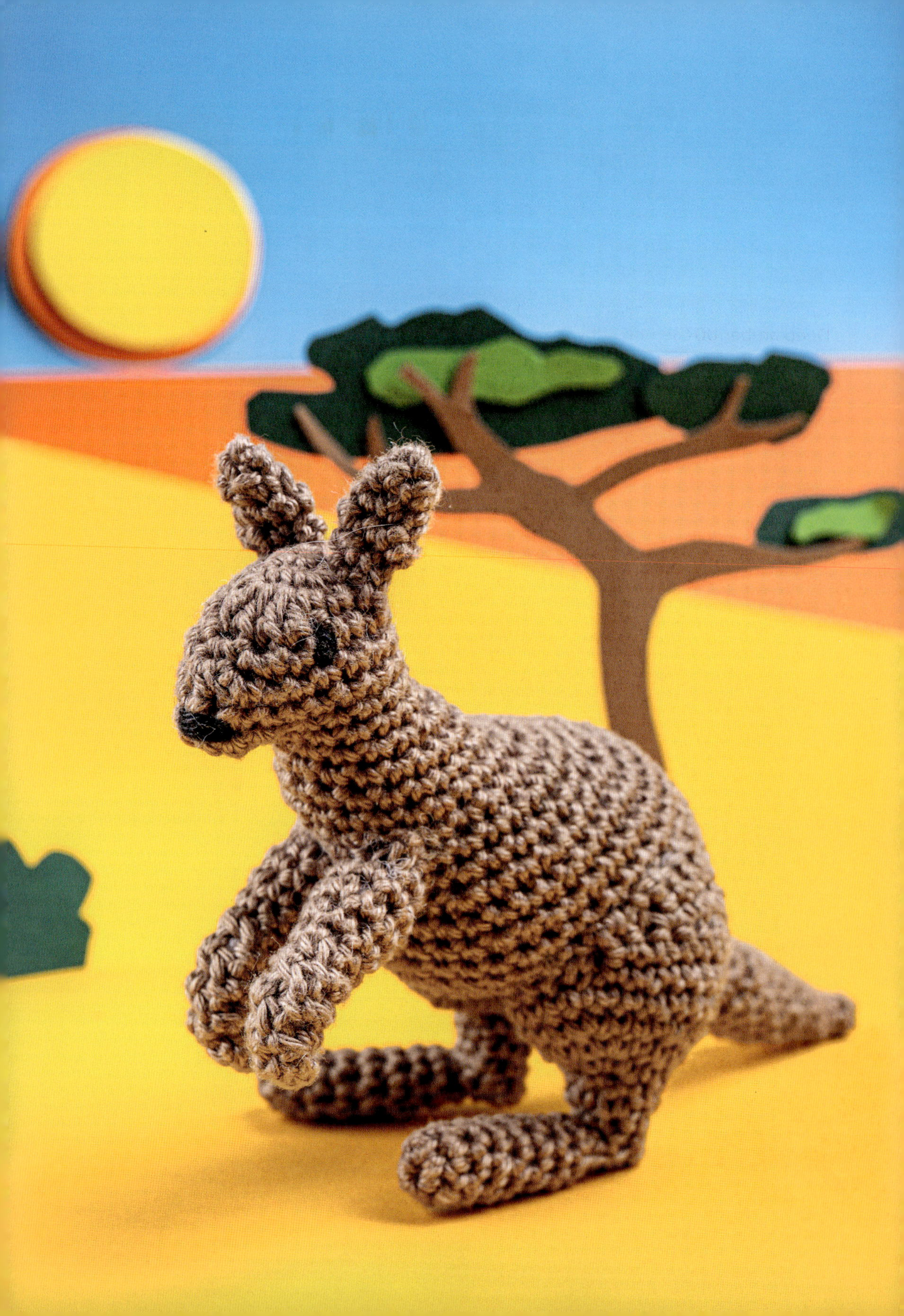

KÄNGURU

Schwierigkeit 4/5

Was wir benötigen

- Garn in Braun und Schwarz (z.B. Schachenmayr Catania in Deep amber 00438 und Schwarz 00110)
- Größe: (bei o.g. Garn und Nadelstärke 2,5) ca. 16 cm

Viel Spaß beim Häkeln!

Anleitung

Körper

Mit dem braunen Garn 6 fM in einen Fadenring häkeln (alternativ: 2 Lfm anschl., 6 fM in die 2. Lfm von der Nd aus) = 6 M

1. Rd.: 2 M ver3., 1 M verd., 2 fM, 1 M verd. = 12 M

2. Rd.: 2 fM, (1 hStb, 2 Stb) in 1 M, (2 Stb, 1 hStb) in 1 M, 8 fM = 16 M

3. Rd.: 4 fM, 2 M verd., 10 fM = 18 M

4. Rd.: 5 fM, 2 M verd., 11 fM = 20 M

5. Rd.: 20 fM

6. Rd.: 4 fM, 6 Stb zus.häk., 10 fM = 15 M

7. Rd.: 3 fM, 3 M zus.häk., 5 fM, 2 M verd., 2 fM = 15 M

Den Kopf mit Füllmaterial ausstopfen.

8. Rd.: 2 fM, 3 M zus.häk., 4 fM, 4 M verd., 2 fM = 17 M

9. Rd.: 2 fM, 1 M verd., 14 fM = 18 M

10. Rd.: 12 fM, 2 M verd., 4 fM = 20 M

11. Rd.: 13 fM, 2 M verd., 5 fM = 22 M

12. Rd.: 2 fM, (2 M zus.häk.) x 2, 7 fM, 4 M verd., 5 fM = 24 M

13. Rd.: 24 fM

14. Rd.: 15 fM, 2 M verd., 7 fM = 26 M

15. Rd.: 8 fM, 1 M verd., 2 fM, 1 M verd., 3 fM, 1 M ver3., 2 fM, 1 M ver3, 3 fM, 1 M verd., 2 fM, 1 M verd. = 34 M

16. Rd.: 20 fM, 2 M verd., 12 fM = 36 M

17.–20. Rd.: 36 fM (4 Runden)

21. Rd.: (2 M zus.häk.) x6, 24 fM = 30 M

22. Rd.: (2 M zus.häk.) x 4, 20 fM, 2 M zus.häk. = 25 M

Den Körper ausstopfen.

23. Rd.: 3 M zus.häk., (2 M zus.häk.) x 2, 14 fM, (2 M zus.häk.) x 2 = 19 M

24. Rd.: 1 fM, 2 M zus.häk., 5 fM, 4 M verd., 5 fM, 2 M zus.häk. = 21 M

25. Rd.: 1 fM, (2 M zus.häk.) x 3, 8 fM, (2 M zus.häk.) x 3 = 15 M

Den Körper weiter ausstopfen.

26. Rd.: 1 fM, 3 M zus.häk., 3 fM, 2 M verd., 3 fM, 3 M zus.häk. = 13 M

27. Rd.: 2 M zus.häk., 11 fM = 12 M

28. Rd.: 2 M verd., 3 fM, (2 M zus.häk.) x 2, 3 fM = 12 M

29. Rd.: 12 fM

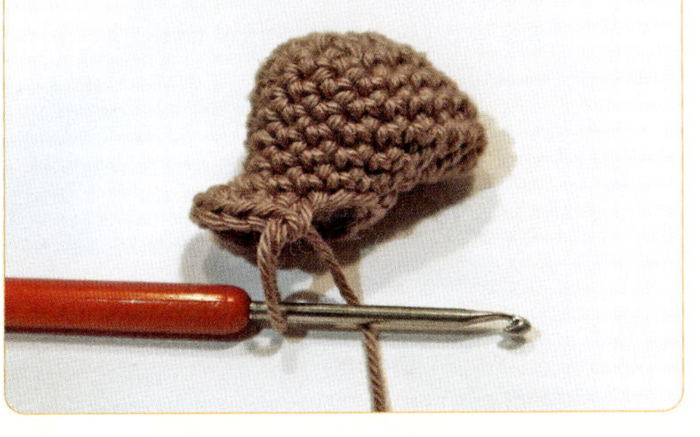

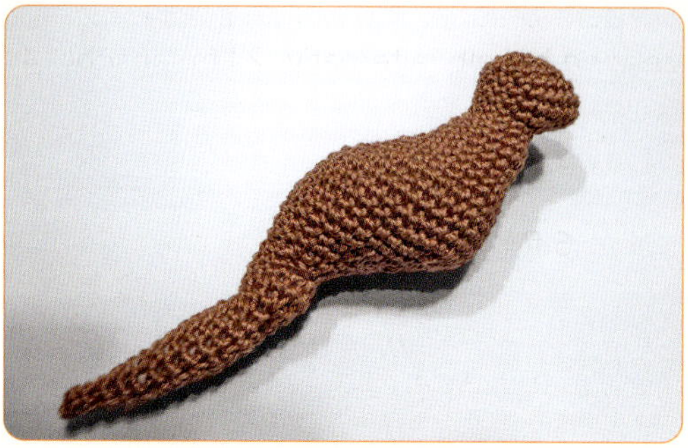

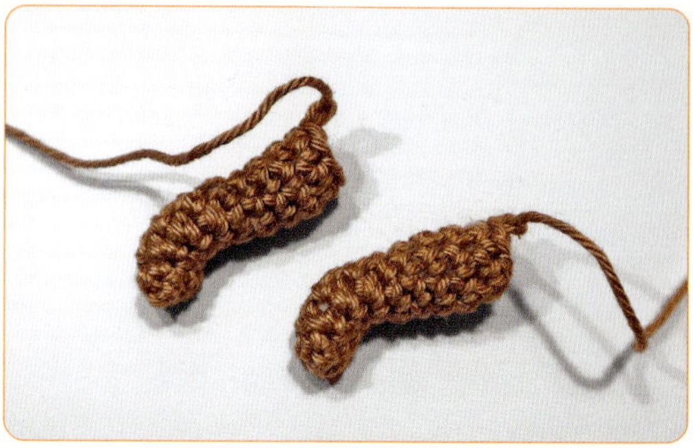

Den Körper ausstopfen.
30. Rd.: (2 M zus.häk.) x 3, 2 fM, 2 M verd., 2 fM = 11 M
31. Rd.: 3 M zus.häk., 3 fM, 2 M verd., 3 fM = 11 M
32. u. 33. Rd.: 11 fM (2 Runden)
34. Rd.: 2 M zus.häk., 9 fM = 10 M
35. Rd.: 10 fM
Den Schwanz ausstopfen.
36. Rd.: 2 M zus.häk., 8 fM = 9 M
37. Rd.: 2 M zus.häk., 7 fM = 8 M
38. Rd.: 2 M zus.häk., 6 fM = 7 M
39. Rd.: 2 M zus.häk., 5 fM = 6 M
40. Rd.: 6 fM
Den Schwanz fertig ausstopfen.
41. Rd.: 2 M zus.häk., 4 fM = 5 M
42. Rd.: 2 M zus.häk., 3 fM = 4 M
Den Faden abschneiden, durchziehen und vernähen.

Arme (2x)

Mit dem braunen Garn 5 fM in einen Fadenring häkeln (alternativ: 2 Lfm anschl., 5 fM in die 2. Lfm von der Nd aus) = 5 M
1. Rd.: 4 fM, 1 M verd. = 6 M
2. Rd.: 1 M verd., 1 fM, 2 M zus.häk., 1 fM, 1 M verd. = 7 M
3.–5. Rd.: 1 M verd., 1 fM, 3 M zus.häk., 1 fM, 1 M verd. (3 Runden) = 7 M
6. Rd.: 7 fM
Die Pfote ausstopfen.
7. Rd.: 1 M verd., 6 fM = 8 M
8. Rd.: 8 fM
9. Rd.: jede 3. u. 4. M zus.häk. = 6 M

Den Faden abschneiden und durchziehen, noch nicht vernähen! Den Arm fertig ausstopfen.

Beine (2x)

Mit dem braunen Garn 6 fM in einen Fadenring häkeln (alternativ: 2 Lfm anschl., 6 fM in die 2. Lfm von der Nd aus) = 6 M
1.–8. Rd.: 6 fM (8 Runden)
Das Bein ausstopfen.
9. Rd.: 3 Lfm, 1 fM in die 2. M, 1 fM, mit 1 Km 2 M zus.häk., 2 fM, mit 1 Km 2 M zus. häk. = 6 M (ohne die Km)
10. Rd.: 4 fM (entlang der ergänzten Lfm), die Km überspringen, 2 M verd., die Km überspringen = 8 M
11. Rd.: (2 M zus.häk.) x 2, 1 fM, 2 M verd., 1 fM = 8 M
12. Rd.: 8 fM
13. Rd.: 5 fM, 2 M ver3, 1 fM = 12 M
14. Rd.: 1 M verd., 2 fM, 1 M verd., 3 fM, 2 M ver3., 3 fM = 18 M
15. Rd.: jede 3. M verd. = 24 M
16. Rd.: 24 fM
Für ein rechtes und ein linkes Bein unterschiedlich weiter häkeln:

Linkes Bein

17. Rd.: 5 fM, 2 M zus.häk., 8 fM, 2 M zus. häk., 1 WL, das Bein in Reihen fertig häkeln:
1. R.: 2 M zus.häk., 6 fM, 2 M zus.häk., 1 WL = 8 M

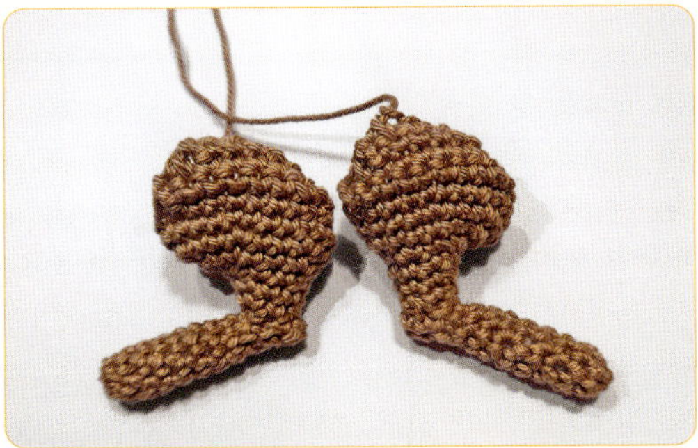

2. R.: 2 M zus.häk., 4 fM, 2 M zus.häk. = 6 M
3. R.: 2 M zus.häk., 2 fM, 2 M zus.häk. = 4 M
Den Faden abschneiden und durchziehen, noch nicht vernähen! Das Bein ausstopfen.

Rechtes Bein

17. Rd.: 5 fM, 1 WL, das Bein in Reihen fertig häkeln:
1. R.: 2 M zus.häk., 8 fM, 2 M zus.häk. = 10 M
2. R.: 2 M zus.häk., 6 fM, 2 M zus.häk. = 8 M
3. R.: 2 M zus.häk., 4 fM, 2 M zus.häk. = 6 M
4. R.: 2 M zus.häk., 2 fM, 2 M zus.häk. = 4 M
Den Faden abschneiden und durchziehen, noch nicht vernähen! Das Bein ausstopfen.

Ohren (2x)

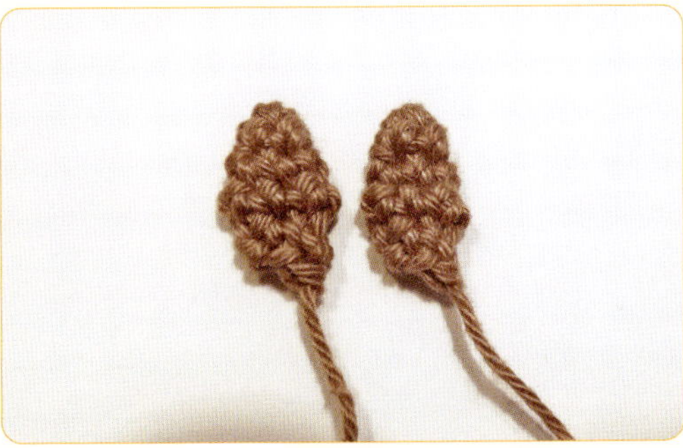

Mit dem braunen Garn 4 fM in einen Fadenring häkeln (alternativ: 2 Lfm anschl., 4 fM in die 2. Lfm von der Nd aus) = 4 M
1. Rd.: 4 fM
2. Rd.: jede 2. M verd. = 6 M
3. Rd.: 6 fM
4. Rd.: jede 2. u. 3. M zus.häk. = 4 M
Den Faden abschneiden und durchziehen, noch nicht vernähen!

Fertigstellen

1

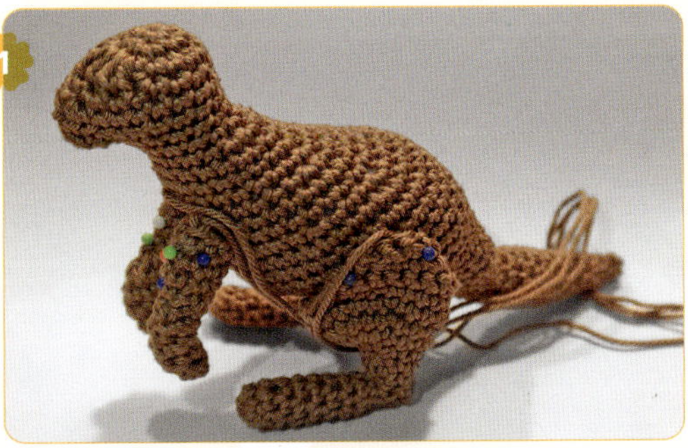

2

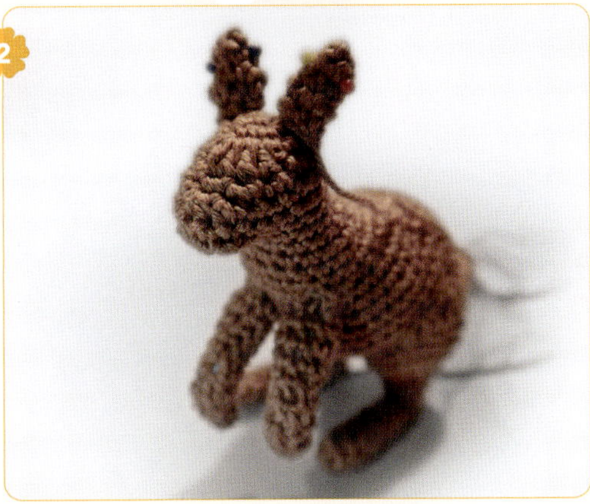

Die Arme vorne am Körper positionieren, dabei sollten die Pfoten nach unten zeigen. Die Beine so anbringen, dass der Schwanz etwa auf gleicher Höhe mit den Fußsohlen ist. Beim Nähen die Beine jeweils noch fertig ausstopfen (Bild 1). Die Ohren auf der Kopfoberseite anbringen (Bild 2) und zuletzt in Schwarz die Augen und die Schnauze aufsticken (siehe Foto S. 56). Fertig!

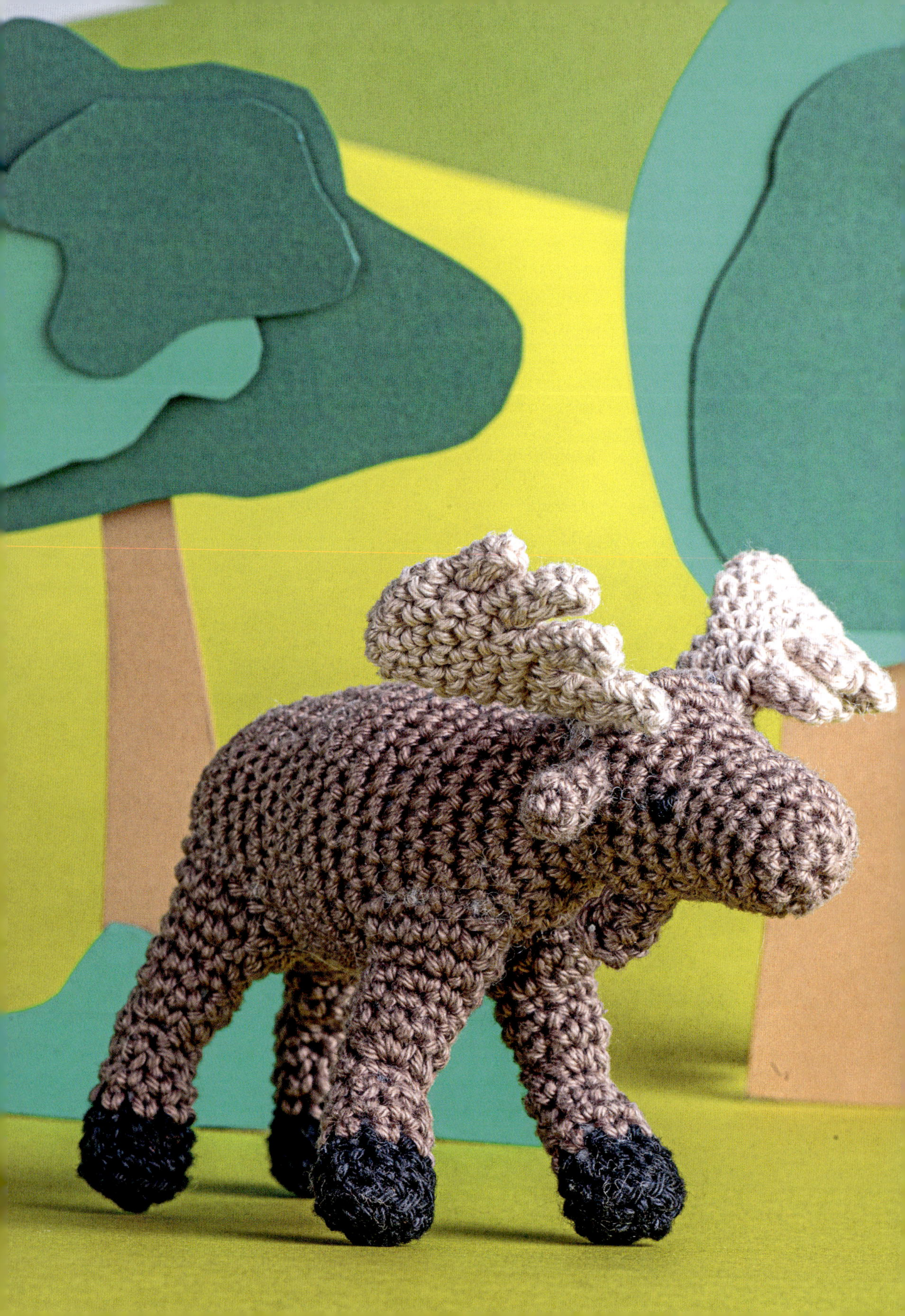

ELCH

Schwierigkeit 4/5

Was wir benötigen

- Garn in Braun, Hellbraun und Schwarz (z.B. Schachenmayr Catania in Teddy 00161, Schlamm 00406 und Schwarz 00110)
- Größe: (bei o.g. Garn und Nadelstärke 2,5) ca. 11 cm

Viel Spaß beim Häkeln!

Anleitung

Körper

Mit dem braunen Garn 6 fM in einen Fadenring häkeln (alternativ: 2 Lfm anschl., 6 fM in die 2. Lfm von der Nd aus) = 6 M

1. Rd.: jede M verd. = 12 M

2.–6. Rd.: 12 fM (5 Runden)

7. Rd.: 1 M verd., 1 fM, 1 M verd., 4 fM, 1 M verd., 4 fM = 15 M

8. Rd.: 10 fM, 4 Lfm, 1 fM in die 2. Lfm von der Nd aus, 2 fM in die noch übrigen Lm, 5 fM an der Rd.

9. Rd.: (1 fM, 1 M verd.) x 2, 6 fM, entlang der Lfm-Kette: 3 fM, 2 Lfm, 1 fM in die 2. Lfm von der Nd aus, Kinnlappen flach aufeinanderlegen und durch jeweils 2 gegenüberliegende M häkeln: 1 hStb, 2 Stb, 5 fM am Kopf = 17 M (ohne die 3 M am Kinnläppchen)

10. Rd.: 1 fM, 1 M verd., 3 fM, 1 M verd., 6 fM, 1 fM in das letzte Stb am Kinnläppchen, 5 fM am Kopf = 20 M

11. u. 12. Rd.: 20 fM (2 Runden)

13. Rd.: 2 M zus.häk., 1 fM, (2 M zus.häk.) x 2, 1 fM, 2 M zus.häk., 2 fM, 1 M verd., 1 fM, 2 M verd., 1 fM, 1 M verd., 2 fM (= 20 M)

14. Rd.: 1 fM, (2 M zus.häk.) x2, 5 fM, 1 M verd., 1 fM, 2 M verd., 1 fM, 1 M verd., 4 fM = 22 M

15. Rd.: 22 fM

Den Kopf ausstopfen.

16. Rd.: (2 M zus.häk.) x 2, 6 fM, 1 M verd., 1 fM, 2 M verd., 1 fM, 1 M verd., 6 fM = 24 M

17.–19. Rd.: 24 fM (3 Runden)

20. Rd.: jede 8. M verd. = 27 M

21. Rd.: jede 9. M verd. = 30 M

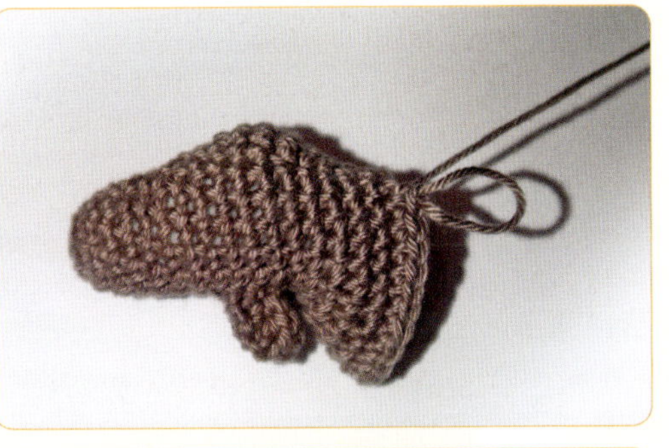

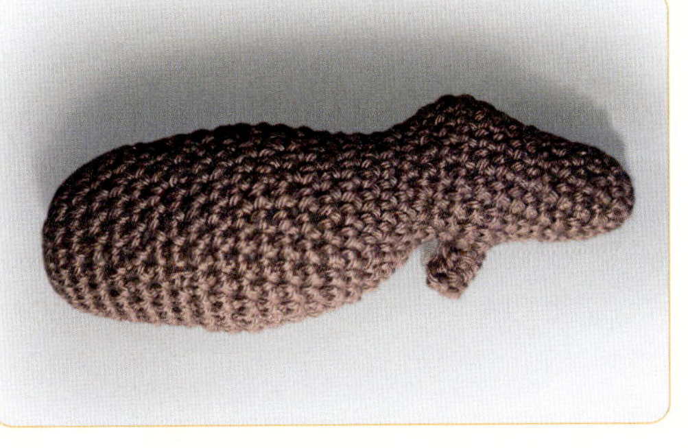

22.–24. Rd.: 30 fM (3 Runden)
25. Rd.: jede 4. u. 5. M zus.häk. = 24 M
26.–31. Rd.: 24 fM (6 Runden)
Den Körper ausstopfen.
32. Rd.: jede 3. u. 4. M zus.häk. = 18 M
33. Rd.: jede 2. u. 3. M zus.häk. = 12 M
Den Körper fertig ausstopfen.
34. Rd.: je 2 M zus.häk. = 6 M
Den Faden abschneiden, durchziehen und vernähen.

Beine (4x)

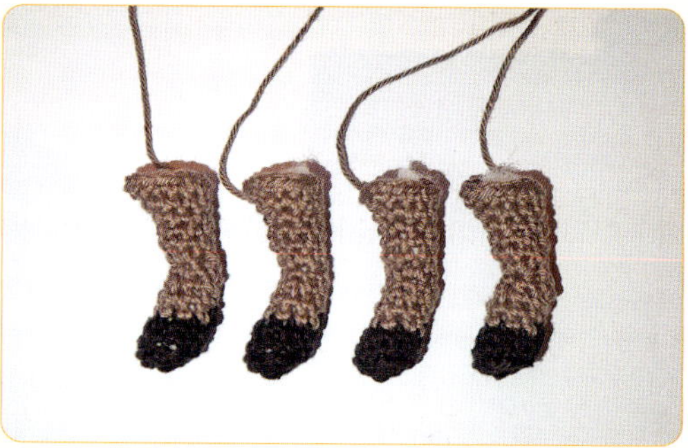

Mit dem schwarzen Garn 6 fM in einen Fadenring häkeln (alternativ: 2 Lfm anschl. und 6 fM in die 2. Lfm von der Nd aus) = 6 M
1. Rd.: jede M verd. = 12 M
2. Rd.: ihMg (12 fM)
3. Rd.: 3 fM, (3 M zus.häk.) x2, 3 fM = 8 M
4. u. 5. Rd.: in Braun 8 fM (2 Runden)
6. Rd.: 1 M verd., 1 fM, (2 M zus.häk.) x 2, 1 fM, 1 M verd. = 8 M
7. Rd.: 8 fM
8. Rd.: 3 M zus.häk., 2 M ver3, 3 M zus.häk. = 8 M
9. u. 10. Rd.: 8 fM (2 Runden)
11. Rd.: 4 fM, 2 M verd., 2 fM = 10 M
12. Rd.: 5 fM, 2 M verd., 3 fM = 12 M
13. Rd.: jede 4. M verd. = 15 M
Den Faden abschneiden und durchziehen, noch nicht vernähen! Das Bein ausstopfen.

Geweih (2x)

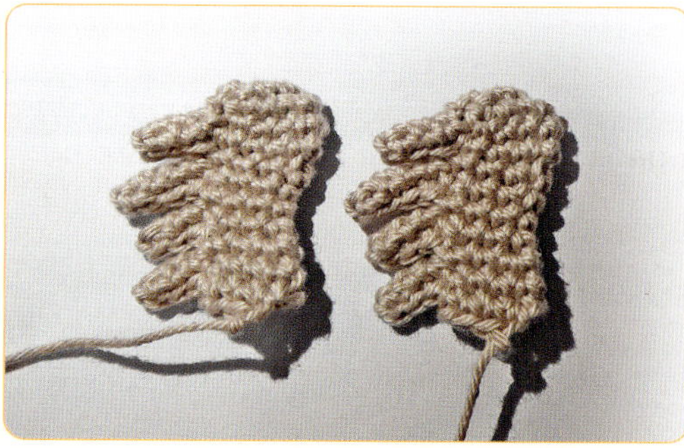

Mit dem hellbraunen Garn 4 Lfm anschl.
1. Rd.: 2 fM in die 2. Lfm von der Nd aus, 1 fM, 1 M verd., an der unteren Seite der Lfm-Kette: 1 M verd., 1 fM, 1 M verd. = 10 M
2. Rd.: 5 fM, 4 Lfm, 1 fM in die 2. Lfm von der Nd aus, 2 fM, 5 fM am Geweih
3. Rd.: 5 fM, an der Lfm-Kette 3 fM, 1 WL, Geweih flach aufeinanderlegen und durch jeweils 2 gegenüberliegende M häkeln: 3 Km (= 1 Abzweigung), wieder als Runde nur in die M der vordere Seite häkeln: 5 fM am Geweih = 10 M
4. Rd.: 2 M zus.häk., 3 fM, 5 Lfm, 1 fM in die 2. Lfm von der Nd aus, 3 fM, 3 fM am Geweih, 2 M zus.häk.
5. Rd.: 4 fM, an der Lfm-Kette 4 fM, 1 WL, Geweih flach aufeinanderlegen und durch jeweils 2 gegenüberliegende M häkeln: 4 Km (= 1 Geweihstange), dann weiter in der Runde nur in die vordere Seite häkeln: 4 fM am Geweih = 8 M
6. Rd.: 4 fM, 4 Lfm, 1 fM in die 2. Lfm von der Nd aus, 2 fM, 4 fM am Geweih
7. Rd.: 4 fM, an der Lfm-Kette 3 fM, 1 WL, Geweih flach aufeinanderlegen und durch jeweils 2 gegenüberliegende M häkeln: 3 Km (= 1 Geweihstange), wieder als Runde nur in die M der vordere Seite häkeln: 4 fM am Geweih (= 8 M)

8. Rd.: 1 M verd., 1 fM, 2 M zus.häk., 4 Lfm, 1 fM in die 2. Lfm von der Nd aus, 2 fM, 2 M zus.häk. am Geweih, 1 fM, 1 M verd.
9. Rd.: 4 fM, an der Lfm-Kette 3 fM, 1 WL, Geweih flach aufeinanderlegen und durch 2 gegenüberliegende M. häkeln: 3 Km (= 1 Geweihstange), wieder als Runde nur in die M der vordere Seite häkeln: 4 fM an der Rundung (= 8 M)
10. Rd.: 8 fM
Den Faden abschneiden und durchziehen, noch nicht vernähen!

Ohren (2x)

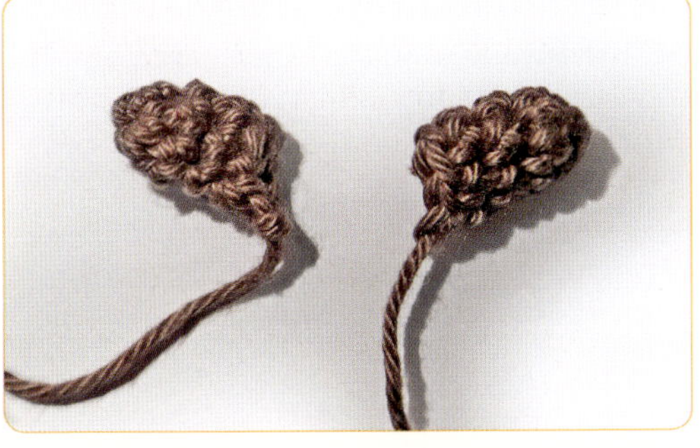

Mit dem braunen Garn 5 fM in einen Fadenring häkeln (alternativ: 2 Lfm anschl. und 5 fM in die 2. Lfm von der Nd aus) = 5 M
1.–3. Rd.: 5 fM (3 Runden)
Den Faden abschneiden und durchziehen, noch nicht vernähen!

Fertigstellen

1

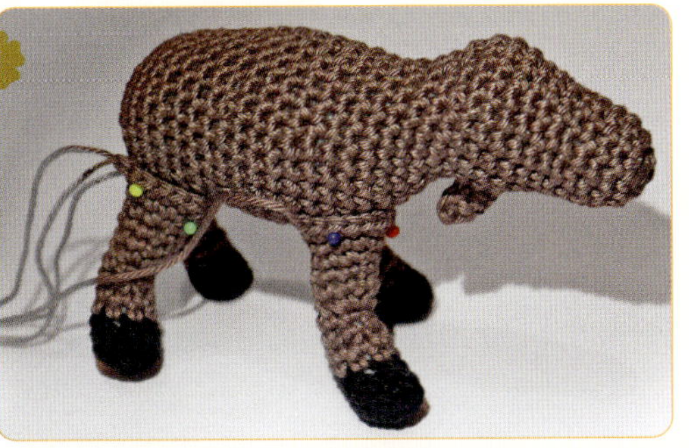

2

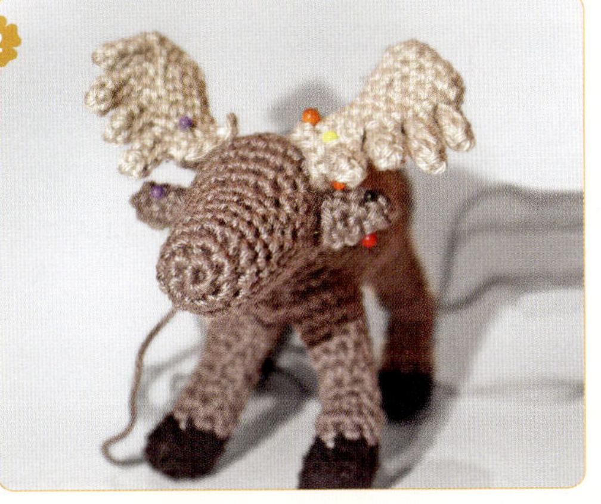

Alle vier Beine am Körper platzieren, dabei darauf achten, dass sich das Kinnläppchen unten mittig befindet. Die Beine annähen (Bild 1). Die Geweihe oben seitlich am Kopf platzieren, sodass die vier Abzweigungen nach vorne stehen. Die Ohren unterhalb positionieren und alle Teile annähen (Bild 2). Zuletzt in Schwarz die Augen aufsticken (siehe Foto S. 60). Fertig!

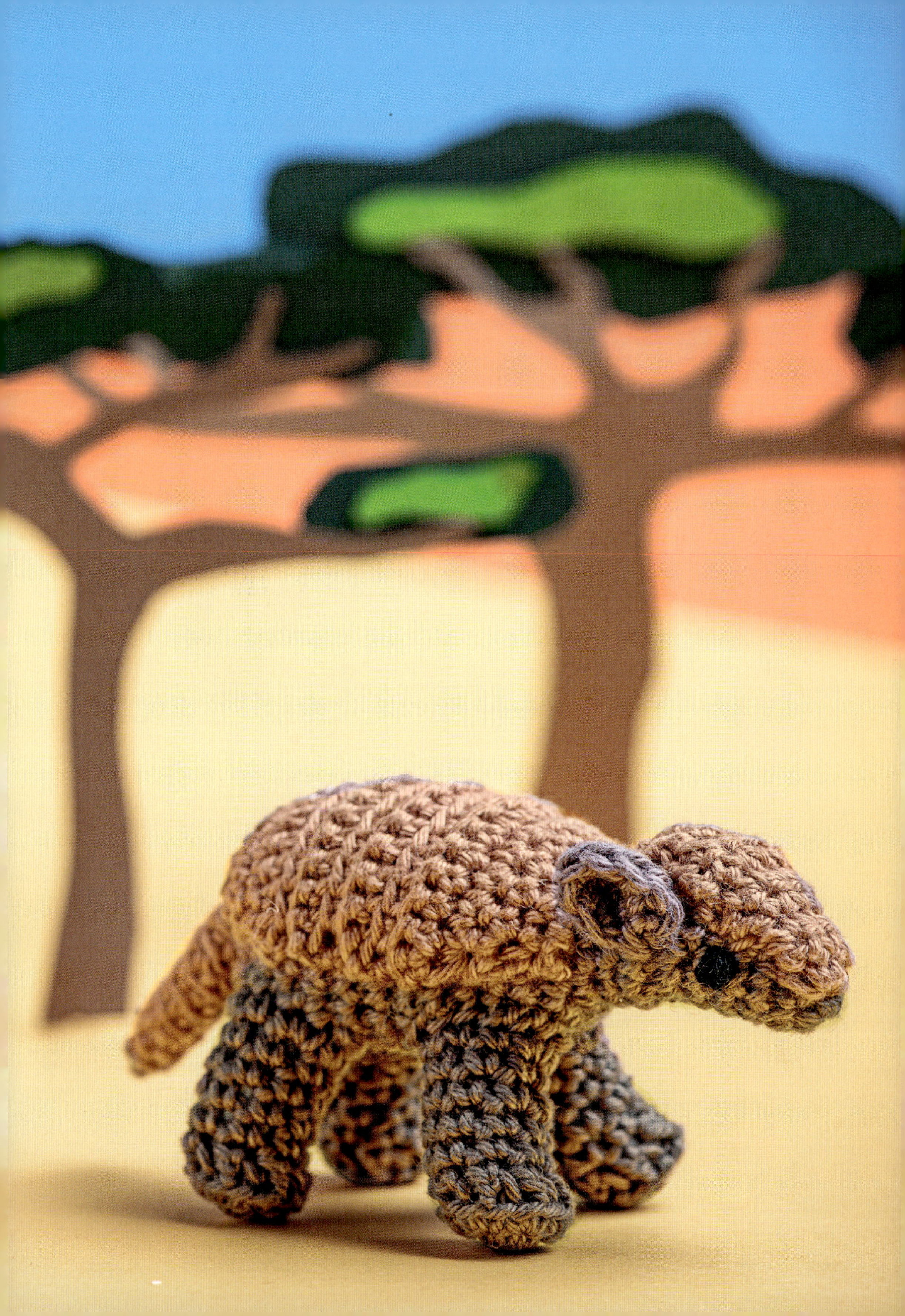

GÜRTELTIER

Schwierigkeit 2/5

Was wir benötigen

- Garn in Braun, Hellbraun und Schwarz (z.B. Schachenmayr Catania in Teddy 00161, Deep amber 00438 und Schwarz 00110)
- Größe: (bei o.g. Garn und Nadelstärke 2,5) ca. 10 cm

Viel Spaß beim Häkeln!

Anleitung

Körper

Mit dem braunen Garn 6 fM in einen Fadenring häkeln (alternativ: 2 Lfm anschl., 6 fM in die 2. Lfm von der Nd aus) = 6 M

1. Rd.: 6 fM
2. Rd.: jede 3. M verd. = 8 M
3. Rd.: jede 4. M verd. = 10 M
4. Rd.: 10 fM
5. Rd.: jede 2. M verd. = 15 M
6. u. 7. Rd.: 15 fM (2 Runden)
8. Rd.: 1 fM, 2 M zus.häk., 3 M zus.häk., 2 M zus.häk., 2 fM, 4 M verd., 1 fM (= 15 M
9. Rd.: 2 M zus.häk., 1 fM, 2 M zus.häk., 3 fM, 1 M verd., 2 fM, 1 M verd., 3 fM = 15 M
10. u. 11. Rd.: 15 fM (Runden)

Den Kopf mit Füllmaterial ausstopfen.

12. Rd.: jede 5. M verd. = 18 M

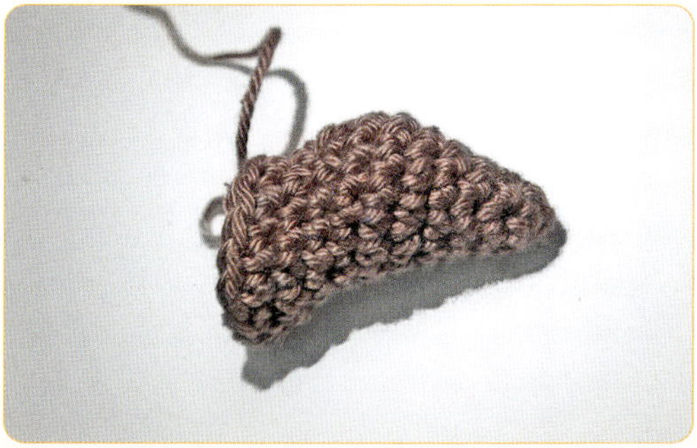

13. Rd.: (6 fM, 2 M verd., 1 fM) x 2 = 22 M
14.–18. Rd.: 22 fM (5 Runden)

Den Körper ausstopfen.

19. Rd.: (fM, (2 M zus.häk.) x 2) x2 = 18 M
20. Rd.: 18 fM
21. Rd.: jede 2. u. 3. M zus.häk. = 12 M

Den Körper fertig ausstopfen.

22. Rd.: je 2 M zus.häk. = 6 M

Den Faden abschneiden, durchziehen und vernähen.

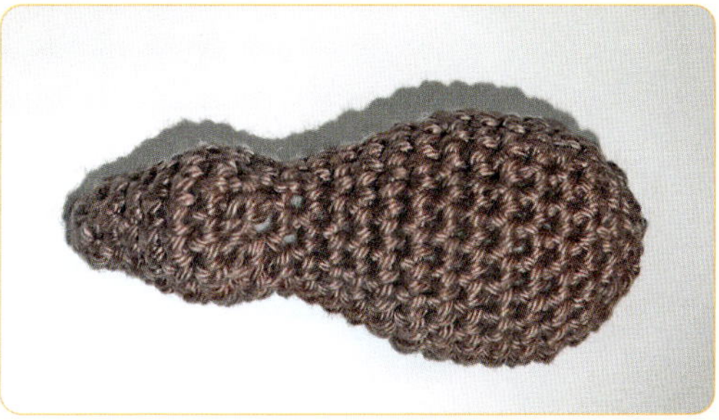

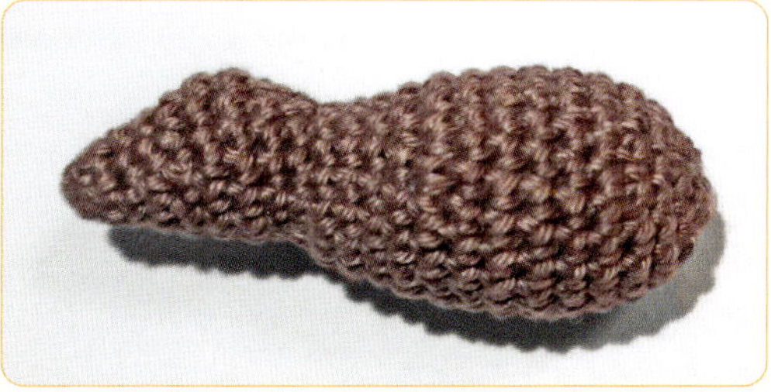

Kopfpanzer

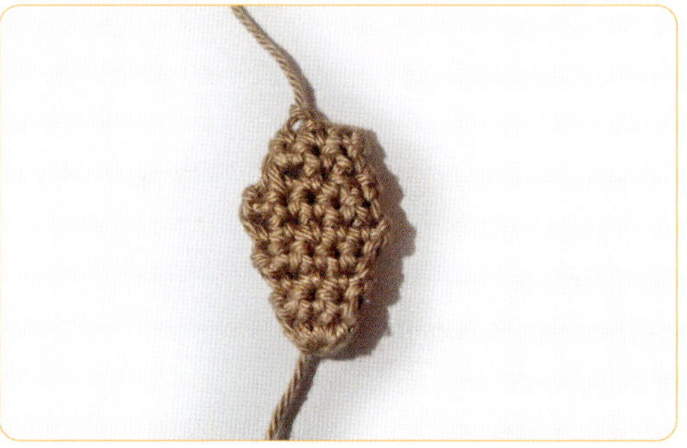

Mit dem hellbraunen Garn 3 fM in einen Fadenring häkeln (alternativ: 2 Lfm anschl., 3 fM in die 2. Lfm von der Nd aus), 1 WL = 3 M

1. u. 2.R: 3 fM, 1 WL (Reihen)
3.R: 1 M verd., 1 fM, 1 M verd., 1 WL = 5 M
4. u. 5.R: 5 fM, 1 WL (2 Reihen)
6.R: 2 M zus.häk., 1 fM, 2 M zus.häk., 1 WL = 3 M
7. u. 8.R: 3 fM, 1 WL (Reihen)

Den Faden abschneiden und durchziehen, noch nicht vernähen!

Rückenpanzer

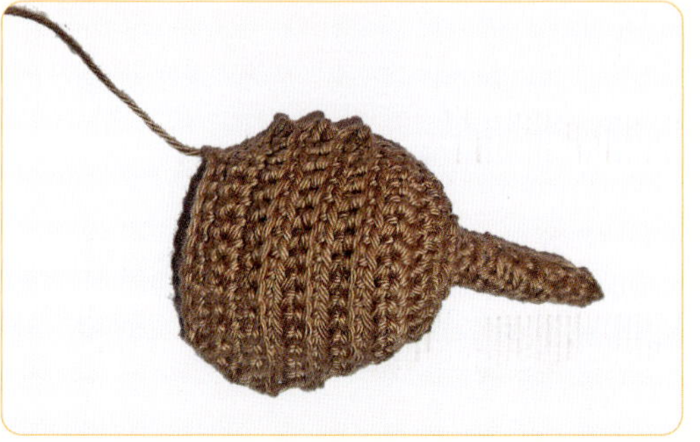

Mit dem hellbraunen Garn 11 Lfm anschl.

1. R.: 1 fM in die 2. Lfm von der Nd aus, 9 fM, 1 WL = 10 M
2. R.: 1 M verd., 8 fM, 1 M verd., 1 WL = 12 M
3. R.: 1 M verd., 10 fM, 1 M verd., 1 WL = 14 M
4. R.: 1 M verd., 12 fM, 1 M verd., 1 WL = 16 M
5. R.: ihMg (16 fM), 1 WL
6. R.: ivMg 16 fM, 1 WL
7.–10. R.: (Reihe 5 und 6 wiederholen) x 2 (4 Reihen)
11. R.: 2 M zus.häk., 12 fM, 2 M zus.häk., 1 WL = 14 M
12. R.: 2 M zus.häk., 10 fM, 2 M zus.häk., 1 WL = 12 M
13. R.: je 2 M zus.häk., 1 WL = 6 M
14. R.: je 2 M zus.häk., 1 WL = 3 M
15. R.: ivMg 3 fM, 3 Lfm = 6 M

Die nächste fM in die erste M der 15. R.häkeln, sodass ein Ring entsteht und das Teil in Runden beenden:

1. Rd.: 6 fM
2.–5. Rd.: ihMg (6 fM) (4 Runden)
6. Rd.: jede 2. u. 3. M zus.häk. = 4 M
7. Rd.: 4 fM

Den Faden abschneiden und durchziehen, noch nicht vernähen! Den Schwanz ausstopfen.

Beine (4x)

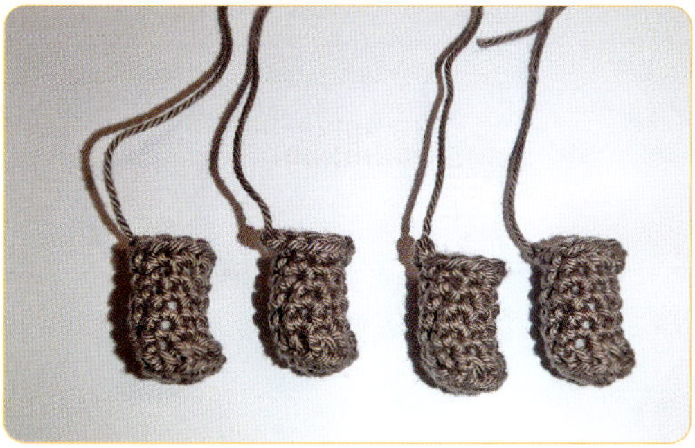

Mit dem braunen Garn 6 fM in einen Fadenring häkeln (alternativ: 2 Lfm anschl., 6 fM in die 2. Lfm von der Nd aus) = 6 M
1. Rd.: jede M verd. = 12 M
2. Rd.: ihMg (2 M zus.häk.) x 4, 4 fM = 8 M
3.–6. Rd.: 8 fM (4 Runden)
7. Rd.: 2 fM, 2 M verd., 4 fM = 10 M
Den Faden abschneiden und durchziehen, noch nicht vernähen! Das Bein ausstopfen.

Ohren (2x)

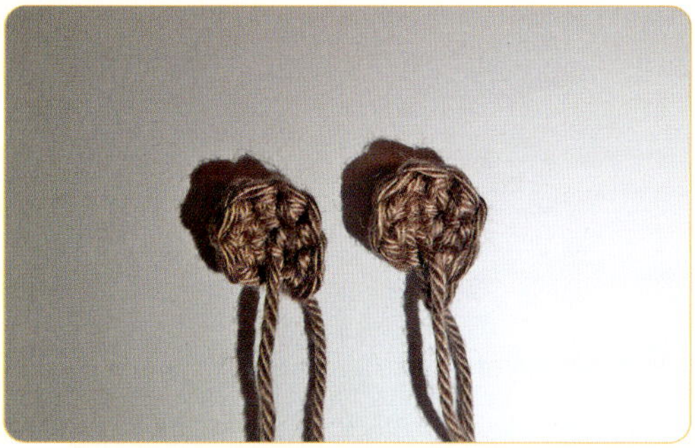

Mit dem braunen Garn 4 fM in einen Fadenring häkeln (alternativ: 2 Lfm anschl., 4 fM in die 2. Lfm von der Nd aus) = 4 M
1. Rd.: jede M verd. = 8 M
Den Faden abschneiden und durchziehen, noch nicht vernähen!

Fertigstellen

1

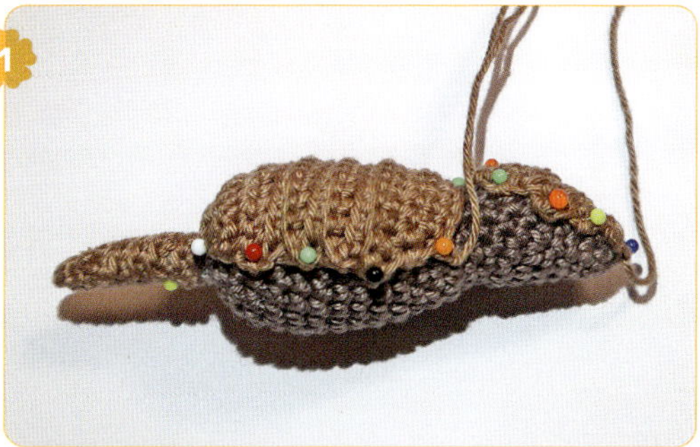

2

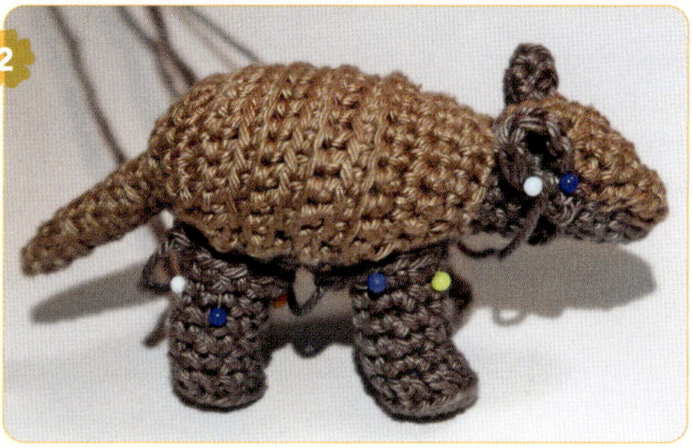

Kopf- und Rückenpanzer oben am Körper platzieren und festnähen (Bild 1). Die Beine am Bauch und die Ohren seitlich am Kopfpanzer positionieren und ebenfalls annähen (Bild 2). Zuletzt in Schwarz die Augen aufsticken (siehe Foto S. 64). Fertig!

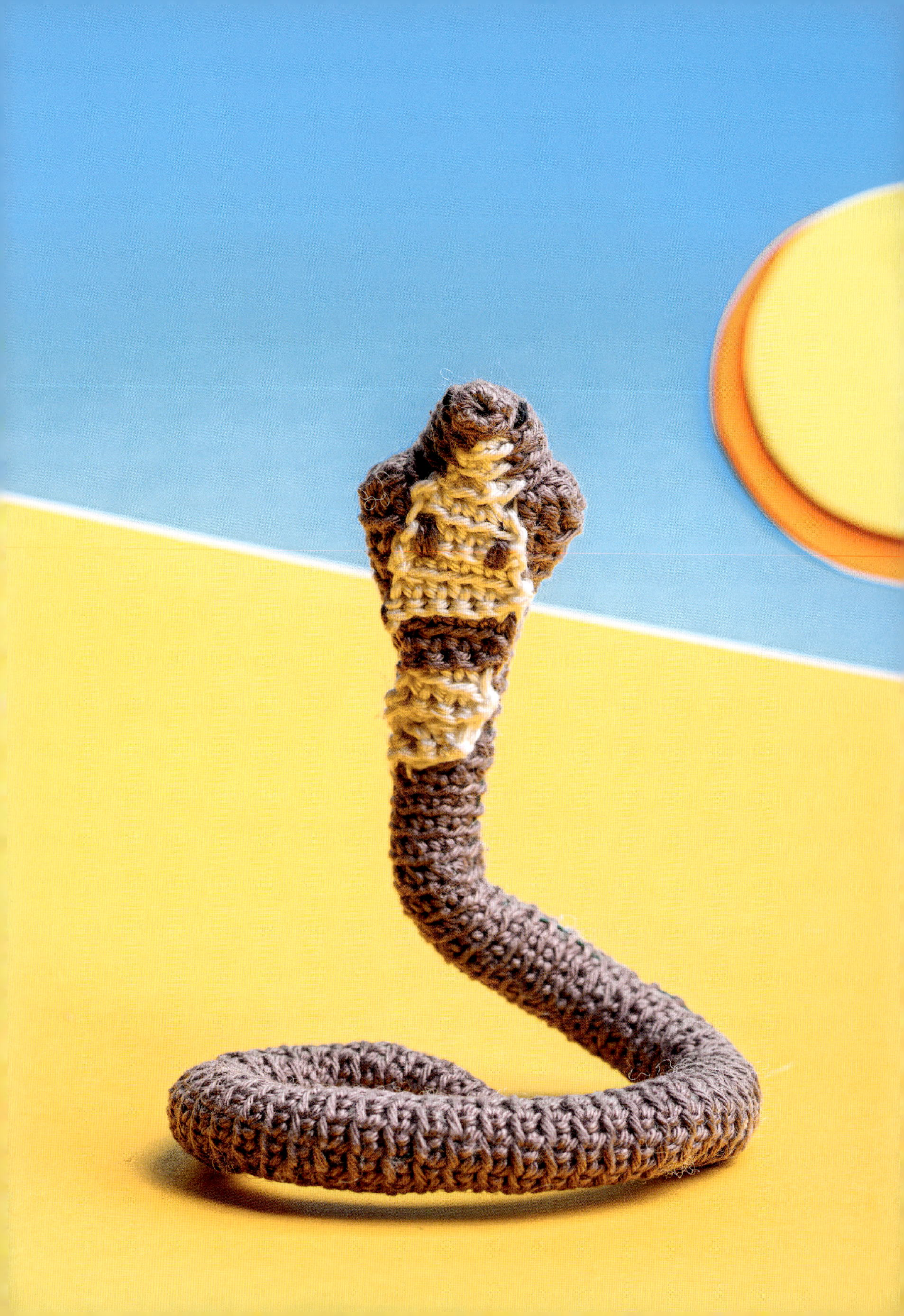

KOBRA

Schwierigkeit 5/5

Was wir benötigen

- Garn in Baun, Weiß und Schwarz (z.B. Schachenmayr Catania in Teddy 00161, Natur 00105 und Schwarz 00110)
- Größe: (bei o.g. Garn und Nadelstärke 2,5) ca. 33 cm

Viel Spaß beim Häkeln!

Anleitung

Körper

Mit dem braunen Garn 5 fM in einen Fadenring häkeln (alternativ: 2 Lfm anschl., 5 fM in die 2. Lfm von der Nd aus) = 5 M

Achtung! Ab der 1. Rd. den GESAMTEN Körper nur ihMg häkeln!

1. Rd.: (1 M verd., 1 fM) x 2, in Weiß 1 M verd. = 8 M

2. Rd.: in Braun 1 fM, 1 M verd., 2 fM, 1 M verd., 1 fM, in Weiß 2 fM = 10 M

3. Rd.: in Braun 8 fM, in Weiß 2 M verd. = 12 M

Der weiße Faden kann jetzt abgeschnitten werden.

4. Rd.: 8 fM, 4 Lfm, die nächsten 4 M überspringen= 12 M

5. Rd.: (1 hStb, 1 Stb, 1 DStb) in 1 M, (DStb, 1 Stb, 1 hStb) in 1 M, 5 fM, (1 hStb, 1 Stb, 1 DStb) in 1 M, (1 DStb, 1 Stb, 1 hStb) in 1 M, 6 Lfm, die 4 Lfm überspringen = 23 M

6. Rd.: das hStb überspringen, 15 fM, 6 Lfm, das letzte hStb und die 6 Lfm überspringen = 21 M

7. Rd.: 16 fM, 6 Lfm, die restlichen 5 Lfm überspringen = 21 M

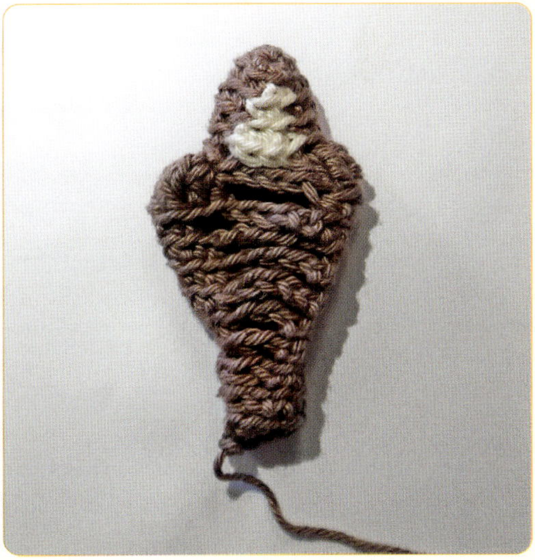

8. Rd.: Die 1. M überspringen, 4 fM, 2 M zus.häk., 3 M zus.häk., 2 M zus.häk., 4 fM, 6 Lfm, die 6 Lfm überspringen = 17 M
9. Rd.: 11 fM, 4 Lfm, die 6 Lfm überspringen = 15 M
10. Rd.: 2 fM, 2 M zus.häk., 3 M zus.häk., 2 M zus.häk., 2 fM, 4 Lfm, die 4 Lfm überspringen = 11 M
11. Rd.: 2 fM, 3 M zus.häk., 2 fM, 4 Lfm, die 4 Lfm überspringen = 9 M
12. u. 13. Rd.: 5 fM, 4 Lfm, die 4 Lfm der Vorrunde überspringen (2 Runden)
14. Rd.: 5 fM
Den Faden abschneiden und durchziehen, nicht vernähen!
Den Bauch nun am Körper anhäkeln, dabei jeweils eine Reihe ihMg der vorherigen Reihe und die Lfm am Körper und eine Reihe in die Lfm am Körper und die jeweils vMg der vorherigen Reihe häkeln.
Bei Verdopplungen in 2 Lfm und 1 M am Bauch einstechen, bei Abnahmen in 1 Lfm und 2 M am Bauch einstechen.
Mit dem weißen Garn in der 3. Rd. des Körpers in der 1. weißen Masche ihMg neu anschlagen.

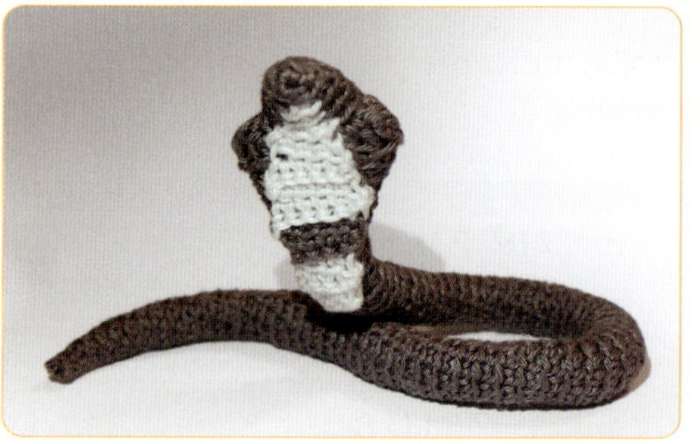

1. R.: (ihMg): 4 fM, 1 WL
2. R.: (ivMg): 1 M verd., 2 fM, 1 M verd., 1 WL = 6 M
3. R.: (ihMg): 6 fM, 1 WL
4. R.: (ivMg): 6 fM, in Braun 1 WL
5. R.: (ihMg): 6 fM, 1 WL
6. R.: (ivMg): 2 M zus.häk., 2 fM, 2 M zus.häk., in Weiß 1 WL = 4 M
7. R.: (ihMg): 4 fM, 1 WL
8. R.: (ivMg): 4 fM, 1 WL
9. R.: (ihMg): 4 fM, 1 WL
10. R.: (ivMg): (2 M zus.häk.) x 2 (dabei je 2 Lfm und 2 M der vorherigen R zus.häk.), 1 WL = 2 M
11. R.: 2 fM, in Braun 7 fM am Körper = 9 M
Den Bauch beenden. Den Kopf mit Füllmaterial ausstopfen.
Den Körper in Runden beenden:

1.–50. Rd.: 9 fM, dabei den Körper regelmäßig ausstopfen (50 Runden); um die Schlange länger oder kürzer zu gestalten, entsprechend mehr oder weniger Runden häkeln.
51. Rd.: 7 fM, 2 M zus.häk. = 8 M
52.–55. Rd.: 8 fM (4 Runden)
Den Körper weiter ausstopfen.
56. Rd.: 6 fM, 2 M zus.häk. = 7 M
57.–59. Rd.: 7 fM (3 Runden)
Den Körper weiter ausstopfen.
60. Rd.: 5 fM, 2 M zus.häk. = 6 M
61. u. 62. Rd.: 6 fM (2 Runden)
Den Körper weiter ausstopfen.
63. Rd.: 4 fM, 2 M zus.häk. = 5 M
64. Rd.: 5 fM
Den Körper fertig ausstopfen.
65. Rd.: 3 fM, 2 M zus.häk. = 4 M
66. Rd.: 4 fM
Den Faden abschneiden, durchziehen und vernähen.

Fertigstellen

1
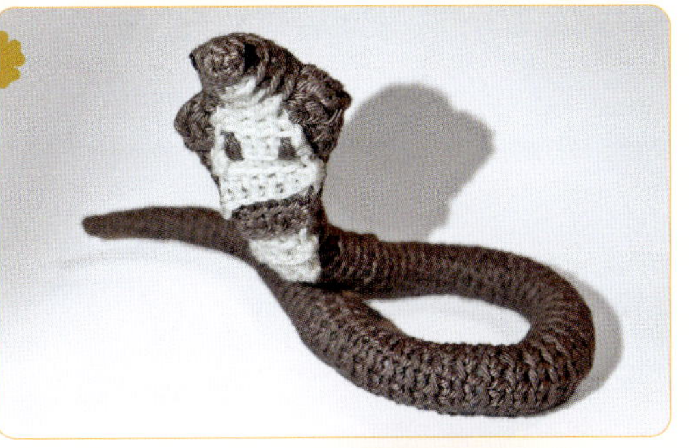

2
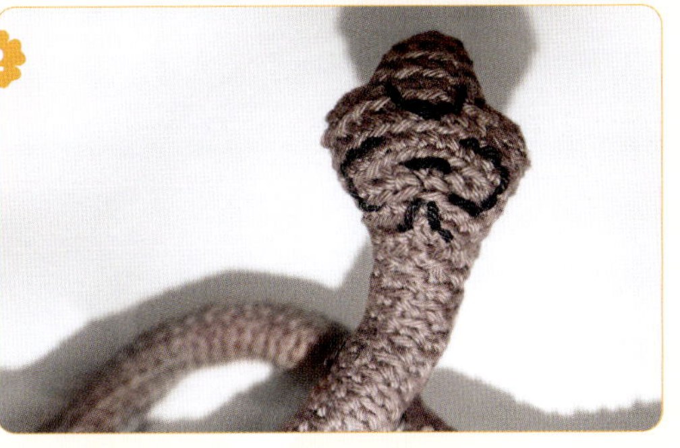

Mit dem braunen Garn 2 Flecken am oberen Bauch aufnähen (Bild 1). In Schwarz ein Muster am oberen Rücken der Schlange aufsticken (Bild 2). Ebenfalls in Schwarz die Augen vorne am Kopf anbringen (siehe Foto S. 68). Fertig!

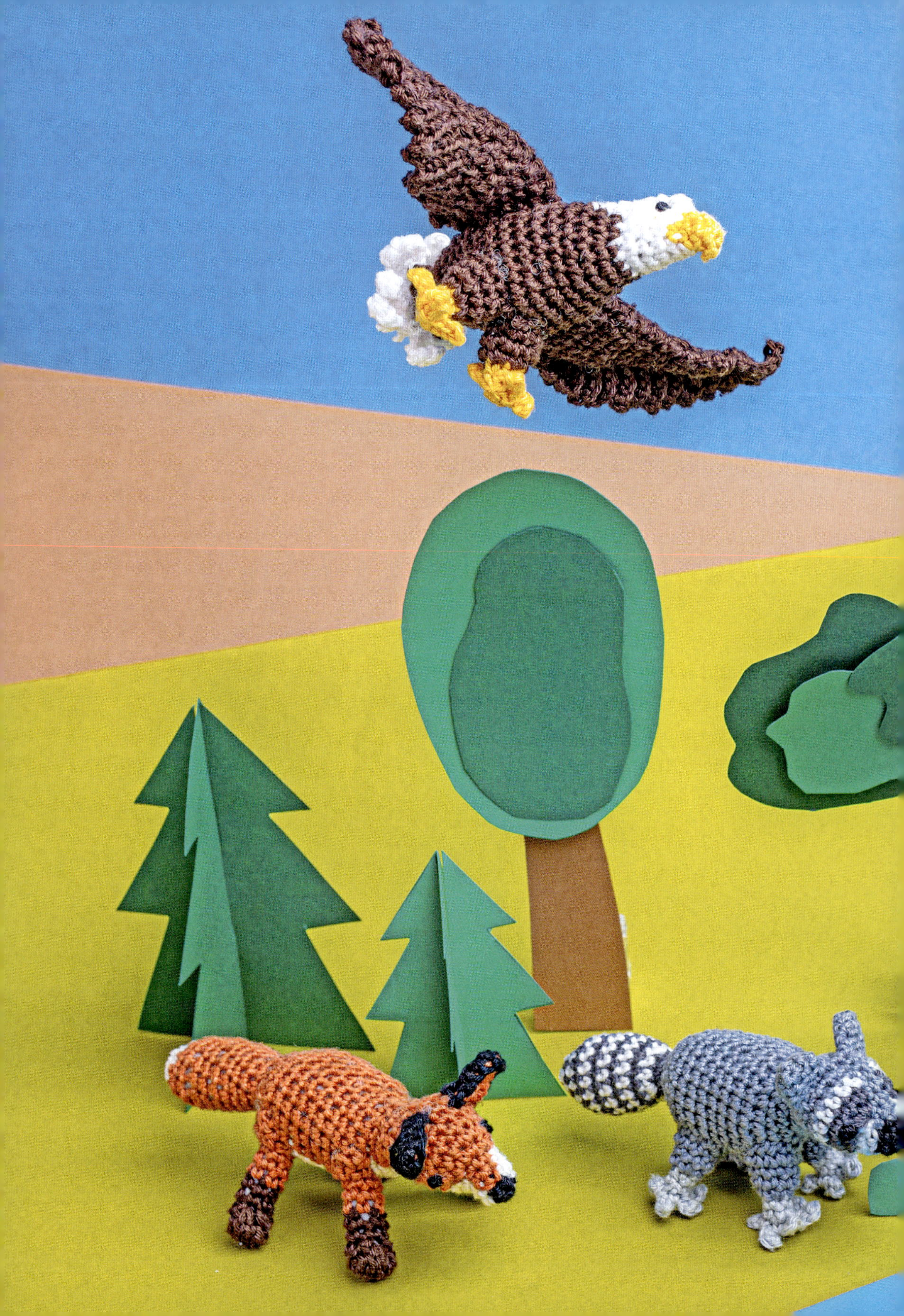

WALD

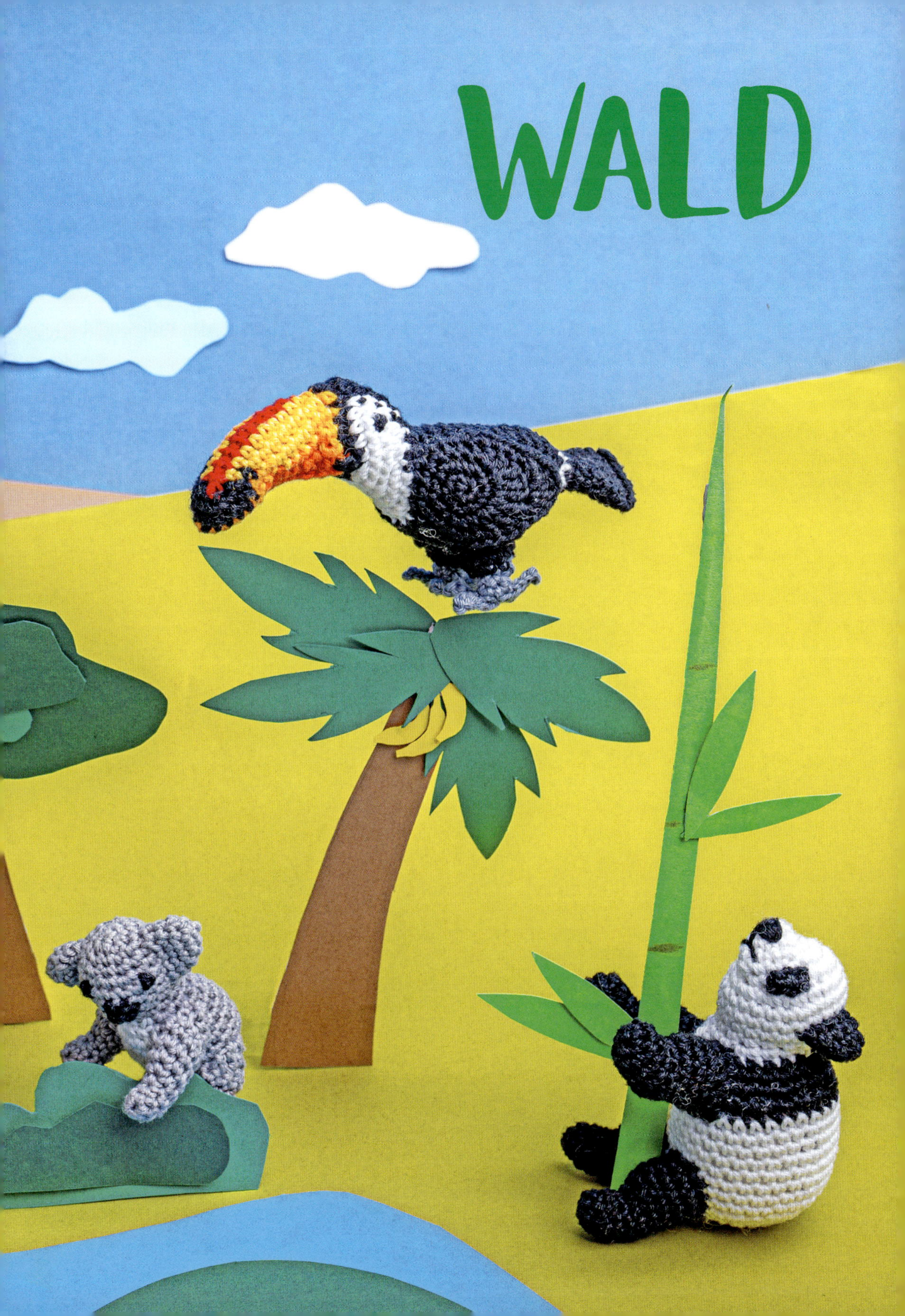

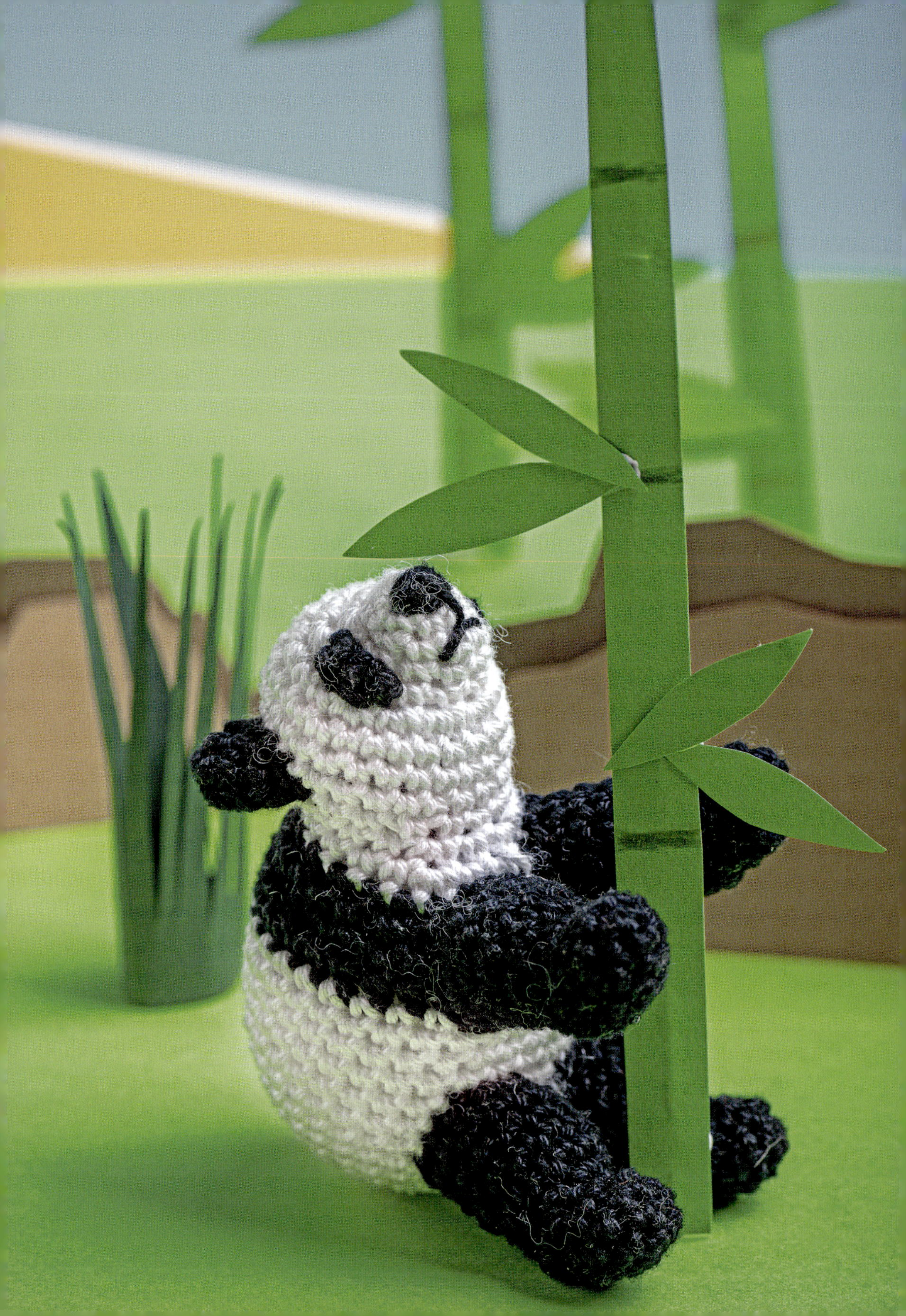

PANDA

Schwierigkeit 1/5

Was wir benötigen

- Garn in Weiß und Schwarz (z.B. Schachenmayr Catania in Weiß 00106 und Schwarz 00110)
- Größe: (bei o.g. Garn und Nadelstärke 2,5) ca. 10 cm

Viel Spaß beim Häkeln!

Anleitung

Körper

Mit dem weißen Garn 6 fM in einen Fadenring häkeln (alternativ: 2 Lfm anschl., 6 fM in die 2. Lfm von der Nd aus) = 6 M
1. Rd.: jede 2. M verd. = 9 M
2. Rd.: 9 fM
3. Rd.: 3 M verd., 6 fM = 12 M
4. Rd.: (1 fM, 1 M verd.) x 3, 6 fM = 15 M
5. Rd.: (2 fM, 1 M verd.) x 3, 6 M verd. = 24 M
6.–8. Rd.: 24 fM (3 Runden)
9. Rd.: jede 7. u. 8. M zus.häk. = 21 M
10. Rd.: 2 fM, (2 M zus.häk., 1 fM) x2 , 2 M zus.häk., 4 fM, (1 M verd., 1 fM) x 3, 1 fM = 21 M
11. Rd.: 1 fM, 2 M zus.häk., 3 M zus.häk., 2 M zus.häk., 4 fM, 1 M verd., 1 fM, 1 M verd., in Schwarz 1 M verd., 1 fM, 1 M verd., 3 fM = 21 M
Den Kopf mit Füllmaterial ausstopfen.
12. Rd.: 1 fM, 3 M verd., 17 fM = 24 M
13. Rd.: jede 4. M verd. = 30 M
14. Rd.: 30 fM
15. Rd.: 20 fM, in Weiß 10 fM
16.–23. Rd.: 30 fM (8 Runden)
Den Körper ausstopfen.
24. Rd.: jede 4. u. 5. M zus.häk. = 24 M
25. Rd.: jede 3. u. 4. M zus.häk. = 18 M
26. Rd.: jede 2. u. 3. M zus.häk. = 12 M
Den Körper fertig ausstopfen.
27. Rd.: je 2 M zus.häk. = 6 M
Den Faden abschneiden, durchziehen und vernähen.

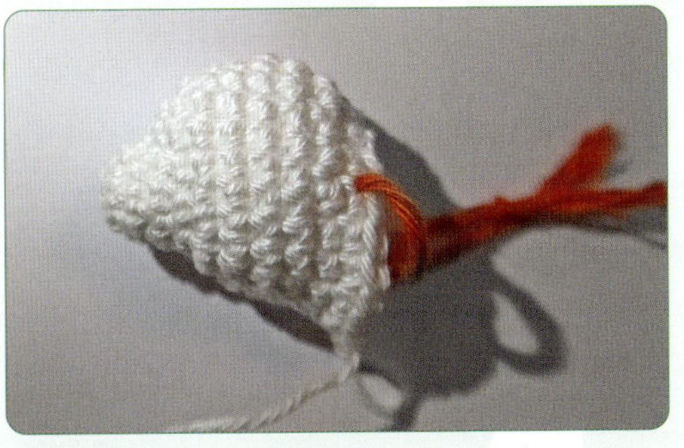

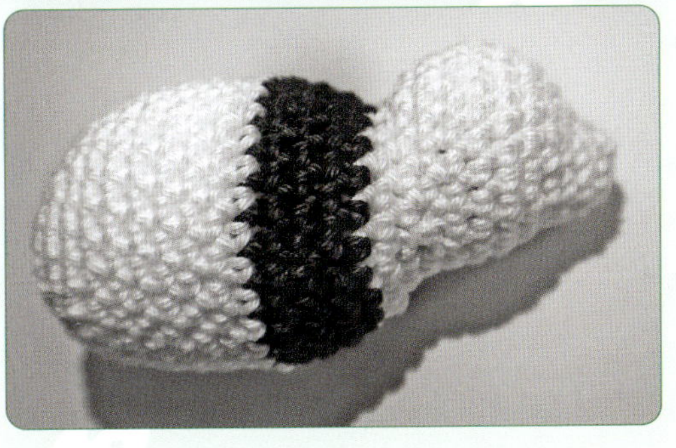

Beine (4x)

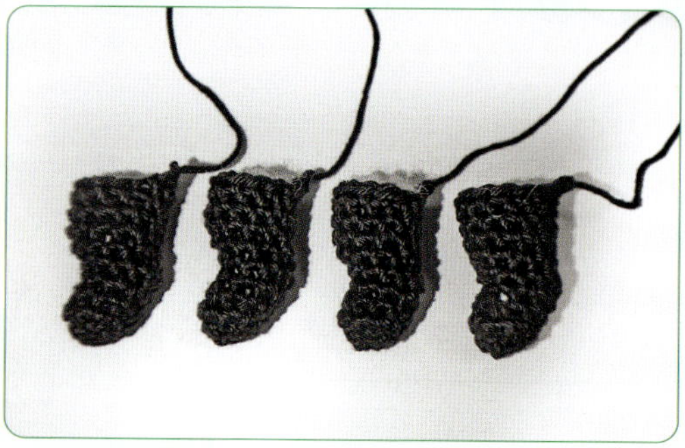

Mit dem schwarzen Garn 5 fM in einen Fadenring häkeln (alternativ: 2 Lfm anschl., 5 fM in die 2. Lfm von der Nd aus) = 5 M
1. Rd.: jede M verd. = 10 M
2. Rd.: 10 fM
3. Rd.: (2 M zus.häk.) x 3, 1 fM, 2 M verd., 1 fM = 9 M
4. Rd.: 9 fM
5. Rd.: 1 fM, 1 M ver3, 2 fM, (2 M zus.häk.) x 2, 1 fM = 9 M
6. Rd.: jede 3. M verd. = 12 M
7.–9. Rd.: 12 fM
Den Faden abschneiden und durchziehen, noch nicht vernähen! Das Bein ausstopfen.

Ohren (2x)

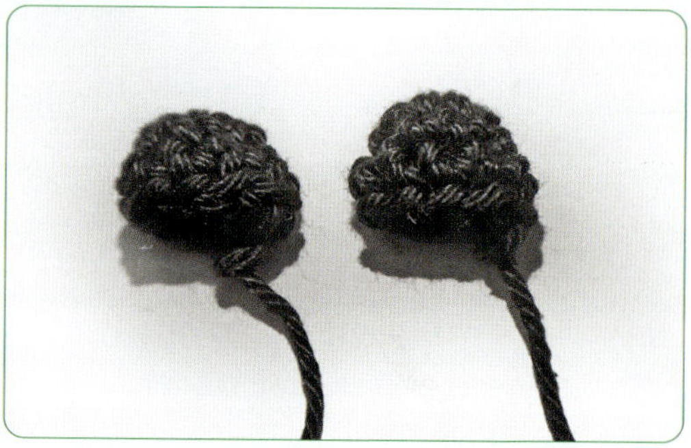

Mit dem schwarzen Garn 6 fM in einen Fadenring häkeln (alternativ: 2 Lfm anschl., 6 fM in die 2. Lfm) = 6 M
1. Rd.: jede 3. M verd. = 8 M
2. Rd.: 8 fM
Den Faden abschneiden und durchziehen, noch nicht vernähen!

Augenflecken (2x)

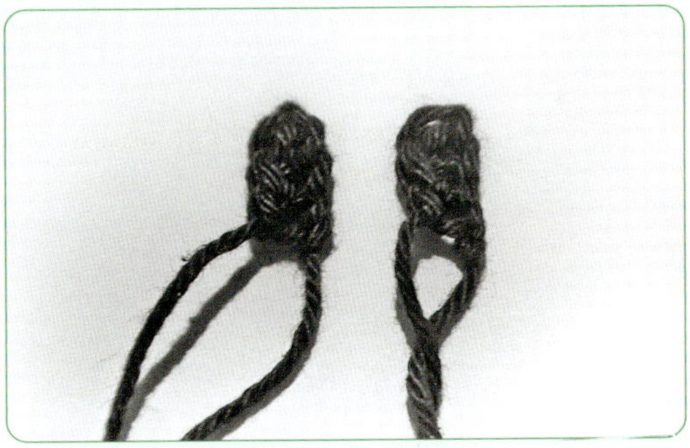

Mit dem schwarzen Garn 4 Lfm anschl.
1. Rd.: 1 fM in die 2. Lfm, 1 fM, 1 Km
Den Faden abschneiden und durchziehen, noch nicht vernähen!

Fertigstellen

1

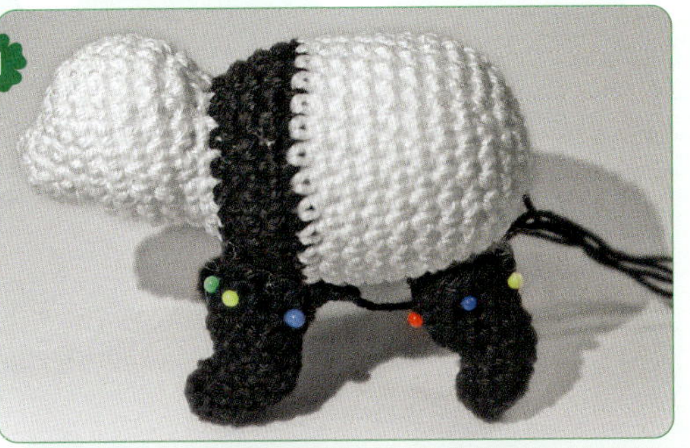

2

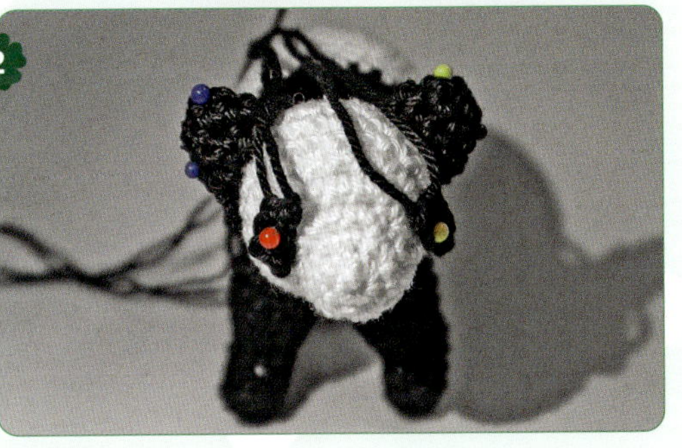

Zunächst alle vier Beine am Körper positionieren. Dabei darauf achten, dass die Vorderbeine am schwarzen Streifen des Körpers befestigt werden (Bild 1). Ohren und Augenflecken ebenfalls platzieren, die Augenflecken liegen senkrecht an der Schnauze (Bild 2). Zuletzt in Schwarz die Schnauze aufsticken (siehe Foto S. 74). Alternativ noch Augen in einer beliebigen Farbe auf die schwarzen Augenflecken sticken. Fertig!

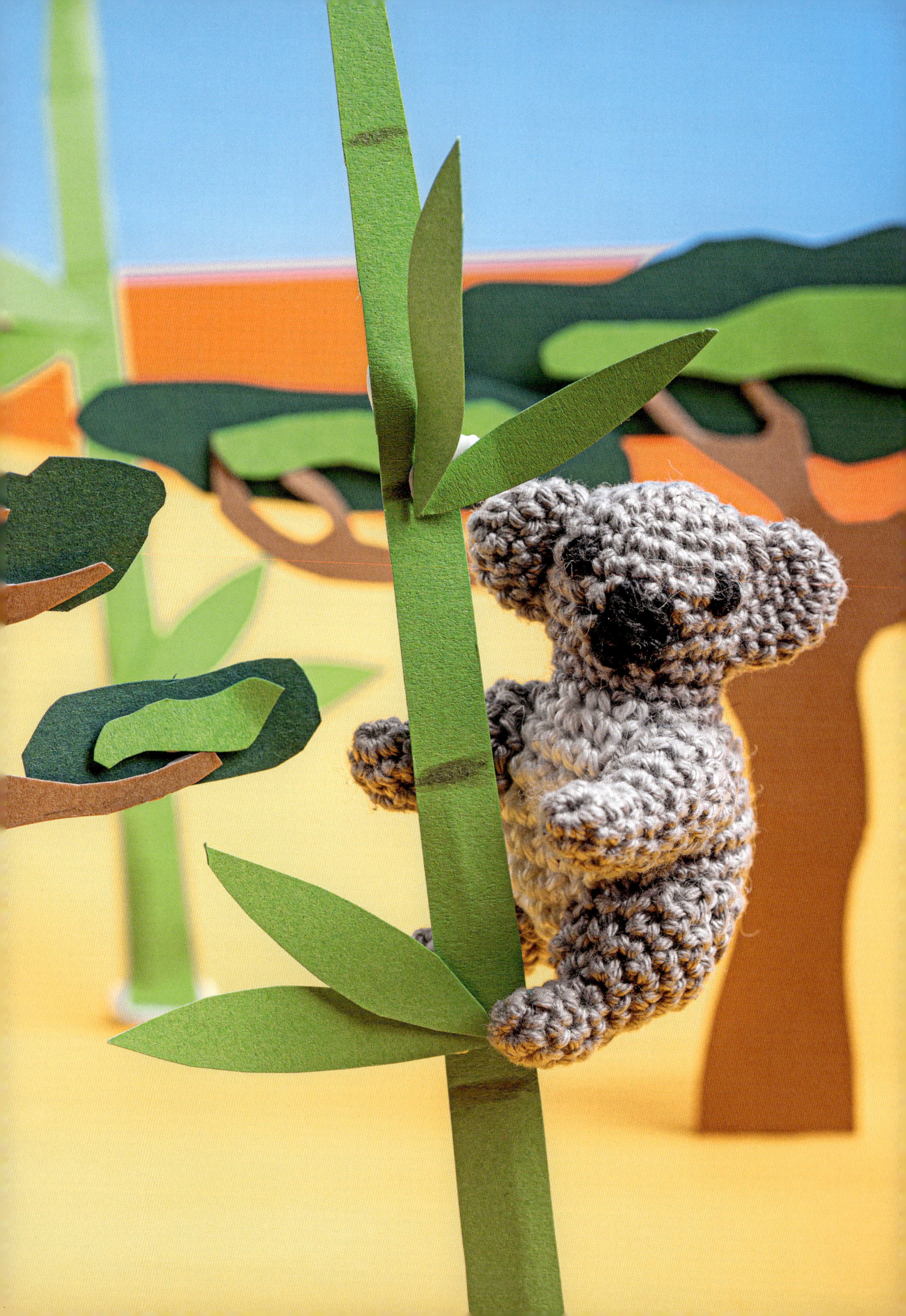

KOALA

Schwierigkeit 3/5

Was wir benötigen

- Garn in Grau, Weiß und Schwarz (z.B. Schachenmayr Catania in Rauchgrau 00435, Weiß 00106 und Schwarz 00110)
- Größe: (bei o.g. Garn und Nadelstärke 2,5) ca. 8 cm

Viel Spaß beim Häkeln!

Anleitung

Körper

Mit dem grauen Garn 6 fM in einen Fadenring häkeln (alternativ: 2 Lfm anschl., 6 fM in die 2. Lfm von der Nd aus) = 6 M
1. Rd.: jede M verd. = 12 M
2. Rd.: jede 3. M verd. = 16 M
3. Rd.: 16 fM
4. Rd.: 2 M verd., 14 fM = 18 M
5. Rd.: 18 fM
6. u. 7. Rd.: 1 fM, in Schwarz 2 Stb, in Grau 15 fM = 18 M (2 Runden)
8. Rd.: (2 M zus.häk.) x 2, 1 fM, (1 fM, 2 M zus.häk.) x 4, 1 fM = 12 M
9. Rd.: 12 fM
Den Kopf mit Füllmaterial ausstopfen.
10. Rd.: in Weiß 3 fM, in Grau 1 M verd., 3 fM, 1 M verd., 4 fM, in Weiß 1 fM in die letzte der 4 fM= 15 M
11. Rd.: 1 fM, 1 M verd., 2 fM, in Grau (1 M verd., 1 fM) x 2, 1 fM, (1 M verd., 1 fM) x2, 1 fM, in Weiß 1 M verd. = 21 M
12. Rd.: 5 fM, in Grau 1 fM, (1 M verd., 6 fM) x 2, in Weiß 1 M verd. = 24 M
13.–16. Rd.: 6 fM, in Grau 17 fM, in Weiß 1 fM (4 Runden)
17. Rd.: (2 M zus.häk., 1 fM) x 2, in Grau (2 fM, 2 M zus.häk.) x 2, 1 fM, (2 M zus.häk., 2 fM) x 2, in Weiß 1 fM = 18 M
Den Körper ausstopfen.
18. Rd.: 3 M zus.häk., 1 fM, in Grau (1 fM, 2 M zus.häk.) x 4, 2 fM = 12 M
Den Körper fertig ausstopfen.
19. Rd.: je 2 M zus.häk. = 6 M
Den Faden abschneiden, durchziehen und vernähen.

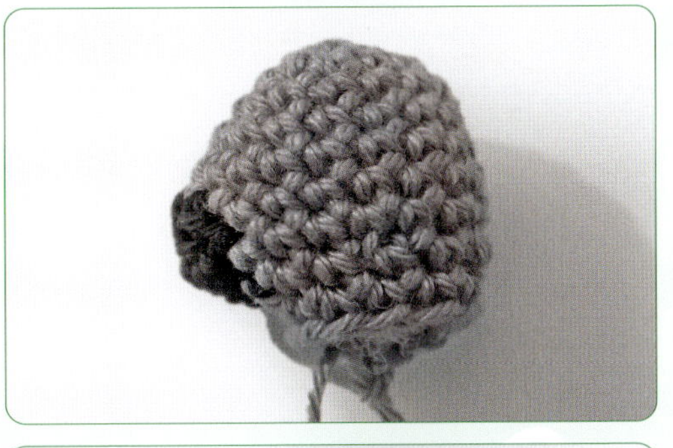

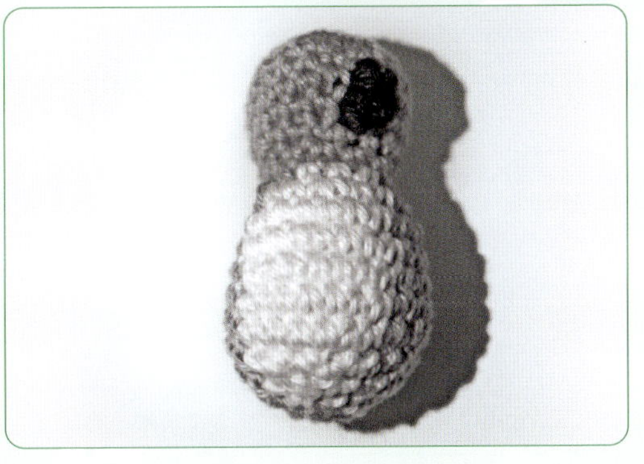

Ohren (2x)

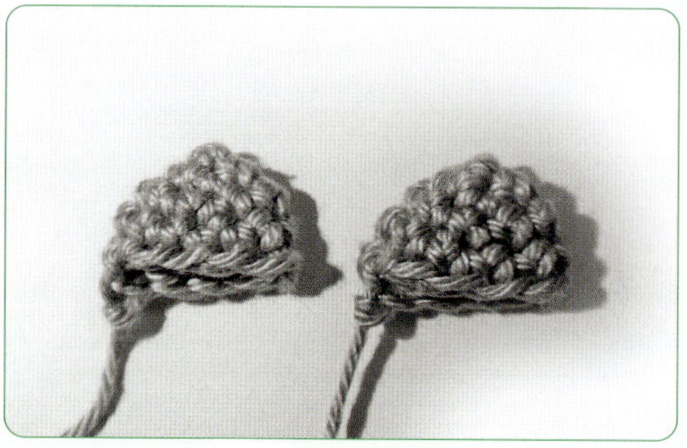

Mit dem grauen Garn 5 fM in einen Fadenring häkeln (alternativ: 2 Lfm anschl., 5 fM in die 2. Lfm von der Nd aus) = 5

1. Rd.: jede M verd. = 10 M

2. u. 3. Rd.: 10 fM (2 Runden)

Den Faden abschneiden und durchziehen, noch nicht vernähen!

Vorderbeine (2x)

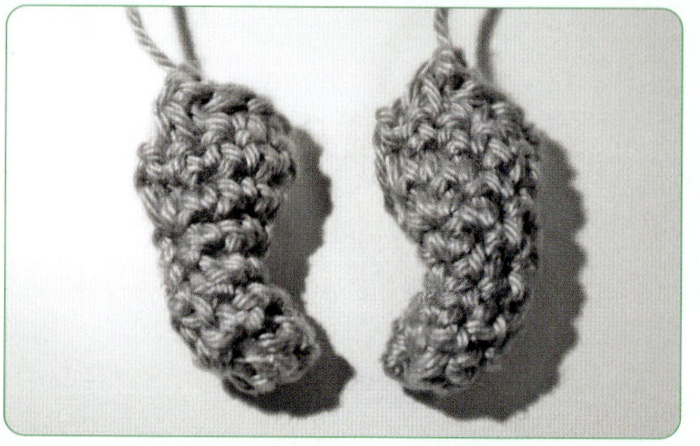

Mit dem grauen Garn 6 fM in einen Fadenring häkeln (alternativ: 2 Lfm anschl., 6 fM in die 2. Lfm von der Nd aus) = 6 M

1. u. 2. Rd.: 6 fM (2 Runden)

3. Rd.: 2 M verd., (2 M zus.häk.) x 2 = 6 M

4. Rd.: 1 fM, 2 M verd., 1 fM, 2 M zus.häk. = 7 M

5. Rd.: 2 fM, 2 M verd., 3 fM = 9 M

Für ein rechtes und ein linkes Bein unterschiedlich weiter häkeln:

Linkes Bein

6. Rd.: 5 fM, 1 WL, das Bein in Reihen fertig häkeln:

1. R.: 5 fM, 1 WL

2. R.: 2 M zus.häk., 1 fM, 2 M zus.häk., 1 WL = 3 M

3. R.: 3 M zus.häk. = 1 M

Den Faden abschneiden und durchziehen, noch nicht vernähen! Das Bein ausstopfen.

Rechtes Bein

1 WL, das Bein in Reihen fertig häkeln:

1. R.: 5 fM, 1 WL

2. R.: 2 M zus.häk., 1 fM, 2 M zus.häk., 1 WL = 3 M

3. R.: 3 M zus.häk. = 1 M

Den Faden abschneiden und durchziehen, noch nicht vernähen! Das Bein ausstopfen.

Hinterbeine (2x)

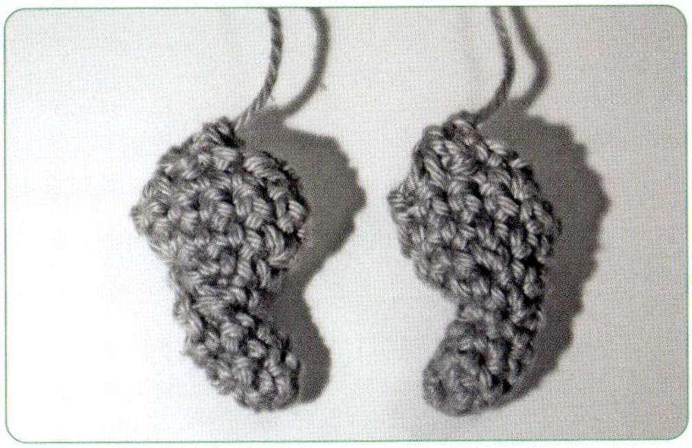

Mit dem grauen Garn 6 fM in einen Fadenring häkeln (alternativ: 2 Lfm anschl., 6 fM in die 2. Lfm) = 6 M
1.–3. Rd.: 6 fM (3 Runden)
4. Rd.: 2 M verd., (2 M zus.häk.) x 2 = 6 M
5. Rd.: 4 M verd., 2 M zus.häk. = 9 M
6. Rd.: jede 3. M verd. = 12 M
Für ein rechtes und ein linkes Bein unterschiedlich weiter häkeln:

Linkes Bein

7. Rd.: 6 fM, 1 WL, das Bein in Reihen fertig häkeln:
1.R: 6 fM, 1 WL
2.R: 2 M zus.häk., 2 fM, 2 M zus.häk., 1 WL = 4 M
3. Rd.: (2 M zus.häk.) x 2, 1 WL = 2 M
4. Rd.: 2 M zus.häk. = 1 M
Den Faden abschneiden und durchziehen, noch nicht vernähen! Das Bein ausstopfen.

Rechtes Bein

1 WL, das Bein in Reihen fertig häkeln:
1.R: 6 fM, 1 WL
2.R: 2 M zus.häk., 2 fM, 2 M zus.häk., 1 WL = 4 M
3. Rd.: (2 M zus.häk.) x 2, 1 WL = 2 M
4. Rd.: 2 M zus.häk. = 1 M
Den Faden abschneiden und durchziehen, noch nicht vernähen! Das Bein ausstopfen.

Fertigstellen

1

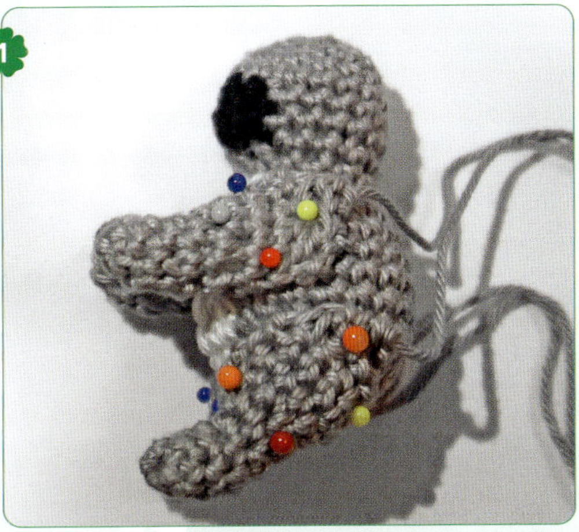

2

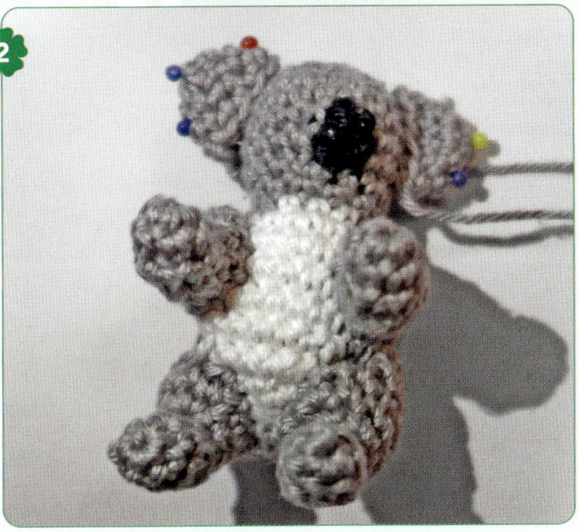

Um den Koala zum Beispiel an einem Ast befestigen zu können, optional Drähte oder Magneten in die Beine einsetzen. Alle vier Beine am Körper positionieren, dabei darauf achten, dass jedes Bein am richtigen Platz sitzt. Die Beine annähen (Bild 1). Die Ohren leicht seitlich am Kopf platzieren und ebenfalls annähen, die Nase sollte mittig dazwischen liegen (Bild 2). Zum Schluss mit schwarzem Garn die Augen aufsticken (siehe Foto S. 78). Fertig!

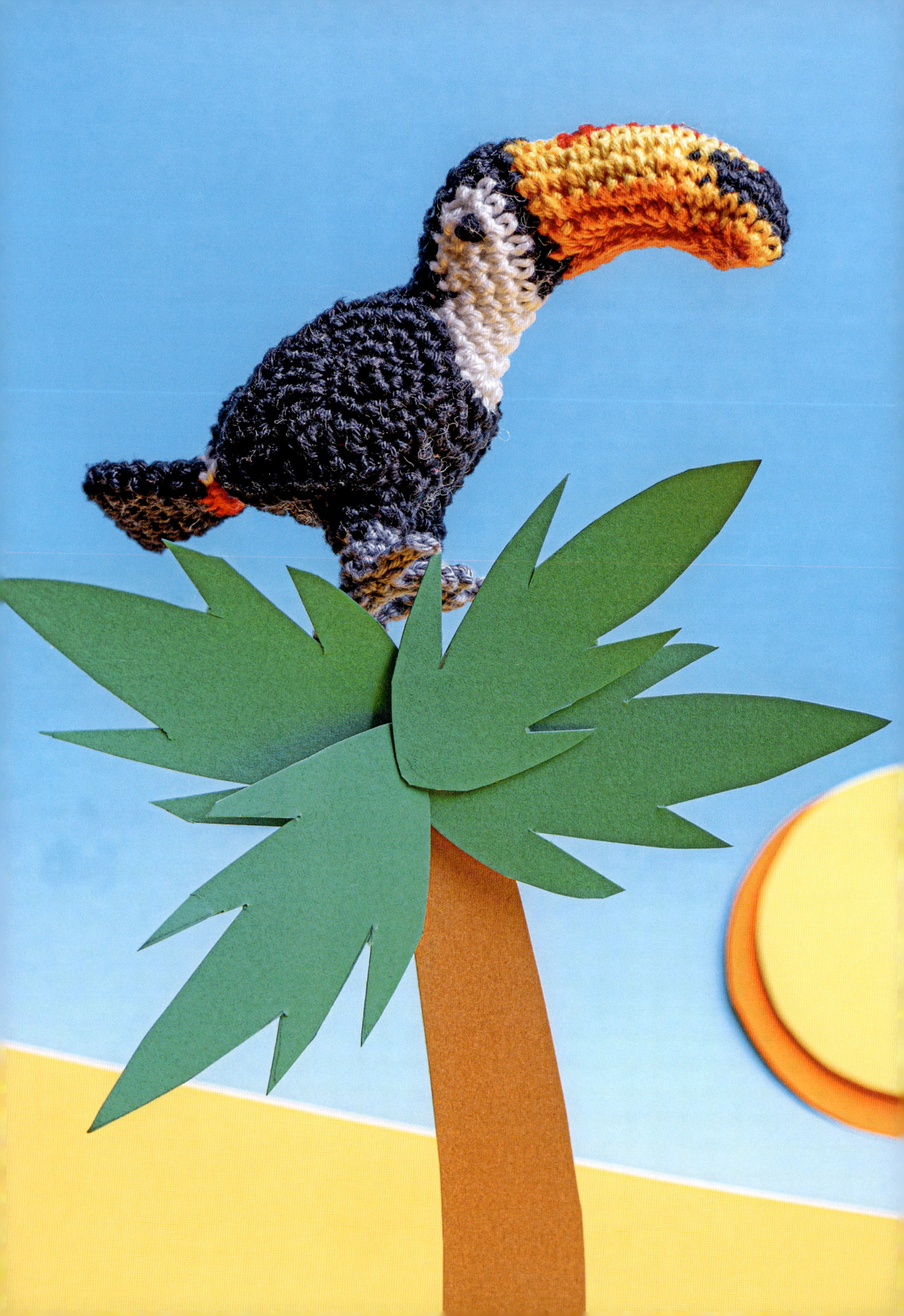

TUKAN

Schwierigkeit 5/5

Was wir benötigen

- Garn in Rot, Orangegelb, Gelb, Schwarz, Orange, Weiß und Dunkelgrau (z.B. Schachenmayr Catania in Signalrot 00115, Mango 00411, Sonne 00208, Schwarz 00110, Jaffa 00189, Weiß 00106 und Stein 00242)
- Größe: (bei o.g. Garn und Nadelstärke 2,5) ca. 12 cm

Viel Spaß beim Häkeln!

Anleitung

Schnabel

Mit dem roten Garn 10 Lfm, 1 WL anschl.

1. Rd.: 1 fM in die 2. Lfm von der Nd aus, 9 fM, in Orangegelb 2 Lfm und 1 WL, 1 fM in die 2. Lfm von der Nd aus, 1 fM = 24 M (die 12 Lfm eingeschlossen, ohne WL)

2. Rd.: an der unteren Seite der Anfangs-Lfm-Kette häkeln: 1 fM in die erste rote Lfm, in Gelb 8 fM, in Schwarz 2 M verd., in Gelb 8 fM, in Orangegelb 3 fM = 26 M; Hinweis: die eben weggelassenen letzten 2 M der 1. Rd. sind nun die ersten beiden M der 3.Rd.

3. Rd.: 3 Lfm, (in die nächsten erscheinenden M): 1 fM, in Gelb 8 fM, in Schwarz 3 fM, 2 M verd., 3 fM, in Gelb 8 fM, in Orangegelb 1 fM = 28 M (ohne die 3 Lfm)

4. Rd.: 3 Lfm, die aus der 3. Rd. erscheinenden 3 Lfm überspringen, 3 fM, in Gelb 4 fM, in Orangegelb 3 fM, in Schwarz 3 fM, 2 M verd., 3 fM, in Orangegelb 3 fM, in Gelb 4 fM, in Orangegelb 3 fM = 30 M

5. Rd.: 3 Lfm, die aus der 4. Rd. erscheinenden 3 Lfm überspringen, 2 fM, in Orange 7 fM, in Orangegelb 5 fM, 2 M zus.häk., 5 fM, in Orange 7 fM, in Orangegelb 2 fM = 29 M

6. Rd.: in Orange 1 Lfm, die aus der 5. Rd. erscheinenden 3 Lfm überspringen, 2 Stb, 2 hStb, 2 fM, (2 M zus.häk.) x 4, 1 fM, (2 M zus.häk.) x 4, 2 fM, 2 hStb, 2 Stb = 21 M (ohne die Lfm), 1 Lfm

Den Schnabel flach aufeinanderlegen und durch jeweils 2 gegenüberliegende M häkeln: 10 Km, 1 Km in die letzte M am Ende des Schnabels; beim Häkeln den Schnabel fortlaufend ausstopfen.

Den Faden abschneiden, durchziehen und optional schon vernähen. Falls nötig, den Schnabel noch durch die Löcher zwischen den 3 Lfm nachstopfen.

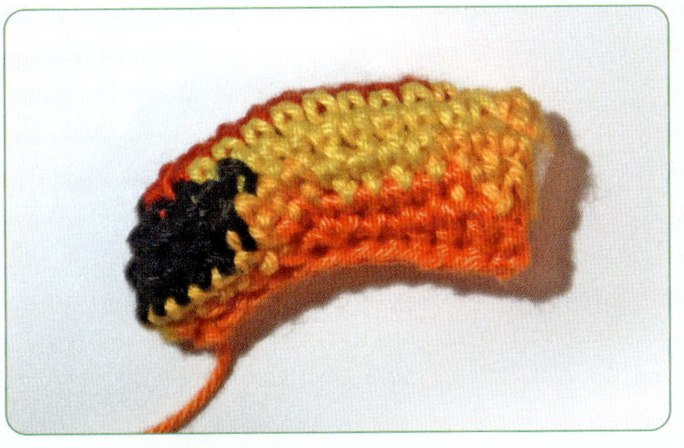

Körper

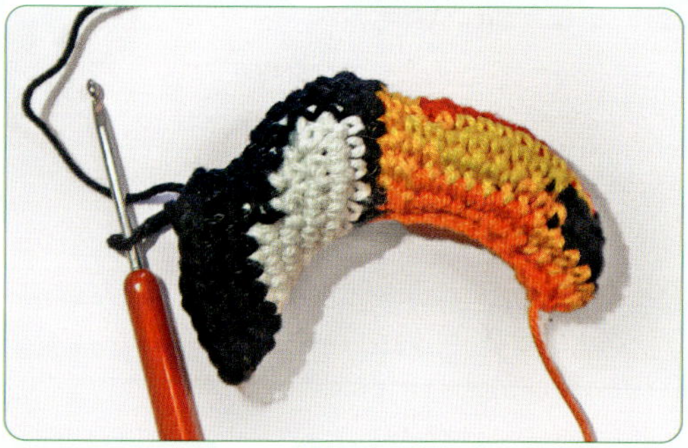

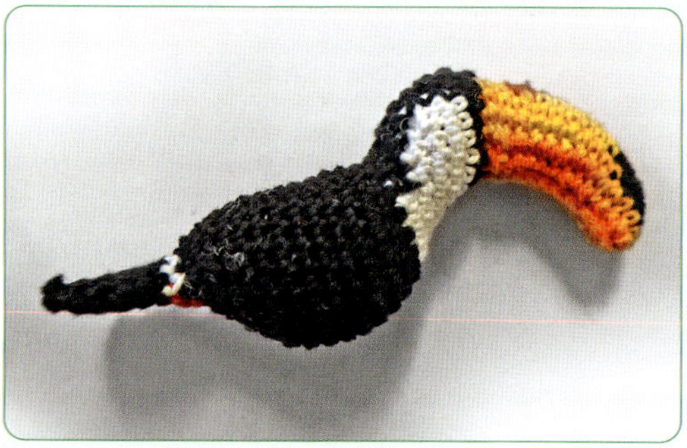

Der Körper wird direkt an den Schnabel gehäkelt. Die 3 Lfm am Anfang der Runden dienen dazu, den Schnabel offen zu halten und eine runde Öffnung zu schaffen. Für den Körper mit schwarzem Garn kurz vor der oberen Mitte des Schnabels (also kurz vor dem roten Streifen) anschlingen (Nadel einstechen, Faden durchziehen, 1 Lm und dann wieder anfangen zu häkeln) und die erste Rd., wie unten (1. Rd.) angegeben, in den äußeren Öffnungskreis häkeln, die jeweiligen 3 Lfm bleiben innerhalb des Körpers bzw. des Schnabels und werden nicht weiterverwendet.

1. Rd.: 3 M verd. (die 2. M sollte sich in einer Linie mit dem Streifen auf der Oberseite des Schnabels befinden), 3 fM (seitlich am Schnabel), 1 hStb, (2 Stb in 1 M) x 2 (an der Unterseite des Schnabels), 1 hStb, 3 fM (seitlich am Schnabel) = 18 M

Den Körper in Runden weiterhäkeln:

2. Rd.: 6 fM, in Weiß 5 fM, 2 M ver3., 5 fM = 22 M

3. Rd.: in Schwarz 1 fM, (2 M zus.häk.) x 2, 1 fM, in Weiß 7 fM, 2 M verd., 7 fM = 22 M

4. Rd.: in Schwarz 4 fM, in Weiß (2 M zus. häk.) x 2, 4 fM, 2 M ver3., 4 fM, (2 M zus. häk.) x 2 = 22 M

5. Rd.: in Schwarz 5 fM, in Weiß (2 M zus. häk.) x 2, 3 fM, 2 M verd., 3 fM, (2 M zus. häk.) x 2, in Schwarz 1 fM = 20 M

6. Rd.: (2 M zus.häk.) x 2, 4 fM, in Weiß 3 fM, 2 M ver3., 3 fM, in Schwarz 3 fM, die letzte M der Rd. als erste M der nächsten Rd. häkeln = 22 M

7. Rd.: (2 M zus.häk.) x 2, 3 M zus.häk., 5 fM, 2 M verd., 5 fM, 3 M zus.häk. = 18 M

8. Rd.: 18 fM

9. Rd.: jede 3. M verd. = 24 M

Den Kopf mit Füllmaterial ausstopfen.

10.–15. Rd.: 24 fM (6 Runden)

16. Rd.: 11 fM, (2 M zus.häk.) x 6, 1 fM = 18 M

17. Rd.: 18 fM

Den Körper ausstopfen.

18. Rd.: 11 fM, (2 M zus.häk.) x 3, 1 fM = 15 M

19. Rd.: jede 4. u. 5. M zus.häk. = 12 M

Den Körper fertig ausstopfen.

20. Rd.: (1 fM, 2 M zus.häk.) x 3, in Rot 1 fM, 2 M zus.häk. = 8 M

21. Rd.: in Weiß 6 fM, in Rot 1 fM, 1 M verd. = 9 M

22. Rd.: in Schwarz 9 fM

23. Rd.: jede 3. M verd. = 12 M

24.–26. Rd.: 12 fM (Runden)

27. Rd.: 3 fM, 1 Lfm, den Schwanz flach aufeinander legen und den Schwanz mit 6 fM durch jeweils 2 gegenüberliegenden M beenden.

Den Faden abschneiden, durchziehen und vernähen. Spätestens jetzt auch den orangenen Abschlussfaden des Schnabels vernähen.

Flügel (2x)

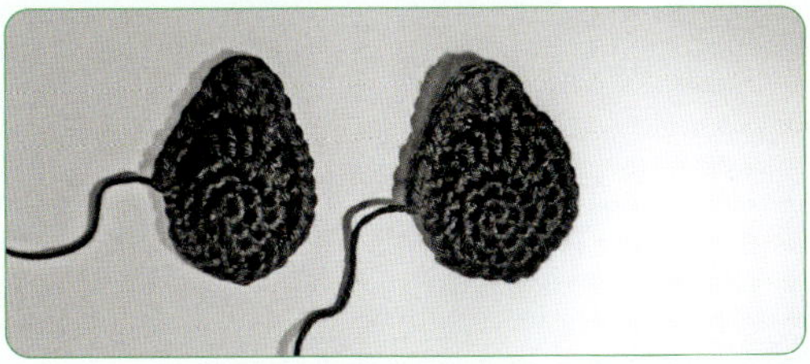

Mit dem schwarzen Garn 6 fM in einen Fadenring häkeln (alternativ: 2 Lfm anschl., 6 fM in die 2. Lfm von der Nd aus) = 6 M
1. Rd.: jede M verd. = 12 M
2. Rd.: (1 fM, 1 M verd.) x 3, 1 hStb, 2 Stb in 1 M, (2 DStb in 1 M) x 2, 2 Stb in 1 M, 1 hStb = 19 M
3. Rd.: (jede 3. M verd.) x 4, 1 hStb, (1 fM, 1 hStb, 1 Stb, 1 DStb) in 1 M, (1 DStb, 1 Stb, 1 hStb, 1 fM) in 1 M, 1 hStb, 2 fM, 1 M verd. = 30 M, 1 Km
Den Faden abschneiden und durchziehen, noch nicht vernähen!

Füße (2x)

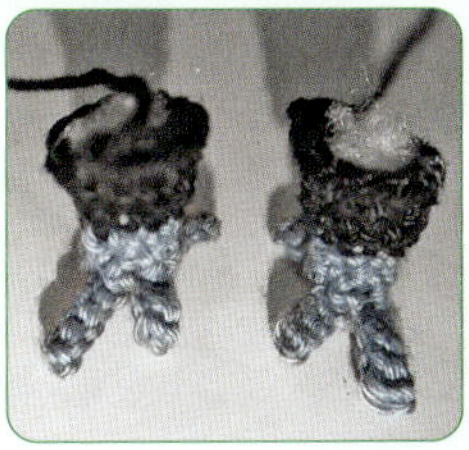

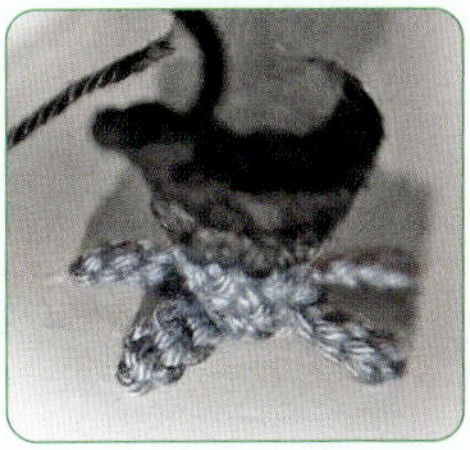

Mit dem dunkelgrauen Garn einen Fadenring anschlagen. In den Fadenring häkeln: 1 fM, 5 Lfm, 1 Km in die 2. Lfm von der Nd aus, 3 Km in die restlichen Lfm, 1 fM in den Fadenring, 4 Lfm, 1 Km in die 2. Lfm von der Nd aus, 2 Km in die restlichen Lfm, 2 fM in den Fadenring, 4 Lfm, 1 Km in die 2. Lfm von der Nd aus, 2 Km in die restlichen Lfm, 1 fM in den Fadenring, 5 Lfm, 1 Km in die 2. Lfm von der Nd aus, 3 Km in die restlichen Lfm, 1 fM in den Fadenring = 6 M (ohne die Zehen)

Den Fadenring nun durch Festziehen schließen.
1. Rd.: ihMg (6 fM), dabei die vier Zehen jeweils überspringen, sodass sie am Ende nach außen abstehen.
2. u. 3. Rd.: 6 fM
4. Rd.: In Schwarz ivMg jede 2. M verd. = 9 M
5. Rd.: 9 fM
6. Rd.: jede 3. M verd. = 12 M
1 Km, den Faden abschneiden und durchziehen, noch nicht vernähen! Den Fuß leicht ausstopfen.

Fertigstellen

1

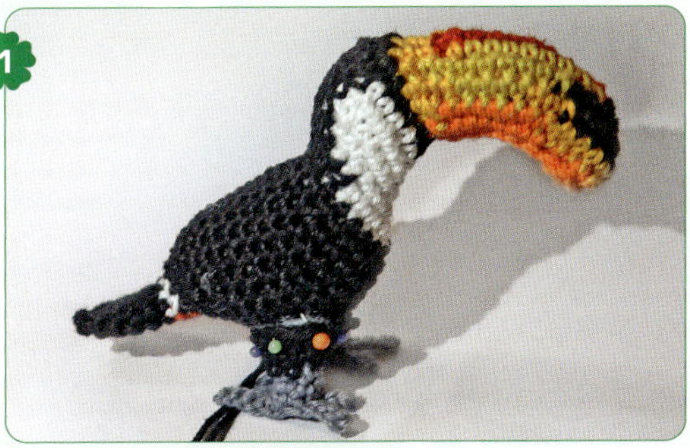

2

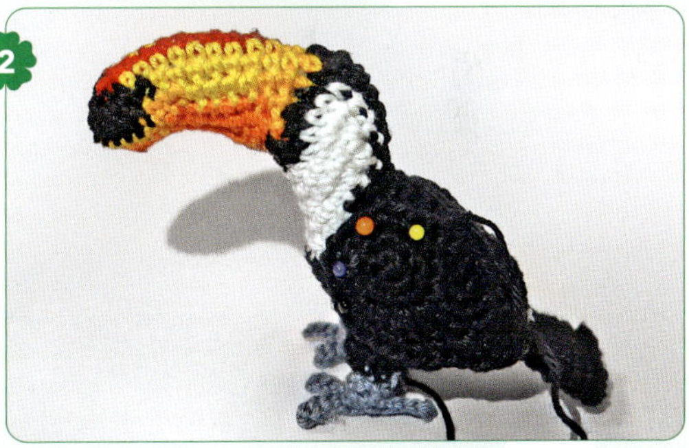

Die Beine mit den längeren Zehen jeweils außen unten am Körper festnähen (Bild 1). Die Flügel mit der Spitze nach hinten und leicht nach unten gerichtet seitlich am Körper und über den Füßen positionieren und festnähen (Bild 2). Zuletzt mit schwarzem Garn die Augen jeweils im oberen Bereich des weißen Seitenflecks aufsticken (siehe Foto S. 82). Fertig!

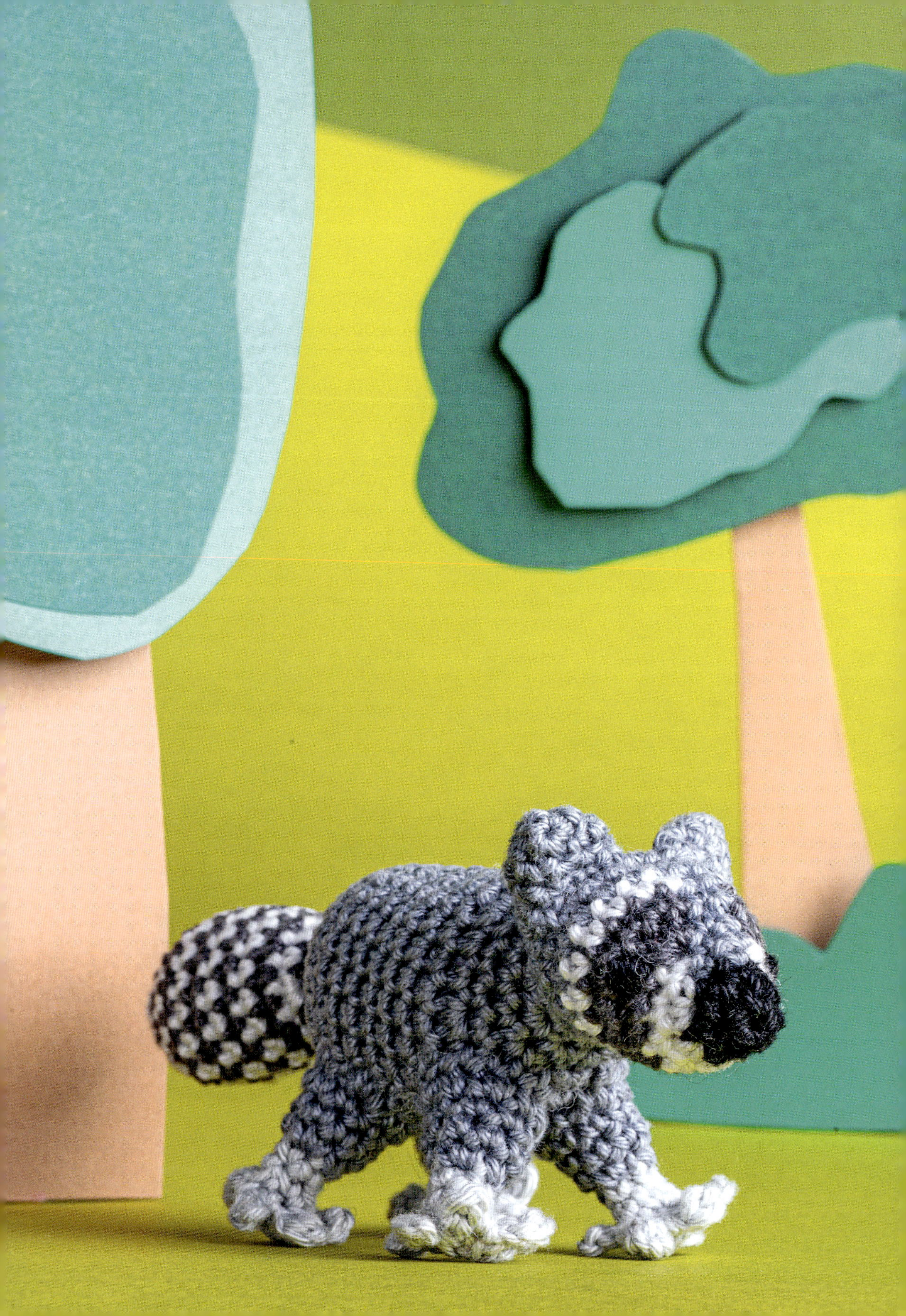

Waschbär

Schwierigkeit 4/5

Was wir benötigen

- Garn in Schwarz, Weiß, Dunkelgrau, Hellgrau und Grau (z.B. Schachenmayr Catania in Schwarz 00110, Weiß 00106, Anthrazit 00429, Silber 00172 und Stein 00242)
- Größe: (bei o.g. Garn und Nadelstärke 2,5) ca. 12 cm

Viel Spaß beim Häkeln!

Anleitung

Körper

Mit dem schwarzen Garn 7 fM in einen Fadenring häkeln (alternativ: 2 Lfm anschl., 7 fM in die 2. Lfm von der Nd aus) = 7 M
1. Rd.: 7 fM
2. Rd.: in Weiß 1 fM, 1 M verd., in Grau 2 fM, in Weiß 1 M verd., 1 fM, 1 M verd. = 10 M
3. Rd.: 3 fM, in Grau 2 fM, in Weiß 5 fM = 10 M
4. Rd.: in Dunkelgrau 1 fM, 2 M ver3., in Grau 2 fM, in Dunkelgrau 2 M ver3., 3 fM = 18 M
5. Rd.: 7 fM, in Grau 2 fM, in Dunkelgrau 9 fM = 18 M
6. Rd.: in Weiß 7 fM, in Grau 2 fM, in Weiß 9 fM = 18 M
7.–9. Rd.: in Grau 18 fM (3 Runden)
10. u. 11. Rd.: 2 M verd., 3 fM, (2 M zus.häk.) x 4, 3 fM, 2 M verd. = 18 M (2 Runden)
12. Rd.: 18 fM
Den Kopf mit Füllmaterial ausstopfen.
13. Rd.: jede 3. M verd. = 24 M
14.–21. Rd.: 24 fM (8 Runden)
Den Körper ausstopfen.
22. Rd.: jede 3. u. 4. M zus.häk. = 18 M
23. Rd.: jede 2. u. 3. M zus.häk. = 12 M
Den Körper fertig ausstopfen.
24. Rd.: je 2 M zus.häk. = 6 M
25. Rd.: in Dunkelgrau jede 2. M verd. = 9 M, 1 Km in die 1. M der Rd.

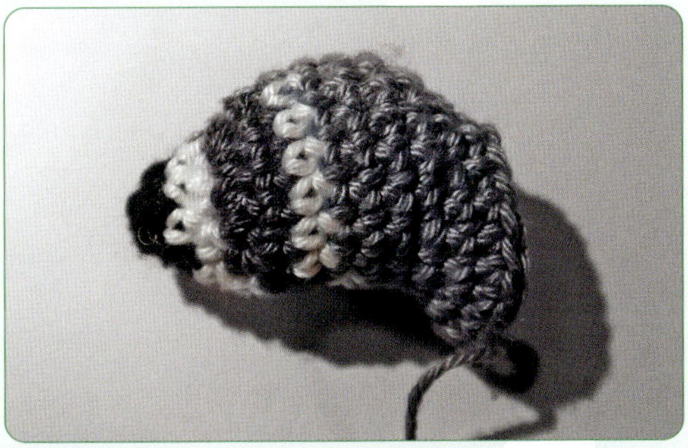

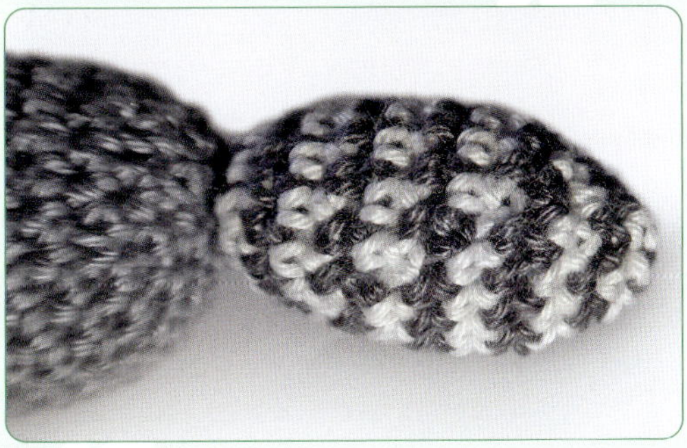

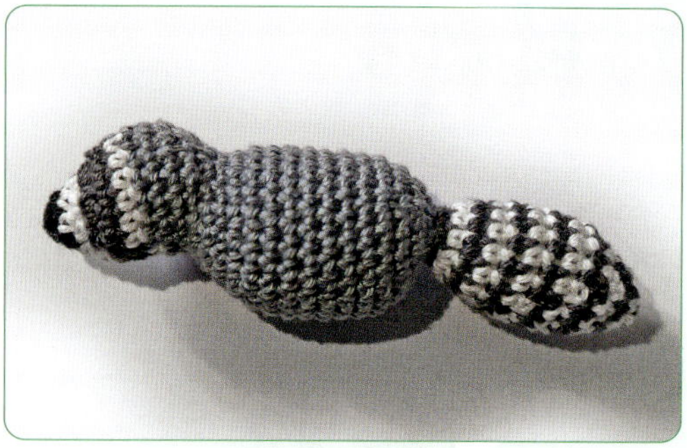

26. Rd.: in Weiß 1 Lfm, weiter ab der nächsten M, also der 2. M der Vorrunde: jede 3. M verd. = 12 M, dabei die letzten 2 M in die Abschluss-Km der Vorrunde häkeln, 1 Km in die 1. M der Rd.
Die restlichen Runden des Körpers jeweils wie unten beschrieben abschließen: letzte M in die Abschluss-Km der Vorrunde häkeln, 1 Km in die 1. M der Rd., und dann neu beginnen: 1 Lfm, weiter ab der nächsten M, um einen unauffälligen Farbwechsel zu schaffen.
27. Rd.: in Dunkelgrau jede 4. M verd. = 15 M
28.–33. Rd.: jeweils abwechselnd in Weiß und Dunkelgrau 15 fM, beginnend mit Weiß (6 Runden)
Den Schwanz ausstopfen.
34. Rd.: in Weiß jede 4. u. 5. M zus.häk. = 12 M
35. Rd.: in Dunkelgrau jede 3. u. 4. M zus.häk. = 9 M
Den Schwanz fertig ausstopfen.
36. Rd.: in Weiß jede 2. u. 3. M zus.häk. = 6 M
Alle Fäden abschneiden. Den weißen Faden durchziehen und vernähen, mit dem dunkelgrauen Faden die Schlussöffnung am Schwanz schließen und ebenfalls vernähen.

Beine (4x)

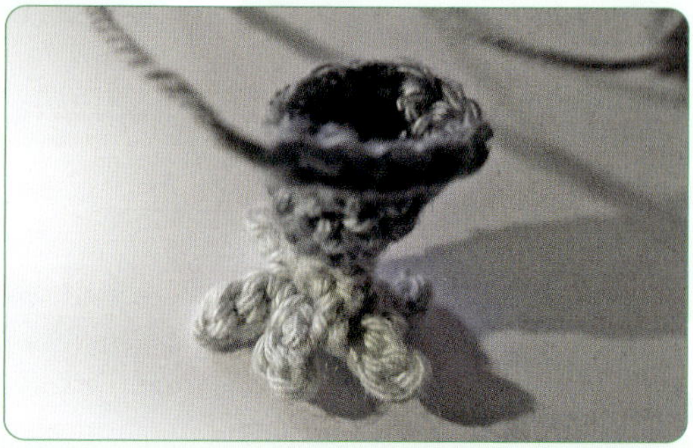

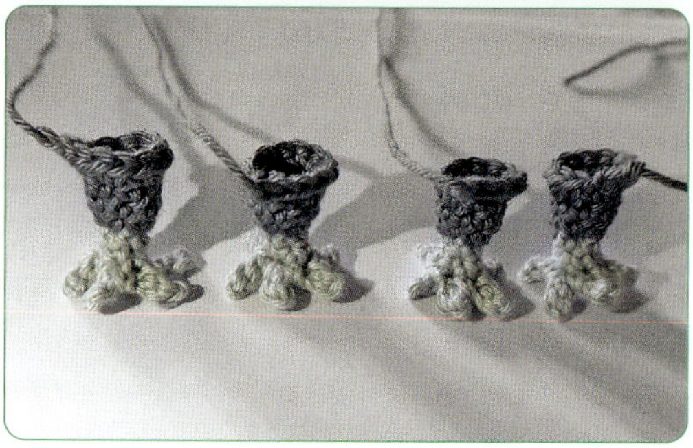

Mit dem hellgrauen Garn 3 Lfm anschl., 1 Km in die 2. Lfm von der Nd aus, 1 Km, (3 Lfm, 1 Km in die 2. Lfm von der Nd aus, 1 Km) x 4 (= 5 Zehen).
1. Rd.: Am Ende jeder Zehe jeweils einmal einstechen und den Faden durchholen, sodass am Ende 6 Schlaufen auf der Nadel liegen. Den Faden durch alle 6 Schlaufen ziehen (= 1 M), 1 fM jeweils in das Ende jeder Zehe = 6 M
2. Rd.: jede 2. u. 3. M zus.häk. = 4 M
3. Rd.: 4 fM
4. Rd.: in Grau jede M verd. = 8 M
5. u. 6. Rd.: 8 fM (2 Runden)
7. Rd.: jede 2. M verd. = 12 M
Alle Fäden abschneiden und durchziehen, noch nicht vernähen! Das Bein ausstopfen.

Ohren (2x)

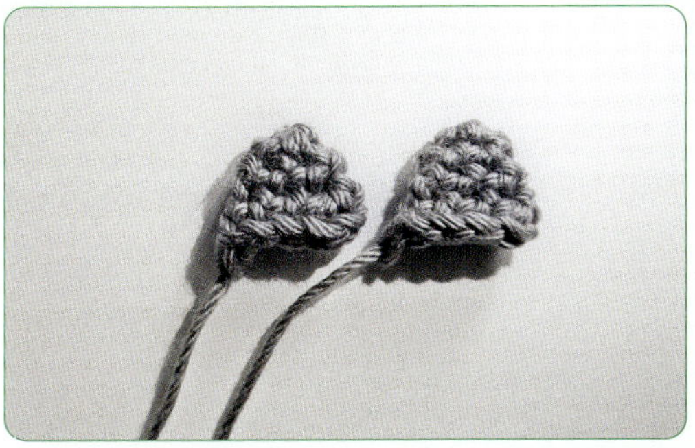

Mit dem grauen Garn 4 fM in einen Fadenring häkeln (alternativ: 2 Lfm anschl., 4 fM in die 2. Lfm von der Nd aus) = 4 M
1. Rd.: jede 2. M verd. = 6 M
2. Rd.: 6 fM
3. Rd.: jede 3. M verd. = 8 M
Den Faden abschneiden und durchziehen, noch nicht vernähen!

Fertigstellen

1

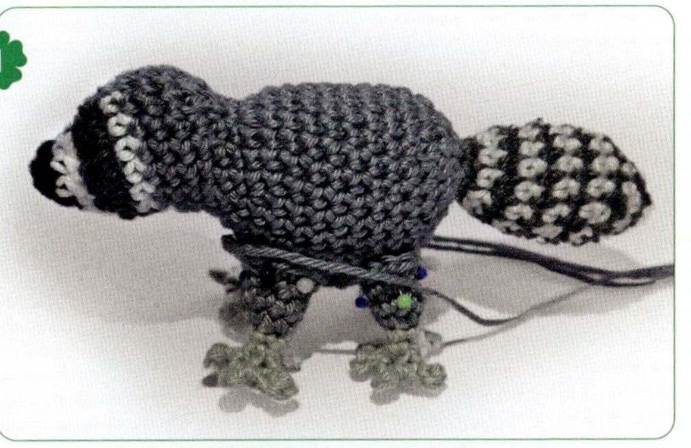

2

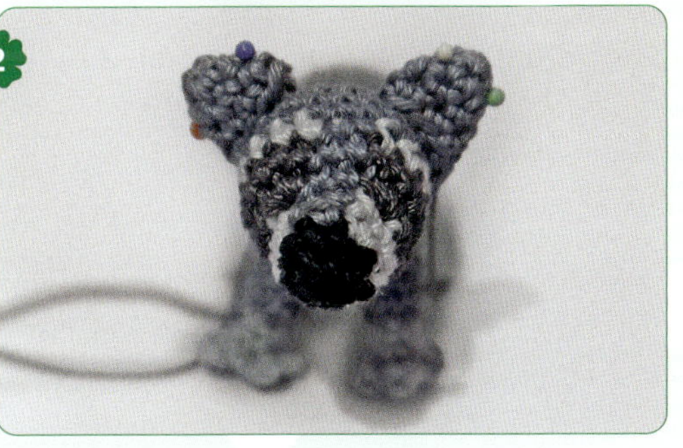

Alle vier Beine am Körper positionieren, dabei darauf achten, dass jeweils der dritte Zeh nach vorne zeigt. Die Beine annähen (Bild 1). Beide Ohren schräg oben am Kopf platzieren und ebenfalls annähen (Bild 2). Zuletzt in Schwarz die Augen auf dem dunkelgrauen Gesichtsstreifen seitlich aufsticken (siehe Foto S. 86). Fertig!

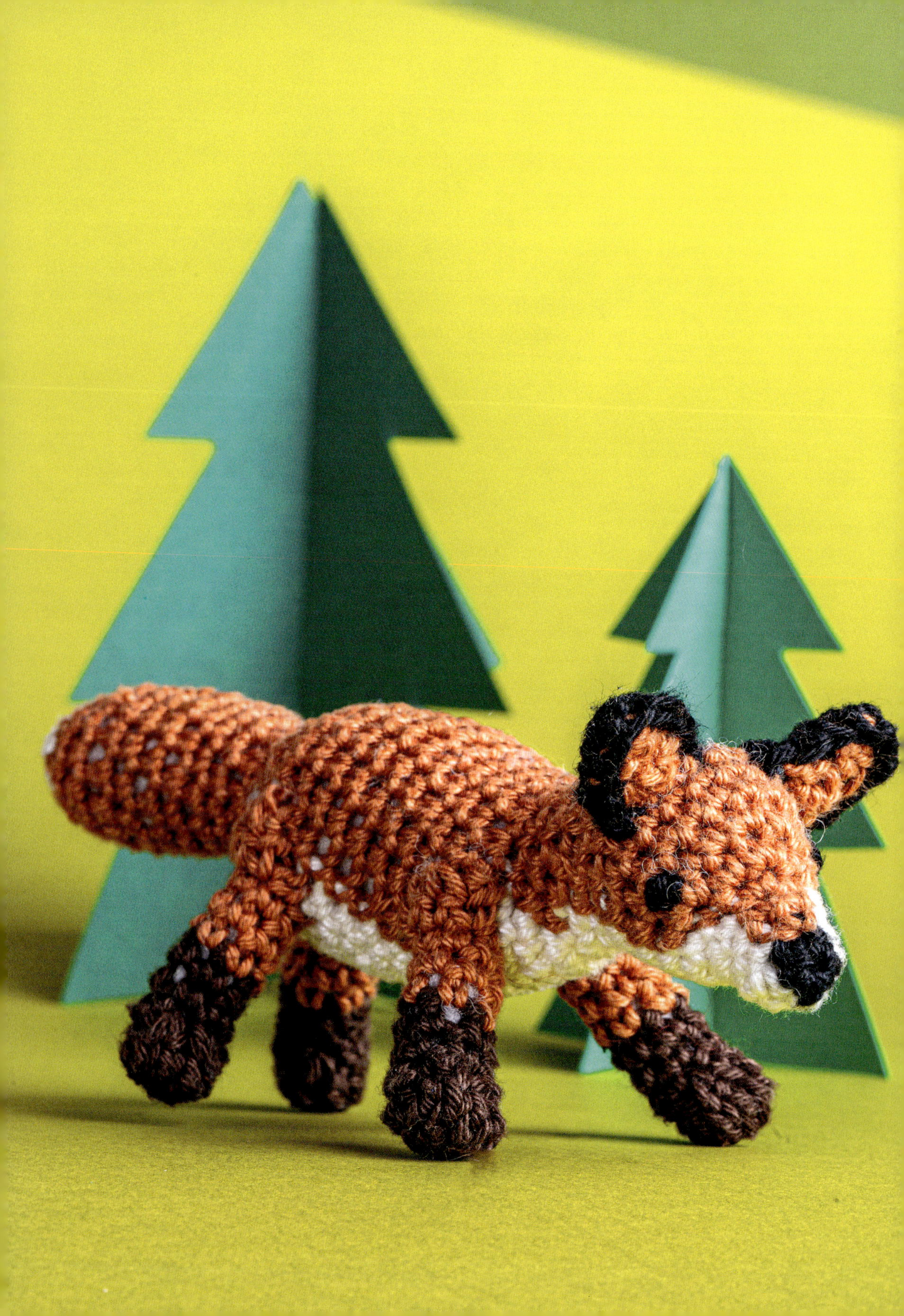

FUCHS

Schwierigkeit 3/5

Was wir benötigen

- Garn in Orange, Weiß, Braun und Schwarz (z.B. Schachenmayr Catania in Fuchs 00426, Natur 00105, Kaffee 00162 und Schwarz 00110)
- Größe: (bei o.g. Garn und Nadelstärke 2,5) ca. 13 cm

Viel Spaß beim Häkeln!

Anleitung

Körper

Mit dem schwarzen Garn 4 fM in einen Fadenring häkeln (alternativ: 2 Lfm anschl., 4 fM in die 2. Lfm von der Nd aus) = 4 M

1. Rd.: in Weiß 3 M verd., in Orange 1 M verd. = 8 M

2. Rd.: in Weiß 6 fM, in Orange 2 fM

3. Rd.: in Weiß 6 fM, in Orange 1 fM, 1 M verd. = 9 M

4. Rd.: in Weiß 1 fM, 1 M verd., 2 fM, 1 M verd., 1 fM, in Orange 3 M verd. = 14 M

5. Rd.: 1 fM, in Weiß 7 fM, in Orange 2 fM, 2 M verd., 2 fM = 16 M

6. Rd.: 1 M verd., 1 fM, in Weiß 5 fM, in Orange 1 fM, 1 M verd., 7 fM = 18 M

7. u. 8. Rd.: 3 fM, in Weiß 5 fM, in Orange 10 fM (2 Runden)

9. Rd.: 2 M zus.häk., 2 fM, in Weiß 1 fM, 2 M verd., 1 fM, in Orange 2 fM, 2 M zus.häk., 1 fM, (2 M zus.häk.) x 2, 1 fM = 16 M

10. Rd.: 4 fM, in Weiß 4 M verd., in Orange 4 fM, 3 M zus.häk., 1 fM = 18 M

11. Rd.: (2 M zus.häk.) x 2, 2 fM, in Weiß 4 M verd., in Orange 2 fM, (2 M zus.häk.) x 2, 2 fM (= 18 M)

Den Kopf mit Füllmaterial ausstopfen.

12. Rd.: 4 fM, in Weiß 8 fM, in Orange 3 fM, 3 M zus.häk. = 16 M

13. Rd.: 2 M zus.häk., 2 fM, in Weiß 3 fM, 2 M verd., 3 fM, in Orange 2 fM, 2 M zus. häk. = 16 M

14. Rd.: 3 fM, 1 M verd., in Weiß (3 fM, 1 M verd.) x 2, in Orange 3 fM, 1 M verd. = 20 M

15. Rd.: 6 fM, in Weiß 8 fM, in Orange 6 fM

16.–20. Rd.: 7 fM, in Weiß 6 fM, in Orange 7 fM (5 Runden)

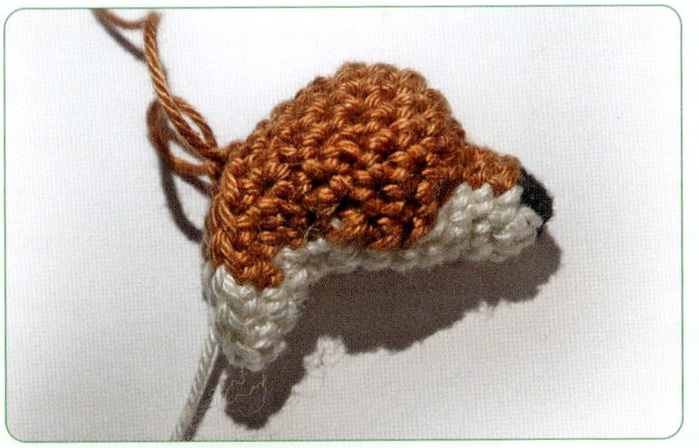

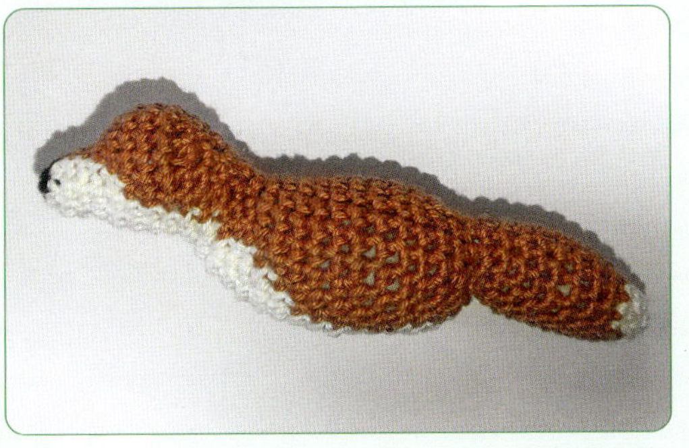

21.–23. Rd.: 8 fM, in Weiß 6 fM, in Orange 6 fM (3 Runden)
Den Körper ausstopfen.
24. Rd.: (2 M zus.häk., 2 fM) x 2, in Weiß 2 M zus.häk., 2 fM, 2 M zus.häk., in Orange 2 fM, 2 M zus.häk., 2 fM = 15 M
25. Rd.: (2 M zus.häk.) x 4, 1 fM, (2 M zus. häk.) x 3 = 8 M
Den Körper fertig ausstopfen.
26. Rd.: jede 2. M verd. = 12 M
27.–34. Rd.: 12 fM (8 Runden)
Den Schwanz ausstopfen.
35. Rd.: in Weiß jede 3. u. 4. M zus.häk. = 9 M
36. Rd.: jede 2. u. 3. M zus.häk. = 6 M
Den Schwanz fertig ausstopfen. Den Faden abschneiden, durchziehen und vernähen.

Beine (4x)

Mit dem braunen Garn 6 fM in einen Fadenring häkeln (alternativ: 2 Lfm anschl., 6 fM in die 2. Lfm von der Nd aus) = 6 M
1. Rd.: (1 hStb, 2 Stb) in 1 M, (2 Stb, 1 hStb) in 1 M, 4 fM = 10 M
2. Rd.: (3 M zus.häk.) x 2, 4 fM = 6 M
3. u. 4. Rd.: 6 fM (2 Runden)
5.–7. Rd.: in Orange 6 fM (3 Runden)
Für zwei rechte und zwei linke Beine unterschiedlich weiter häkeln:

Linkes Bein (2x)

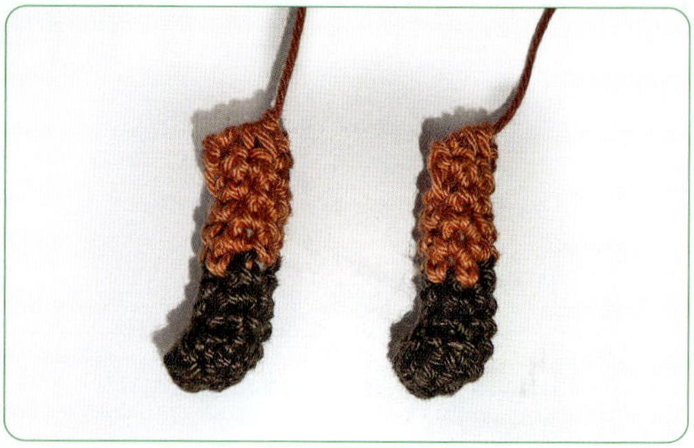

8. Rd.: 3 fM
1 WL, das Bein in Reihen fertig häkeln:
1. R.: 3 M zus.häk. = 1 M
Den Faden abschneiden und durchziehen, noch nicht vernähen! Das Bein ausstopfen.

Rechtes Bein (2x)

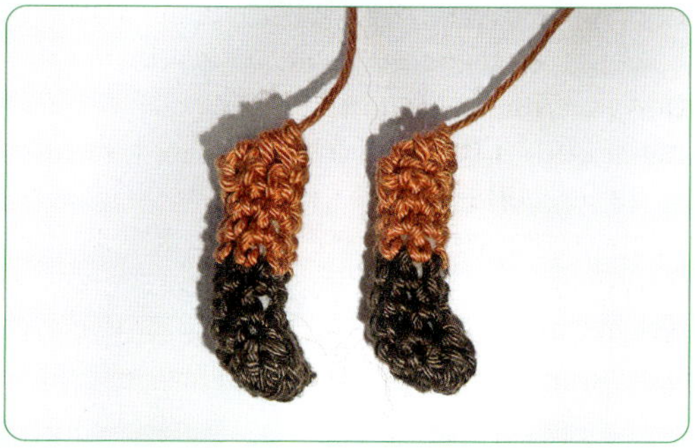

1 WL, das Bein in Reihen fertig häkeln:
1.R: 3 fM, 1 WL
2.R: 3 M zus.häk. = 1 M
Den Faden abschneiden und durchziehen, noch nicht vernähen! Das Bein ausstopfen.

Ohren (4x)

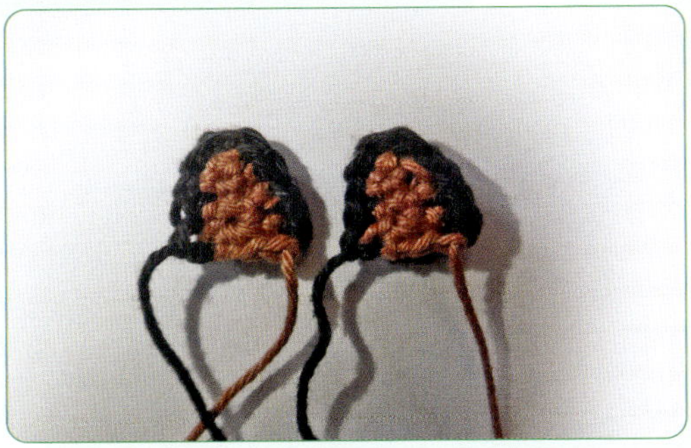

2 x in Orange und 2 x in Schwarz häkeln. In der entsprechenden Farbe 2 fM in einen Fadenring häkeln (alternativ: 2 Lfm anschl., 2 fM in die 2. Lfm von der Nd aus) = 2 M
1. u. 2. R: 2 fM, 1 WL (2 Reihen)
3.R: 1 M verd., 1 fM = 3 M
Bei den beiden orangenen Teilen nun den Faden abschneiden und durchziehen. Bei den schwarzen Teilen werden nun jeweils ein orangenes und ein schwarzes Ohr zusammengehäkelt. Dazu das orangene Teil passend vor das schwarze Häkelstück legen und eine Abschlussreihe durch jeweils beide Ohrenteile häkeln, um diese an den oberen beiden Seiten zu verbinden:
4.R: 1 Lfm, 10 fM
Die schmalste Seite unten am Ohr bleibt offen. Den Faden abschneiden und durchziehen, noch nicht vernähen!

Fertigstellen

1

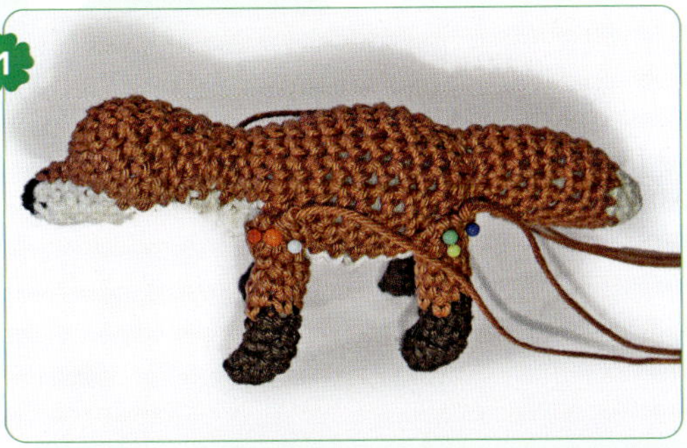

2

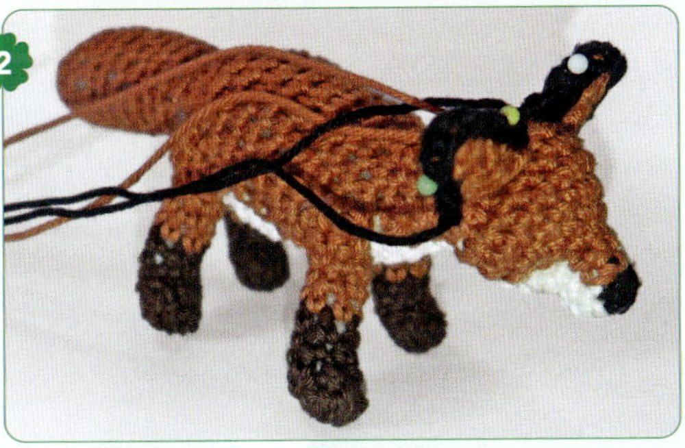

Die vier Beine am Körper positionieren und annähen, dabei darauf achten, dass die Pfote nach vorne zeigt (Bild 1). Die Ohren mit der offenen Seite am Kopf positionieren und jede Seite jeweils mit der entsprechenden Farbe festnähen (Bild 2). Zuletzt in Schwarz die Augen aufsticken (siehe Foto S. 90). Fertig!

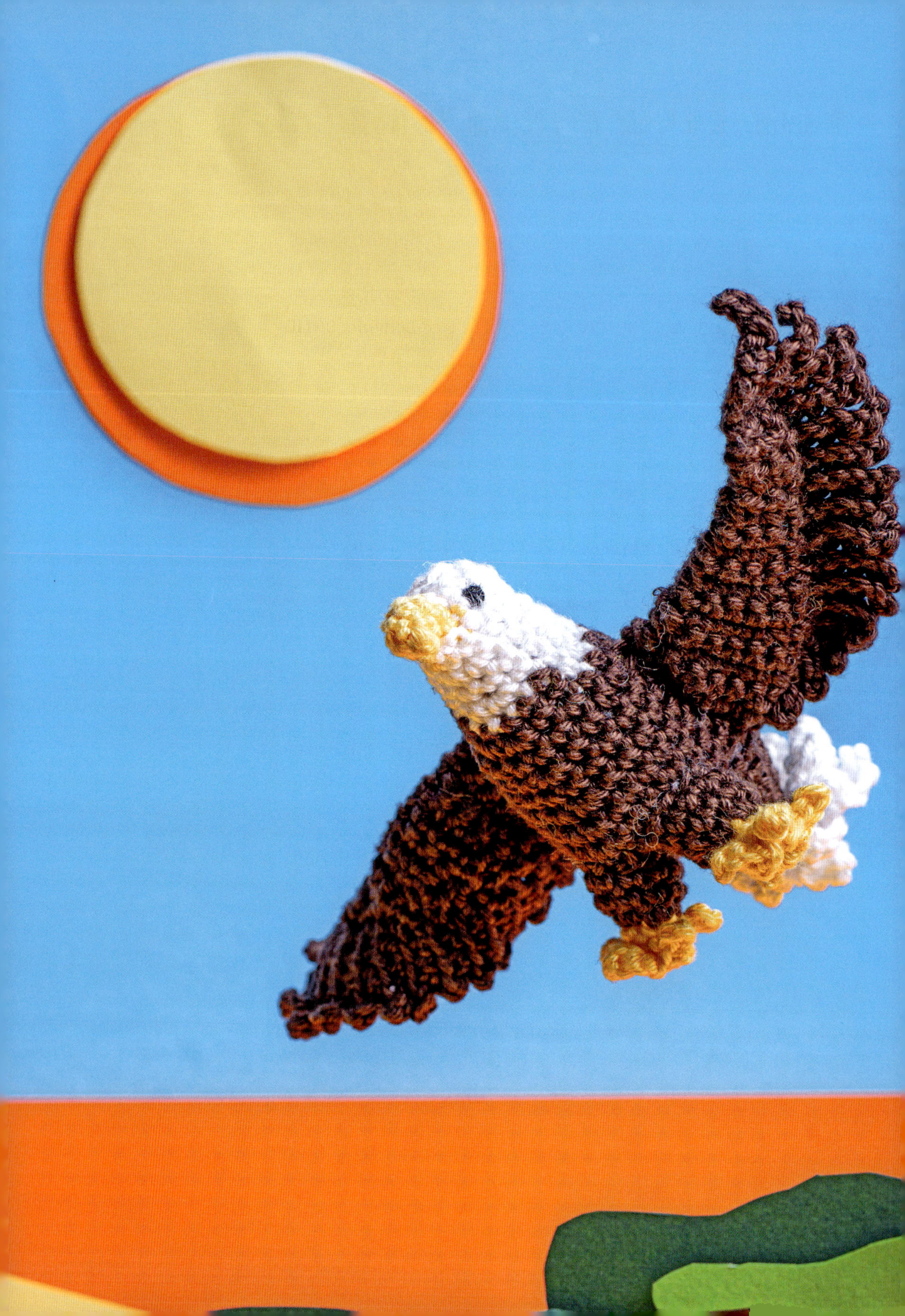

WEIẞKOPFSEEADLER

Schwierigkeit 4/5

Was wir benötigen

- Garn in Gelb, Weiß, Braun und Schwarz (z.B. Schachenmayr Catania in Sonne 00208, Weiß 00106, Kaffee 00162 und Schwarz 00110)
- Größe: (bei o.g. Garn und Nadelstärke 2,5) ca. 16 cm (Flügelspannweite)

Viel Spaß beim Häkeln!

Anleitung

Körper

Mit dem gelben Garn 4 Lfm anschl.
1. Rd.: 1 Km in die 2. Lfm von der Nd aus, 2 fM, an der unteren Seite der Lfm-Kette: 2 fM = 4 M
2. Rd.: 1 fM in die erste fM der Vorrunde, 1 M verd., 1 fM, 1 M verd. = 6 M
3. Rd.: 6 fM
4. Rd.: in Weiß 1 M verd., in Gelb 1 fM, in Weiß 2 fM, 3 Lfm, 1 fM in die 2. Lfm von der Nd aus, 1 fM, 1 fM in dieselbe M am Kopf, 1 fM, in Gelb 1 fM = 12 M
5. Rd.: in Weiß 5 fM, 4 fM (entlang der Lfm-Kette der Vorrunde), 1 fM am Kopf, 2 Lfm, 6 M überspringen
6. Rd.: 6 fM, weiter in die eben übersprungenen M der 4. Rd.: 2 fM, 2 M verd., 2 fM = 14 M
7. Rd.: 14 fM
8. Rd.: 1 fM, (2 M zus.häk.) x 2, 4 fM, 2 M verd., 3 fM = 14 M
9. Rd.: 6 fM, in Braun 6 fM, in Weiß 2 fM
10. Rd.: 6 fM, in Braun 2 fM, 2 M verd., 2 fM, in Weiß 2 fM = 16 M
11. Rd.: 4 fM, in Braun 12 fM
Den Kopf mit Füllmaterial ausstopfen.
12. Rd.: jede 4. M verd. = 20 M
13. Rd.: 20 fM
14. Rd.: 13 fM, 2 M verd., 5 fM = 22 M
15. Rd.: 14 fM, 2 M verd., 6 fM = 24 M
16. Rd.: 24 fM
17. Rd.: 4 fM, 2 M verd., 9 fM, (2 M zus.häk.) x 2, 5 fM = 24 M
18. Rd.: 16 fM, (2 M zus.häk.) x 2, 4 fM = 22 M

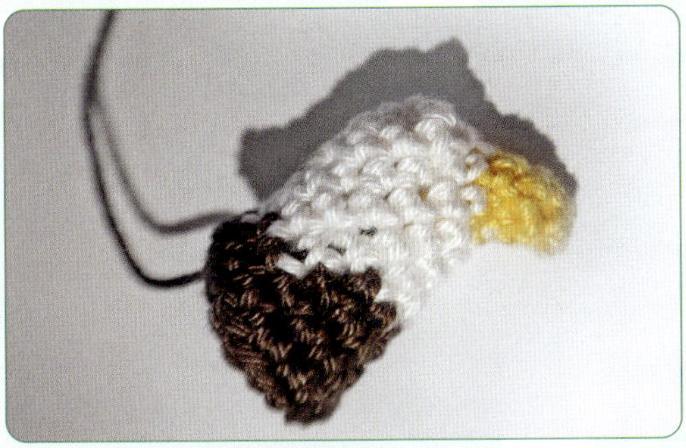

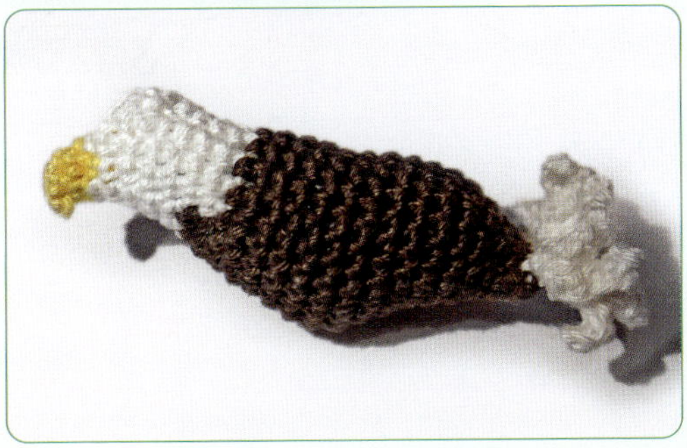

19. Rd.: 15 fM, (2 M zus.häk.) x 2, 3 fM = 20 M
20. Rd.: 14 fM, (2 M zus.häk.) x 2, 2 fM = 18 M
21. Rd.: 18 fM
22. Rd.: jede 5. u. 6. M zus.häk. = 15 M
Den Körper ausstopfen.
23. Rd.: jede 4. u. 5. M zus.häk. = 12 M
24. Rd.: jede 3. u. 4. M zus.häk. = 9 M
25. Rd.: 2 Stb in 1 M, 1 hStb, 2 fM, 1 M verd., 2 fM, 1 hStb, 2 Stb in 1 M = 12 M
Den Körper fertig ausstopfen.
26. Rd.: 3 fM, in Weiß 1 Lfm
Körper flach aufeinanderlegen und durch jeweils 2 gegenüberliegende M häkeln: 6 fM, ohne WL wenden
27. Rd.: (6 Lfm, 1 Km in die 2. Lfm von der Nd aus, 4 fM, 1 Km ivMg der nächsten M am Körper) x 6, ohne WL wenden und in die nun vorne liegenden vMg der 6 fM häkeln: (6 Lfm, 1 Km in die 2. Lfm von der Nd aus, 4 fM, 1 Km ivMg der nächsten M am Körper) x 6
Den Faden abschneiden, durchziehen und vernähen.

Flügel (4x)

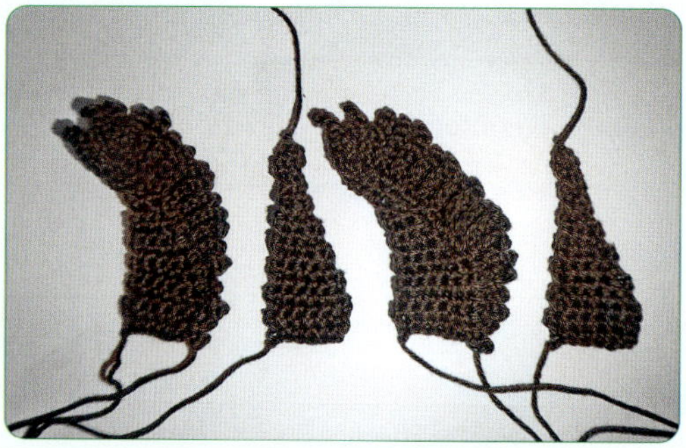

Mit dem braunen Garn 7 Lfm anschl.
1. R.: 1 fM in die 2. Lfm von der Nd aus, 5 fM, 1 WL = 6 M
2.–4. R.: 6 fM, 1 WL (3 Reihen)
5. R.: 2 M zus.häk., 4 fM, 1 WL = 5 M
6. R.: 5 fM, 1 WL
7. R.: 2 M zus.häk., 3 fM, 1 WL = 4 M
8. R.: 4 fM, 1 WL
9. R.: 2 M zus.häk., 2 fM, 1 WL = 3 M
10. R.: 3 fM, 1 WL
11. R.: 2 M zus.häk., 1 fM, 1 WL = 2 M
12.–15. R.: 2 fM, 1 WL 4 Reihen)
2 mal den Flügel beenden, also den Faden lang abschneiden, durchziehen, noch nicht vernähen! (= unterer Teil des Flügels als Stütze)
2 mal wie folgt weiterhäkeln: (= obere Seite des Flügels mit Federn)
Entlang der schrägen Seite mit den Abnahmen nun zurückhäkeln, sodass gefiederte Flügel entstehen:
16. R.: 7 Lfm, 1 Km in die 2. Lfm von der Nd aus, 2 Km, 3 fM, 1 Km am Flügel, (Lfm, 1 Km in die 2. Lfm von der Nd aus, 2 Km, jeweils durch das hMg der 3 fM der vorherigen Feder und der nächsten Lfm an der jetzigen Feder: 3 fM, 1 Km am Flügel) x 4, (6 Lfm, 1 Km in die 2. Lfm von der Nd aus, 1 Km, jeweils durch das hMg der 3 fM der vorherigen Feder und der nächsten Lfm an der jetzigen Feder: 3 fM, 1 Km am Flügel) x 4, (5 Lfm, 1 Km in die 2. Lfm von der Nd aus, jeweils durch das hMg der 3 fM der vorherigen Feder und der nächsten Lfm an der jetzigen Feder: 3 fM, 1 Km am Flügel)

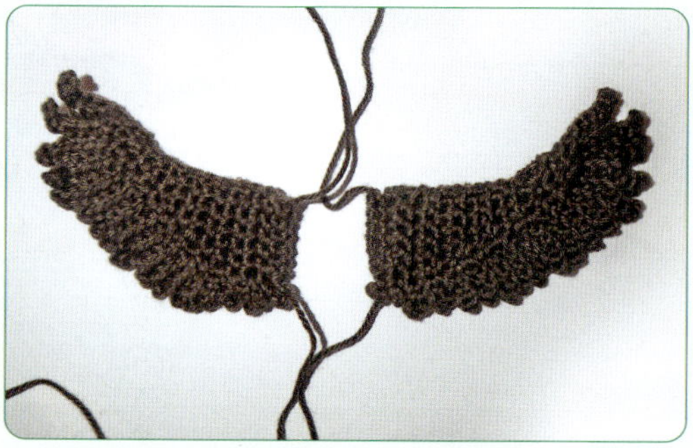

x 3, (4 Lfm, 1 Km in die 2. Lfm von der Nd aus, jeweils durch das hMg der letzten 2 fM der vorherigen Feder und der nächsten Lfm an der jetzigen Feder: 2 fM, 1 Km am Flügel) x 2, (3 Lfm, 1 Km in die 2. Lfm von der Nd aus, durch das hMg der letzten fM der vorherigen Feder und der nächsten

Lfm an der jetzigen Feder: 1 fM, 1 Km am Flügel) x 2, (2 Lfm, 1 Km in die 2. Lfm von der Nd aus, 1 Km am Flügel) x 4
Den Faden abschneiden und durchziehen, noch nicht vernähen!
Jeweils ein unteres Flügelteil passend auf ein oberes Teil nähen, dabei darauf achten, dass ein rechter und ein linker Flügel entstehen, wobei der stützende Teil unten liegt. So bekommt der Flügel Stabilität und fällt nicht zusammen.

Füße (2x)

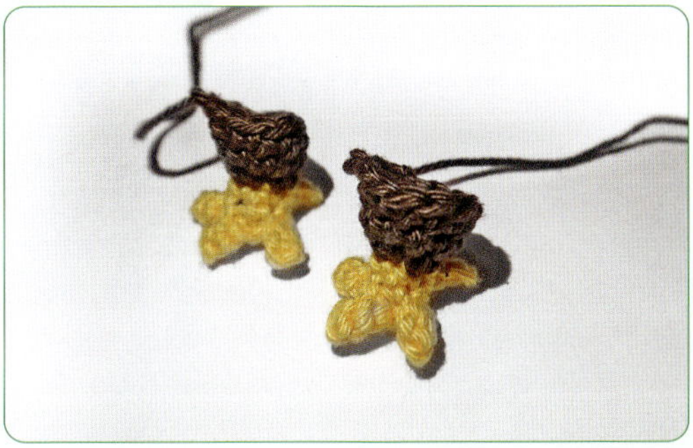

Mit dem gelben Garn einen Fadenring anschlagen. In den Fadenring häkeln:
1 fM, (4 Lfm, 1 Km in die 2. Lfm von der Nd aus, 1 Km, 1 fM, 1 Km in den Fadenring) x 3, 1 fM, 3 Lfm, 1 Km in die 2. Lfm von der Nd aus, 1 Km
1. Rd.: ihMg (1 fM, (1 fM in die letzte fM am Zeh) x 3, 1 fM), die letzte Zehe überspringen = 5 M
2. Rd.: 5 fM
3. Rd.: in Braun jede M verd. = 10 M
4. u. 5. Rd.: 10 fM (2 Runden)
Den Faden abschneiden und durchziehen, noch nicht vernähen!

Fertigstellen

1

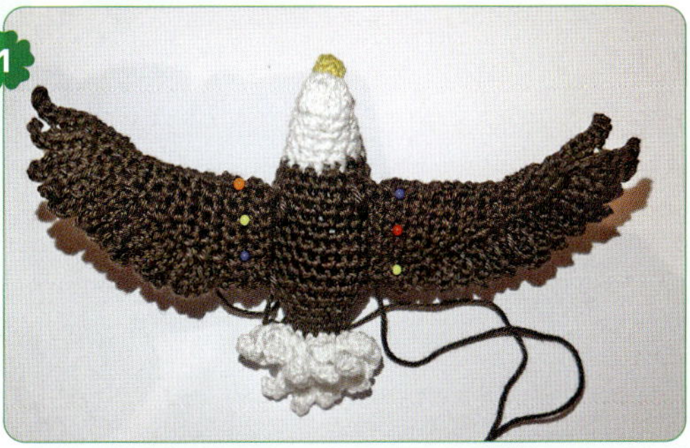

2

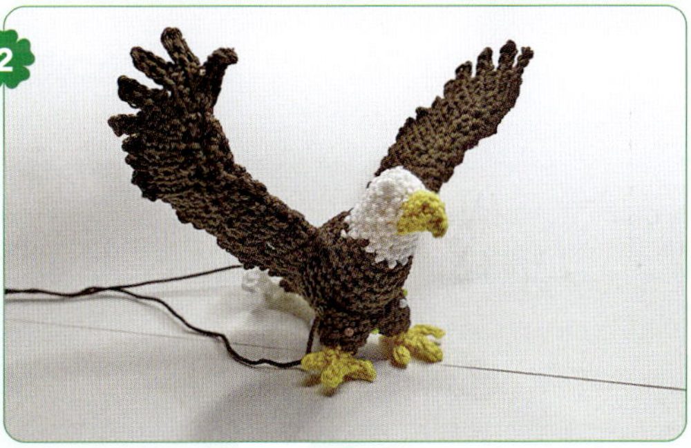

Die Flügel jeweils mit dem kleineren Teil unten am Körper festpinnen und annähen (Bild 1). Die Füße jeweils mit der kürzesten Zehe nach hinten am Adler platzieren und festnähen, dabei darauf achten, dass der Adler stehen kann (Bild 2). Zuletzt in Schwarz Augen aufsticken (siehe Foto S. 94). Fertig!

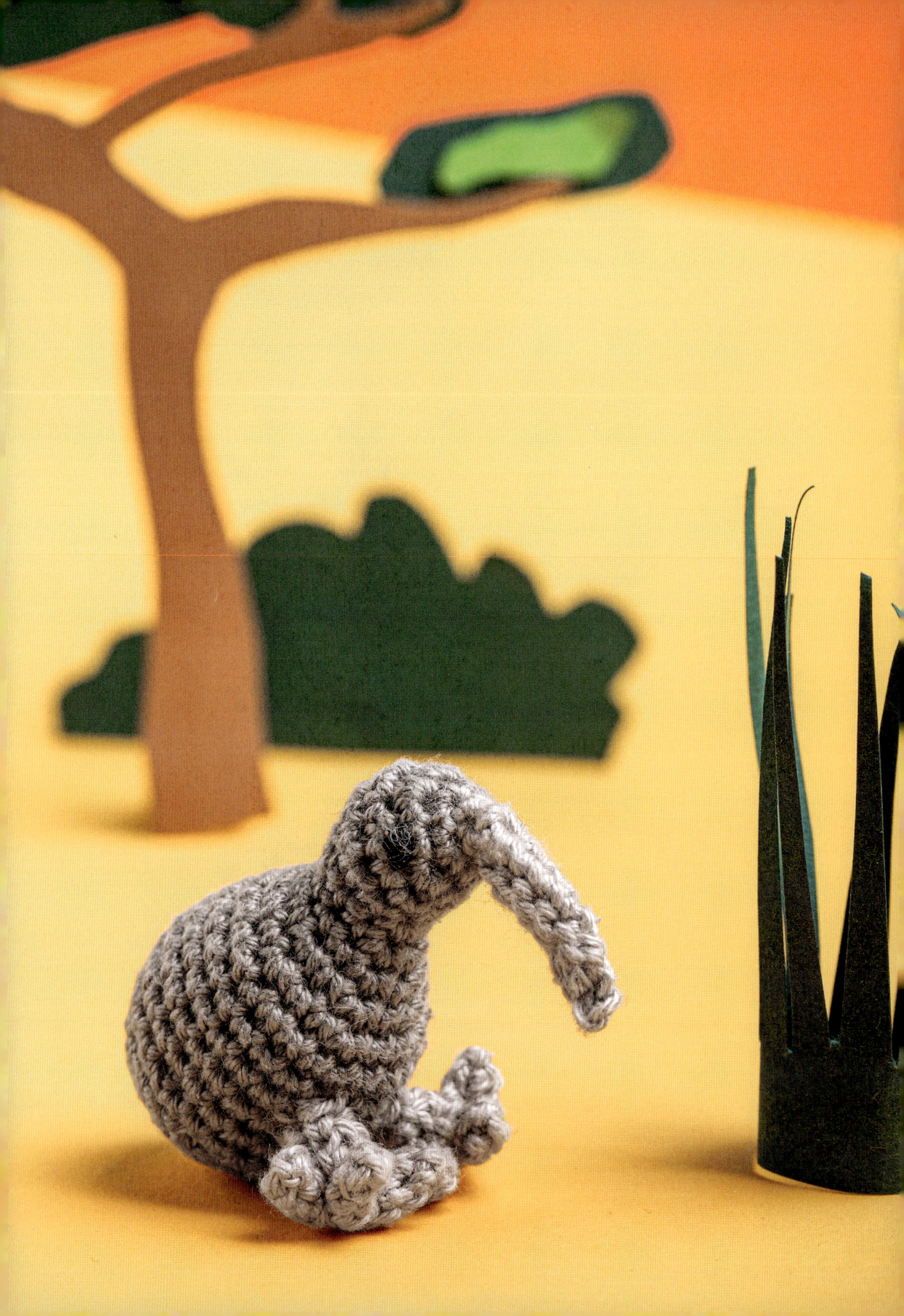

KIWI

Schwierigkeit 3/5

Was wir benötigen

- Garn in Braun, Beige und Schwarz (z.B. Schachenmayr Catania in Taupe 00254, Schlamm 00406 und Schwarz 00110)
- Größe: (bei o.g. Garn und Nadelstärke 2,5) ca. 6 cm

Viel Spaß beim Häkeln!

Anleitung

Körper

Mit dem beigen Garn 7 Lfm anschl.

1. Rd.: 1 Km in die 2. Lfm von der Nd aus, 1 Km, 3 fM, 1 M ver3., an der unteren Seite der Lfm-kette: 1 M ver3., 3 fM, 2 Km, 2 Lfm, 1 Km in die 2. Lfm von der Nd aus.

Den Schnabel flach aufeinanderlegen und durch jeweils 2 gegenüberliegende M häkeln: 7 Km, in die letzten 2 M am Schnabel jeweils 2 fM häkeln = 4 M

2. Rd.: die letzte Km am Schnabel überspringen und nur in die letzten 4 M der Vorrunde häkeln: in Braun jede M verd. = 8 M

3. Rd.: jede 2. M verd. = 12 M

4. u. 5. Rd.: 12 fM (2 Runden)

6. Rd.: 2 M verd., 1 fM, (2 M zus.häk.) x 4, 1 fM = 10 M

7. Rd.: 1 fM, 2 M verd., 2 fM, (2 M zus.häk.) x 2, 1 fM = 10 M

8. Rd.: 2 fM, 2 M verd., 6 fM = 12 M

Den Kopf mit Füllmaterial ausstopfen.

9. Rd.: jede 2. M verd. = 18 M

10. Rd.: jede 3. M verd. = 24 M

11.–16. Rd.: 24 fM (6 Runden)

Den Körper ausstopfen.

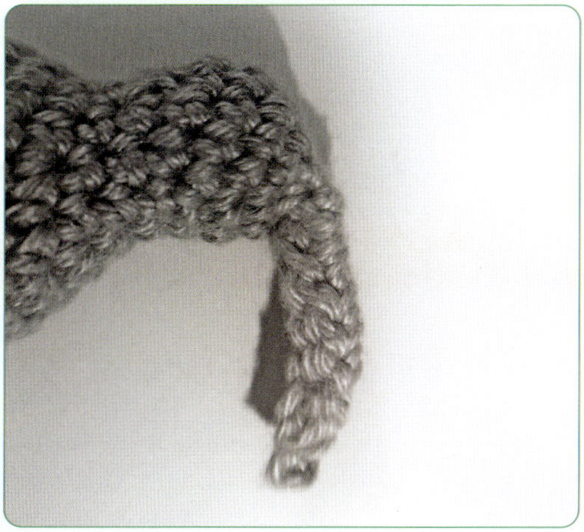

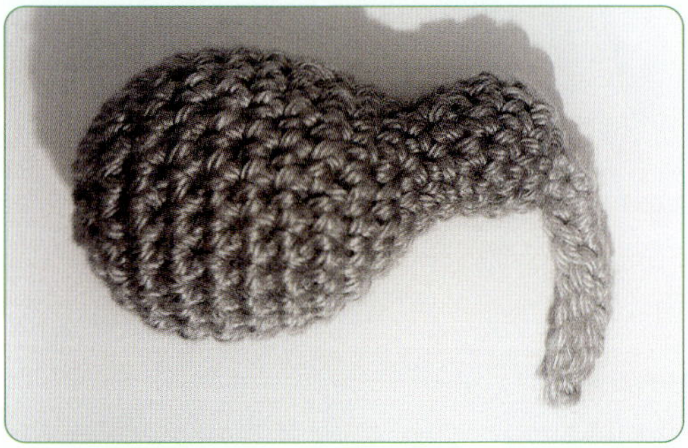

17. Rd.: jede 3. u. 4. M zus.häk. = 18 M
18. Rd.: jede 2. u. 3. M zus.häk. = 12 M
Den Körper fertig ausstopfen.
19. Rd.: je 2 M zus.häk. = 6 M
Den Faden abschneiden, durchziehen und vernähen.

Füße (2x)

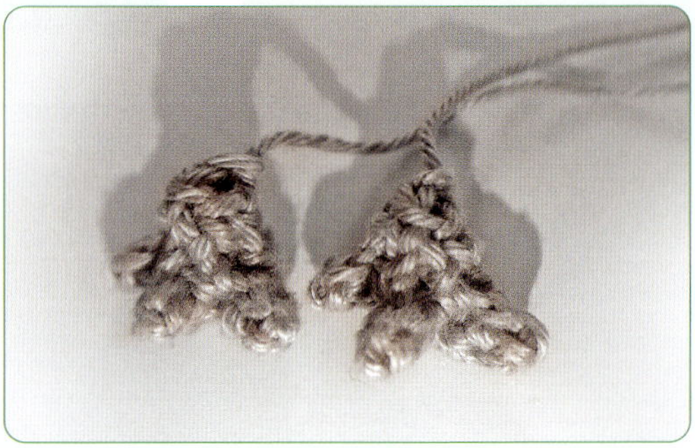

Mit dem beigen Garn einen Fadenring anschlagen. In den Fadenring häkeln:
1 fM, (3 Lfm, 1 fM in die 2. Lfm von der Nd aus, 1 fM, 1 Km in den Fadenring) x 2, 3 Lfm, 1 fM in die 2. Lfm von der Nd aus, 1 fM, 2 fM in den Fadenring = 3 M (ohne die Zehen)
1. Rd.: 1 fM, (2 fM den Zeh hoch, 1 Lfm, den Zeh flach aufeinanderlegen und durch jeweils 2 gegenüberliegende M häkeln: 1 Km, 1 fM, die Km überspringen) x 2, 2 fM den Zeh hoch, 1 Lfm, den Zeh flach aufeinanderlegen und durch jeweils 2 gegenüberliegende M häkeln: 1 Km, 1 fM, am Bein 2 fM = 3 M (ohne die Zehen)
2. Rd.: 1 fM, (1 fM in die letzte M der 3 M am Zeh) x 3, 2 fM = 6 M
3. Rd.: (2 M zus.häk.) x 2, 2 fM = 4 M
Den Faden abschneiden und durchziehen, noch nicht vernähen!

Fertigstellen

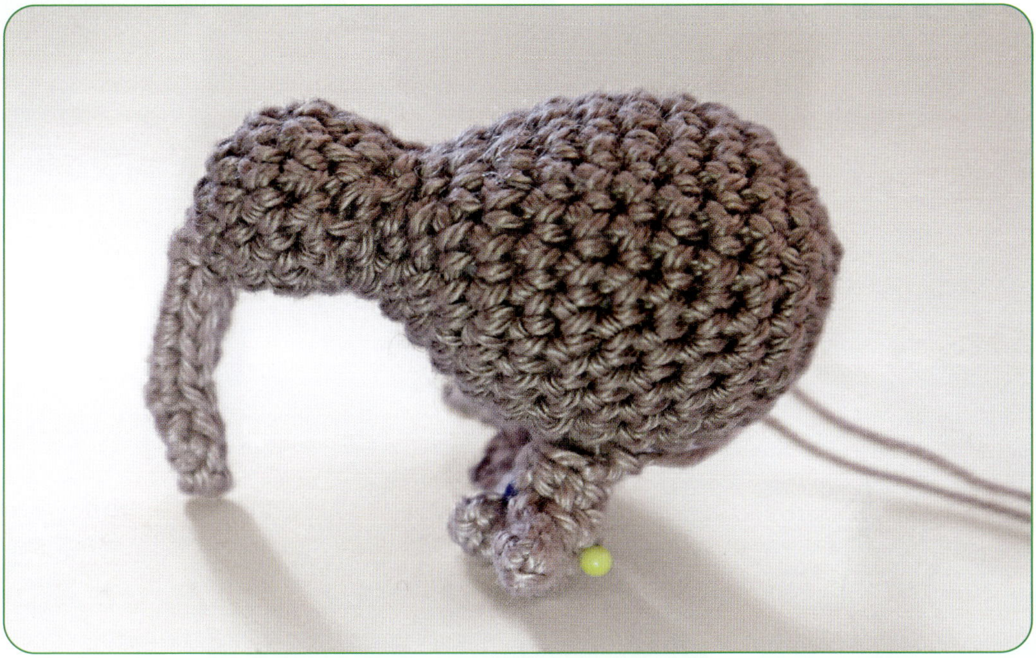

Die Füße mit dem mittleren Zeh nach vorne am Körper positionieren und annähen. In Schwarz die Augen am Kopf aufsticken (siehe Foto S. 98). Fertig!

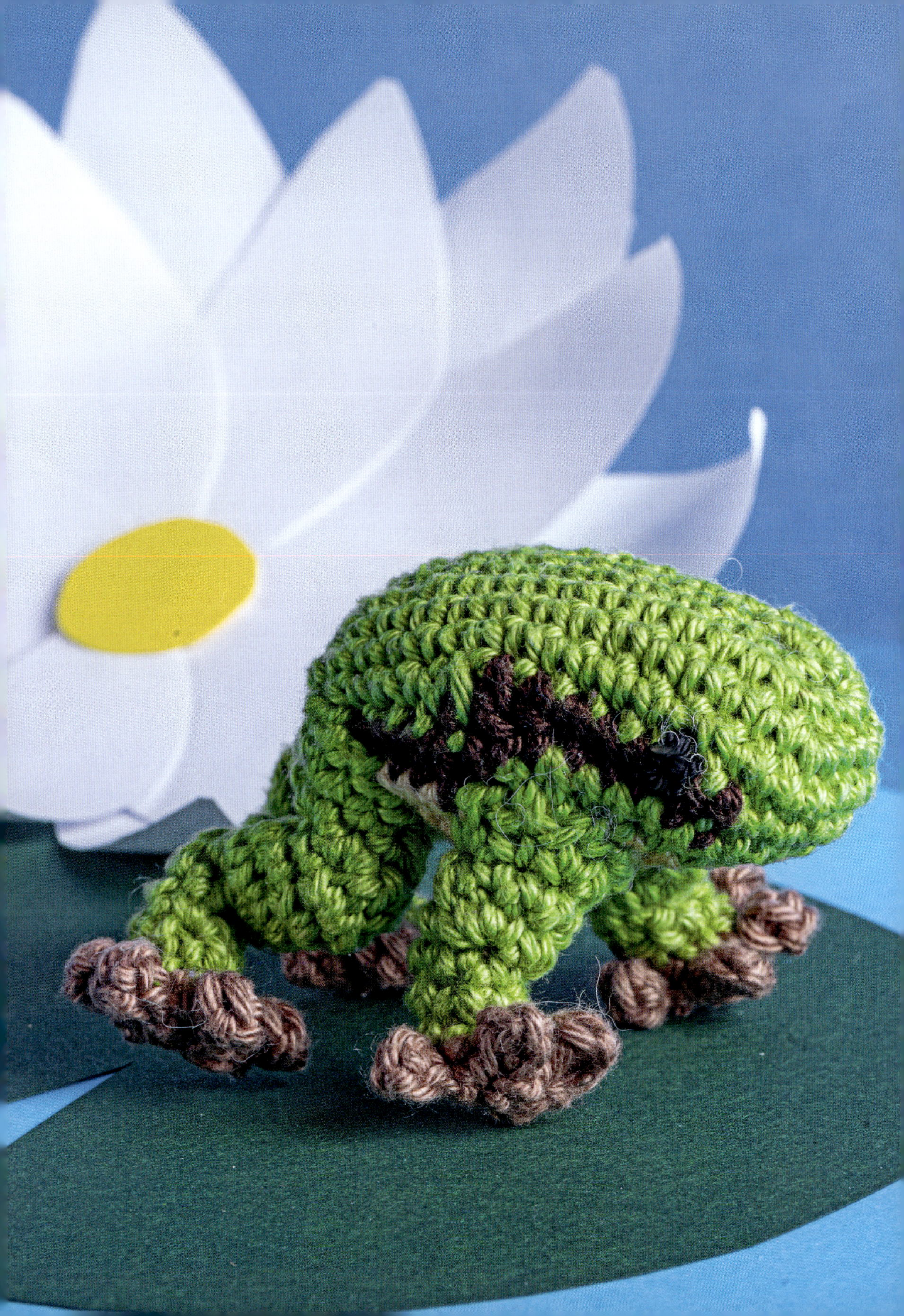

FROSCH

Schwierigkeit 3/5

Was wir benötigen

- Garn in Grün, Dunkelbraun, Gelb, Hellbraun und Schwarz (z.B. Schachenmayr Catania in Apfel 00205, Kaffee 00162, Honig 00206, Sun-kissed 00437 und Schwarz 00110)
- Größe: (bei o.g. Garn und Nadelstärke 2,5) ca. 6 cm

Viel Spaß beim Häkeln!

Anleitung

Körper

Mit dem grünen Garn 11 Lfm anschl.

1. Rd.: 2 fM in die 2. Lfm von der Nd aus, 8 fM, 1 M verd., an der unteren Seite der Lfm-Kette: 1 M verd., 8 fM, 1 M verd. = 24 M

2. Rd.: 2 M verd., 9 fM, 2 M verd., 9 fM, 2 M verd. = 30 M

3. Rd.: 1 M ver3., 13 fM, 2 M verd., 13 fM, 1 M ver3. = 36 M

4. Rd.: 17 fM, 2 M verd., 17 fM = 38 M

5. Rd.: 3 fM, in Dunkelbraun 5 fM, 1 hStb, 1 Stb, in Grün 18 fM, in Dunkelbraun 1 Stb, 1 hStb, 5 fM, in Grün 3 fM = 38 M

6. Rd.: 9 fM, in Dunkelbraun 5 fM, in Grün 10 fM, in Dunkelbraun 5 fM, in Grün 9 fM

7. Rd.: in Gelb (2 M zus.häk.) x 2, 13 fM, (2 M zus.häk.) x2, 13 fM, (2 M zus.häk.) x 2 = 32 M

8. Rd.: je 2 M zus.häk. = 16 M

Den Körper mit Füllmaterial ausstopfen.

9. Rd.: je 2 M zus.häk. = 8 M

Den Körper fertig ausstopfen.

10. Rd.: je 2 M zus.häk. = 4 M

Den Faden abschneiden, durchziehen und vernähen.

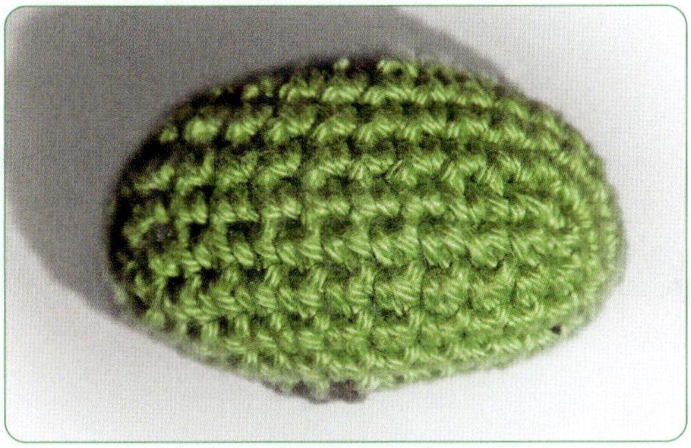

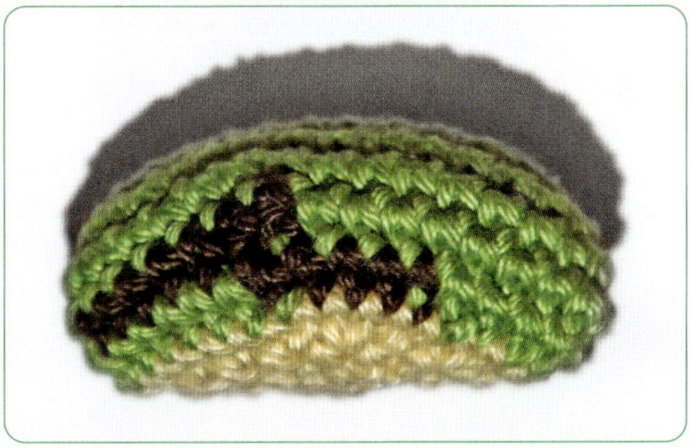

Vorderbeine (2x)

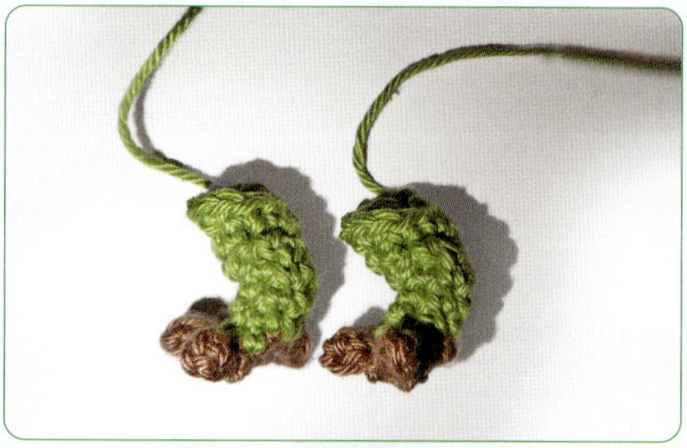

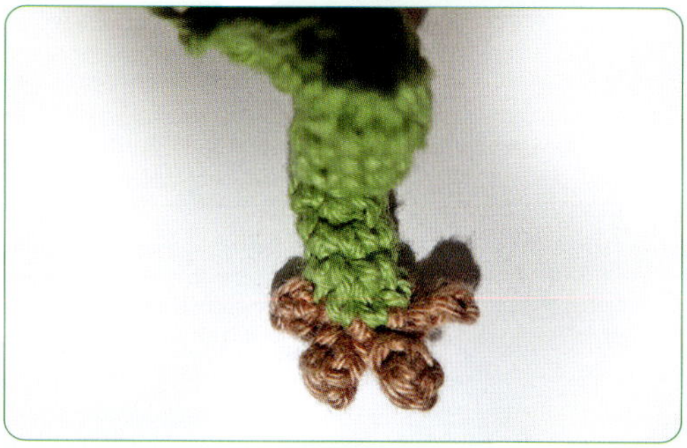

Mit dem hellbraunen Garn einen Fadenring anschlagen. In den Fadenring häkeln:
1 fM, (3 Lfm, 1 hStb in die 2. Lfm von der Nd aus, 1 Km, 1 fM in den Fadenring) x 4, 1 fM = 6 M (ohne die Zehen)
1. Rd.: 6 fM, dabei liegen die Zehen vor der Nadel und stehen vom Bein ab.
2. Rd.: in Grün 5 fM, 1 M verd. = 7 M
3. Rd.: 1 fM, (2 M zus.häk.) x 2, 1 fM, 1 M verd. = 6 M
4. Rd.: 6 fM
5. Rd.: 2 fM, 2 M ver3., 2 fM = 10 M
6. Rd.: 3 M zus.häk., 4 fM, 3 M zus.häk. = 6 M
7. Rd.: 2 fM, 2 M verd., 2 fM = 8 M
Den Faden abschneiden und durchziehen, noch nicht vernähen! Das Bein ausstopfen.

Hinterbeine (2x)

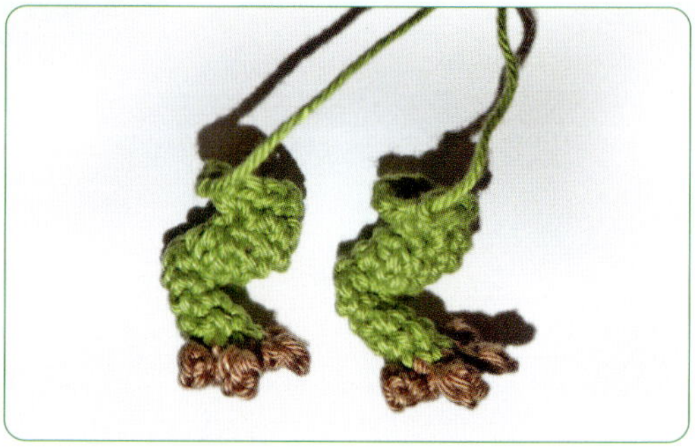

Mit dem hellbraunen Garn einen Fadenring anschlagen. In den Fadenring häkeln:
1 fM, (3 Lfm, 1 hStb in die 2. Lfm von der Nd aus, 1 Km, 1 fM in den Fadenring) x 4, 1 fM = 6 M (ohne die Zehen)
1. Rd.: 6 fM, dabei liegen die Zehen vor der Nadel und stehen vom Bein ab.
2. Rd.: in Grün 5 fM, 1 M verd. = 7 M
3. Rd.: 1 fM, (2 M zus.häk.) x 2, 1 fM, 1 M verd. = 6 M
4. Rd.: 6 fM
5. Rd.: 1 fM, 2 M zus.häk., 1 fM, 2 M verd. = 7 M
6. Rd.: 1 M verd., 1 M ver3., 1 M verd., 4 M zus.häk. = 8 M
7. Rd.: 3 fM, 1 M verd., 4 fM = 9 M
8. Rd.: 3 M zus.häk., 1 fM, 1 M verd., 1 fM, 3 M zus.häk. = 6 M
9. Rd.: 2 fM, 2 M verd., 2 fM = 8 M
10. Rd.: 1 M ver3., (2 M zus.häk.) x 3, 1 M ver3. = 9 M
11. Rd.: 1 M ver3., 2 fM, 3 M zus.häk., 2 fM, 1 M ver3. = 11 M
Den Faden abschneiden und durchziehen, noch nicht vernähen! Das Bein ausstopfen.

Fertigstellen

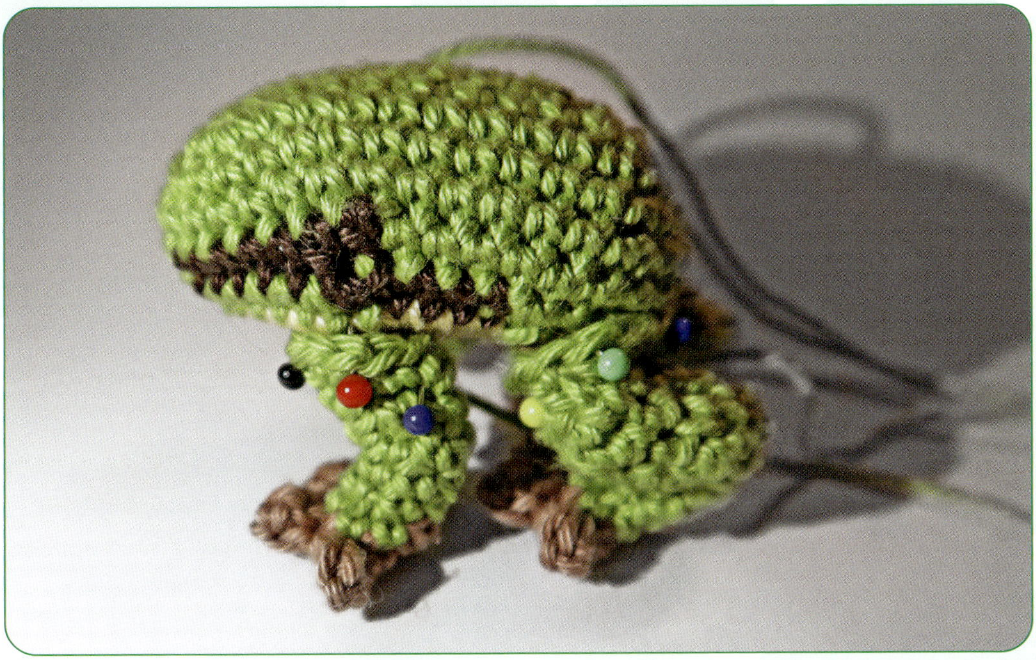

Alle vier Beine am Körper platzieren und annähen. Damit der Frosch besser sitzen kann, optional auch den unteren Teil des Hinterbeins festnähen, sodass das Bein stärker gebeugt ist. In Schwarz die Augen auf dem dunkelbraunen Körperstreifen aufsticken (siehe Foto S. 102). Fertig!

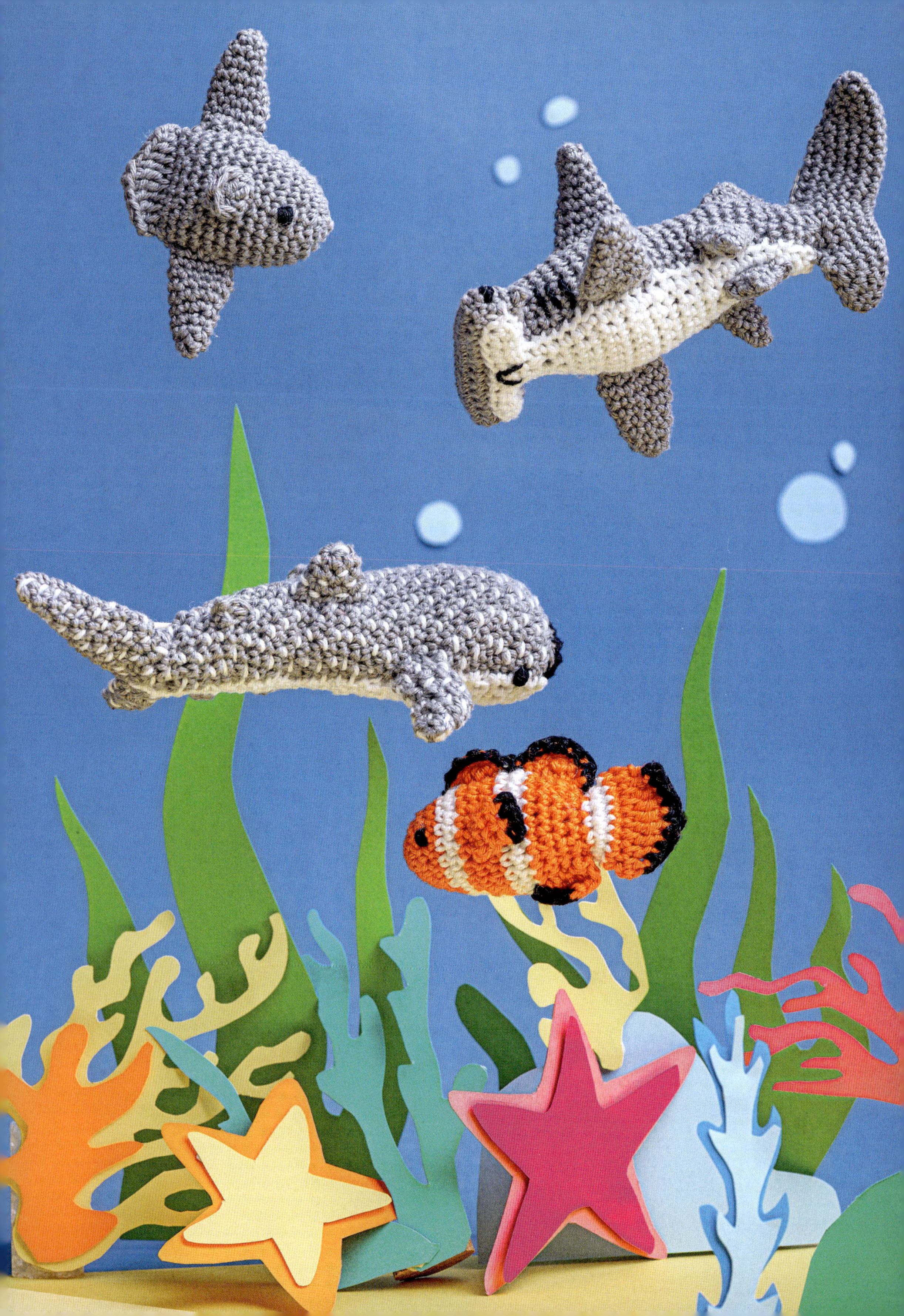

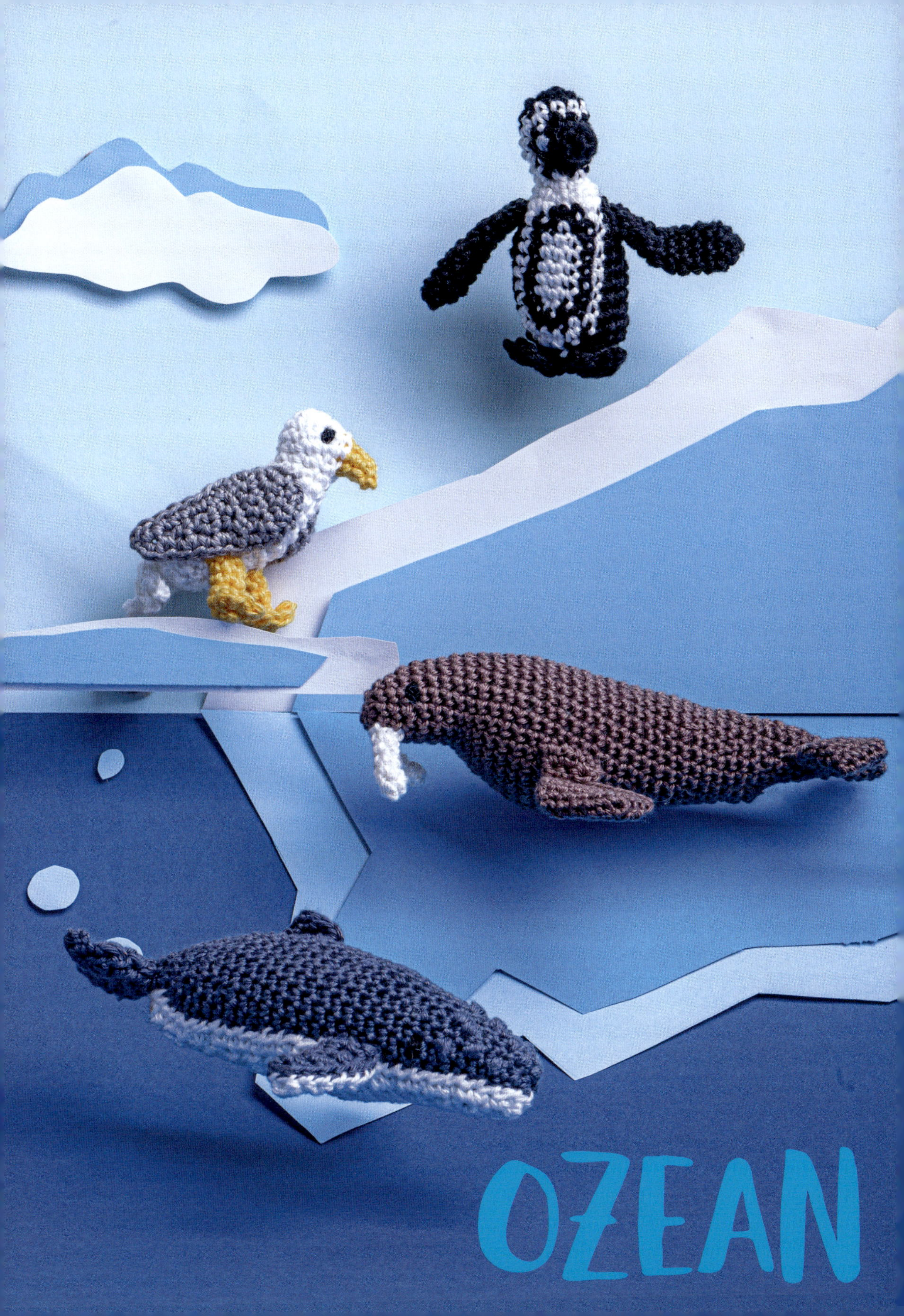

OZEAN

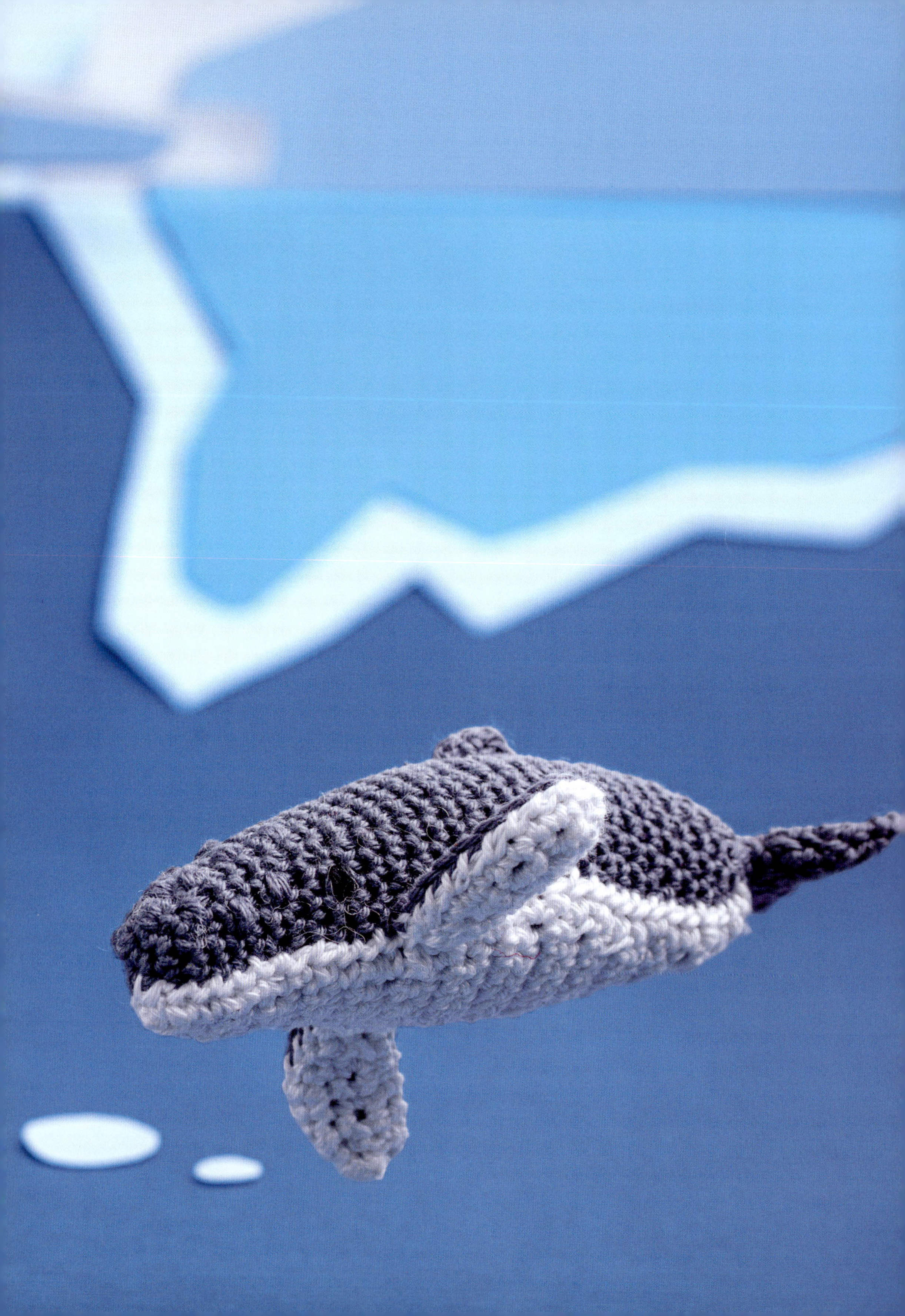

BUCKELWAL

Schwierigkeit 2/5

Was wir benötigen

- Garn in Dunkelgrau, Weiß und Schwarz (z.B. Schachenmayr Catania in Graphit 00393, Weiß 00106 und Schwarz 00110)
- Größe: (bei o.g. Garn und Nadelstärke 2,5) ca. 14 cm

Viel Spaß beim Häkeln!

Anleitung

Körper

Mit dem dunkelgrauen Garn 6 fM in einen Fadenring häkeln (alternativ: 2 Lfm anschl., 6 fM in die 2. Lfm von der Nd aus) = 6 M
1. Rd.: jede M verd. = 12 M
2. Rd.: 12 fM
3. Rd.: jede 4. M verd. = 15 M
4.–6. Rd.: 15 fM (3 Runden)
7. Rd.: jede 5. M verd. = 18 M
8. u. 9. Rd.: 18 fM (2 Runden)
10. Rd.: jede 6. M verd. = 21 M
11. Rd.: 21 fM
12. Rd.: jede 7. M verd. = 24 M
13.–21. Rd.: 24 fM (9 Runden)
Den Körper mit Füllmaterial ausstopfen.

22. Rd.: jede 7. u. 8. M zus.häk. = 21 M
23. u. 24. Rd.: 21 fM (2 Runden)
25. Rd.: jede 6 . u. 7. M zus.häk. = 18 M
26. u. 27. Rd.: 18 fM (2 Runden)
28. Rd.: jede 5. u. 6. M zus.häk. = 15 M
29. Rd.: 15 fM
Den Körper ausstopfen.

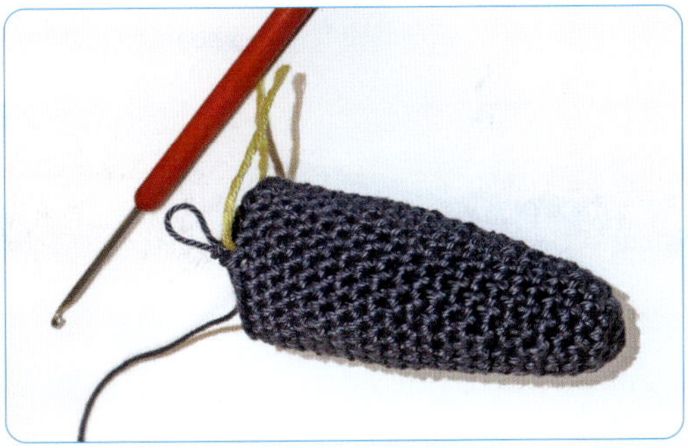

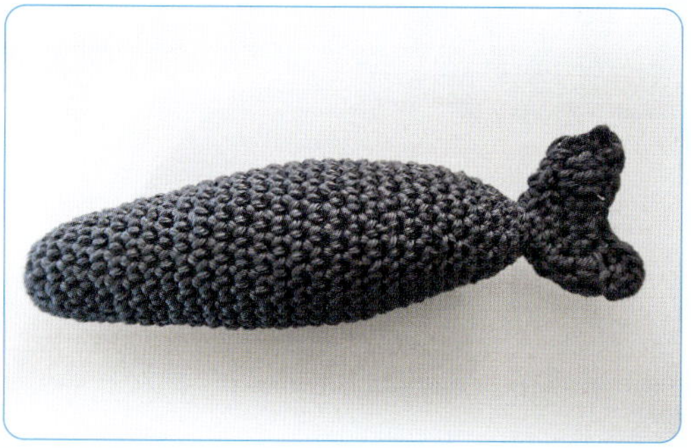

30. Rd.: jede 4. u. 5. M zus.häk. = 12 M
31. Rd.: jede 3. u. 4. M zus.häk. = 9 M
32. Rd.: jede 2. u. 3. M zus.häk. = 6 M
Den Körper fertig ausstopfen.
33. Rd.: (3 hStb in 1 M, 2 fM) x 2 = 10 M
34. Rd.: (1 hStb, 3 Stb in 1 M, 1 hStb, 2 fM) x 2 = 14 M
35. Rd.: (1 hStb, (2 Stb in 1 M) x 3, 1 hStb, 2 fM) x 2 = 20 M
36. Rd.: 5 fM, 1 Lfm, wenden, Flosse flach aufeinanderlegen und die letzte Rd. als R. in beiden Flossenseiten häkeln: 2 Stb in 1 M, 1 hStb, 1 fM, (2 M zus.häk.) x 2, 1 fM, 1 hStb, 2 Stb in 1 M
Den Faden abschneiden, durchziehen und vernähen.

Bauch

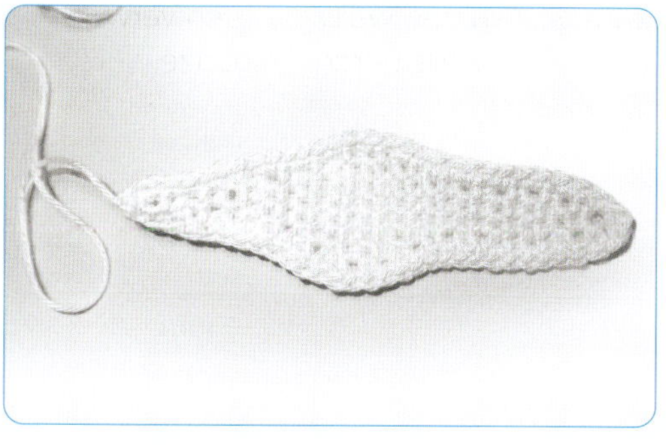

In Weiß 3 Lfm anschl.
1. R.: 1 fM in die 2. Lfm von der Nd aus, 1 fM, 1 WL
2. R.: 1 M verd., 1 fM, 1 WL = 3 M
3. R.: 3 fM, 1 WL
4. R.: 1 fM, 1 M verd., 1 fM, 1 WL = 4 M
5.–11. R.: 4 fM, 1 WL (7 Reihen)
12. R.: 1 M verd., 2 fM, 1 M verd., 1 WL = 6 M
13. R.: 6 fM, 1 WL
14. R.: 1 M verd., 4 fM, 1 M verd., 1 WL = 8 M
15.–17. R.: 8 fM, 1 WL (3 Reihen)
18. R.: 2 M zus.häk., 4 fM, 2 M zus.häk., 1 WL = 6 M
19. R.: 6 fM, 1 WL
20. R.: 2 M zus.häk., 2 fM, 2 M zus.häk., 1 WL = 4 M
21. u. 22. R.: 4 fM, 1 WL (2 Reihen)
23. R.: je 2 M zus.häk., 1 WL = 2 M
24. u. 25. R.: 2 fM, 1 WL (2 Reihen)
26. R.: 2 M zus.häk., 1 WL = 1 M
27. u. 28. R.: 1 fM, 1 WL (2 Reihen)
Das ganze Stück mit fM umhäkeln, mit 1 Km abschließen. Den Faden lang abschneiden und durchziehen, noch nicht vernähen!

Rückenflosse

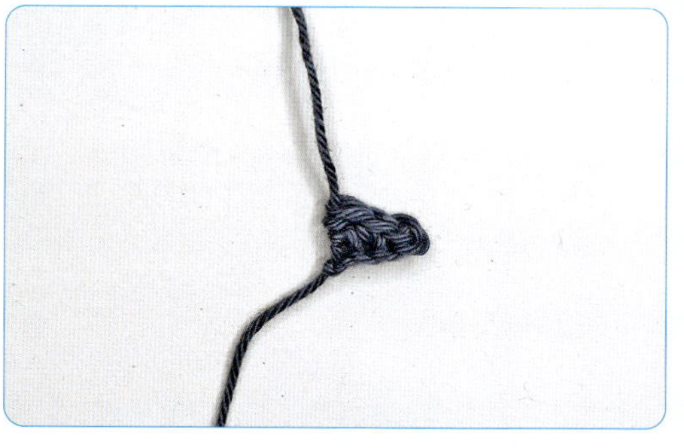

In Dunkelgrau 4 Lfm anschl.
1. R.: 1 Km in die 2. Lfm von der Nd aus, 1 fM, 1 hStb
Den Faden abschneiden und durchziehen, noch nicht vernähen!

Seitenflossen (4x)

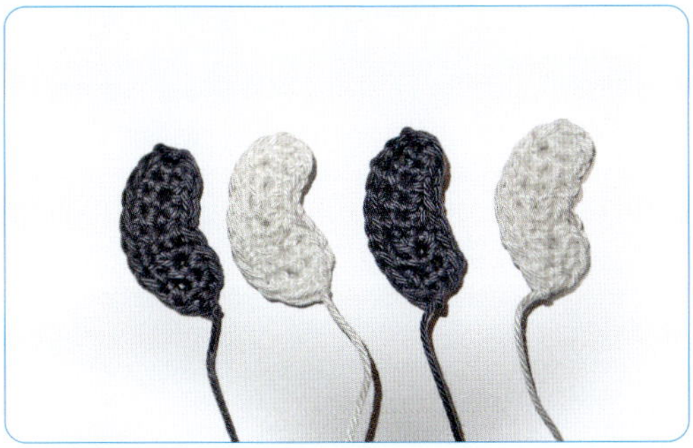

2 x in Weiß und 2 x in Dunkelgrau häkeln. In der entsprechenden Farbe 2 Lfm anschl.

1. R.: 1 fM in die 2. Lfm von der Nd aus, 1 WL
2. R.: 1 M verd., 1 WL = 2 M
3.–5. R.: 2 M, 1 WL (3 Reihen)
6. R.: 1 M verd., 1 fM, 1 WL = 3 M
7. R.: 2 M zus.häk., 1 fM, 1 WL = 2 M
8. u. 9. R.: 2 fM, 1 WL (2 Reihen) (WL nur in R. 8!)

Das ganze Stück einmal umhäkeln: 2 fM, 2 M zus.häk., 3 fM, 1 M verd. (an der Spitze der Flosse), 4 fM, 1 M verd., 2 fM, 1 fM (in die erste M der 9. Reihe), mit 1 Km abschließen.

Den Faden lang genug abschneiden und durchziehen, noch nicht vernähen!

Fertigstellen

1

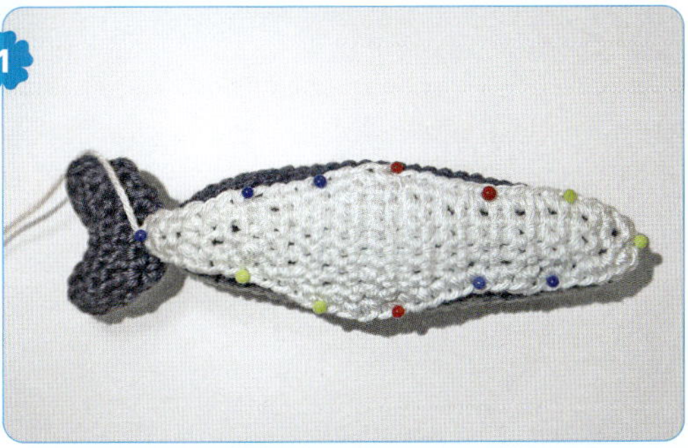

2

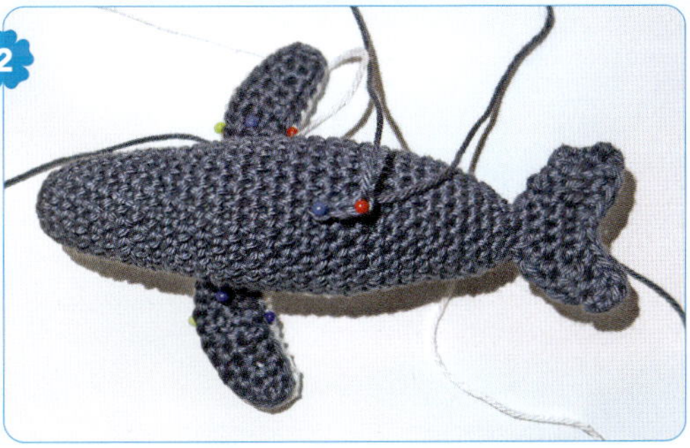

Zuerst den Bauch in die richtige Position bringen (der Faden befindet sich hinten an der Schwanzflosse) und annähen. (Bild 1). Anschließend jeweils eine weiße und eine dunkelgraue Seitenflosse aufeinander nähen, dabei darauf achten, dass eine rechte und eine linke Flosse entsteht. Am besten zum Nähen den weißen Faden verwenden und jeweils durch die ganze weiße Masche und nur das zur weißen Flosse nähere Mg der grauen Flosse nähen, sonst wird die Oberseite zu weiß! Alle Flossen in die richtige Position bringen und annähen (bei den Seitenflossen die obere Seite mit dem grauen und die untere Seite mit dem weißen Faden annähen (Bild 2)! Zuletzt in Schwarz die Augen aufsticken und mit dunkelgrauem Garn mit je 3-5 Stichen an der Oberseite des Kopfes kleine Buckel aufnähen (siehe Foto S. 108). Fertig!

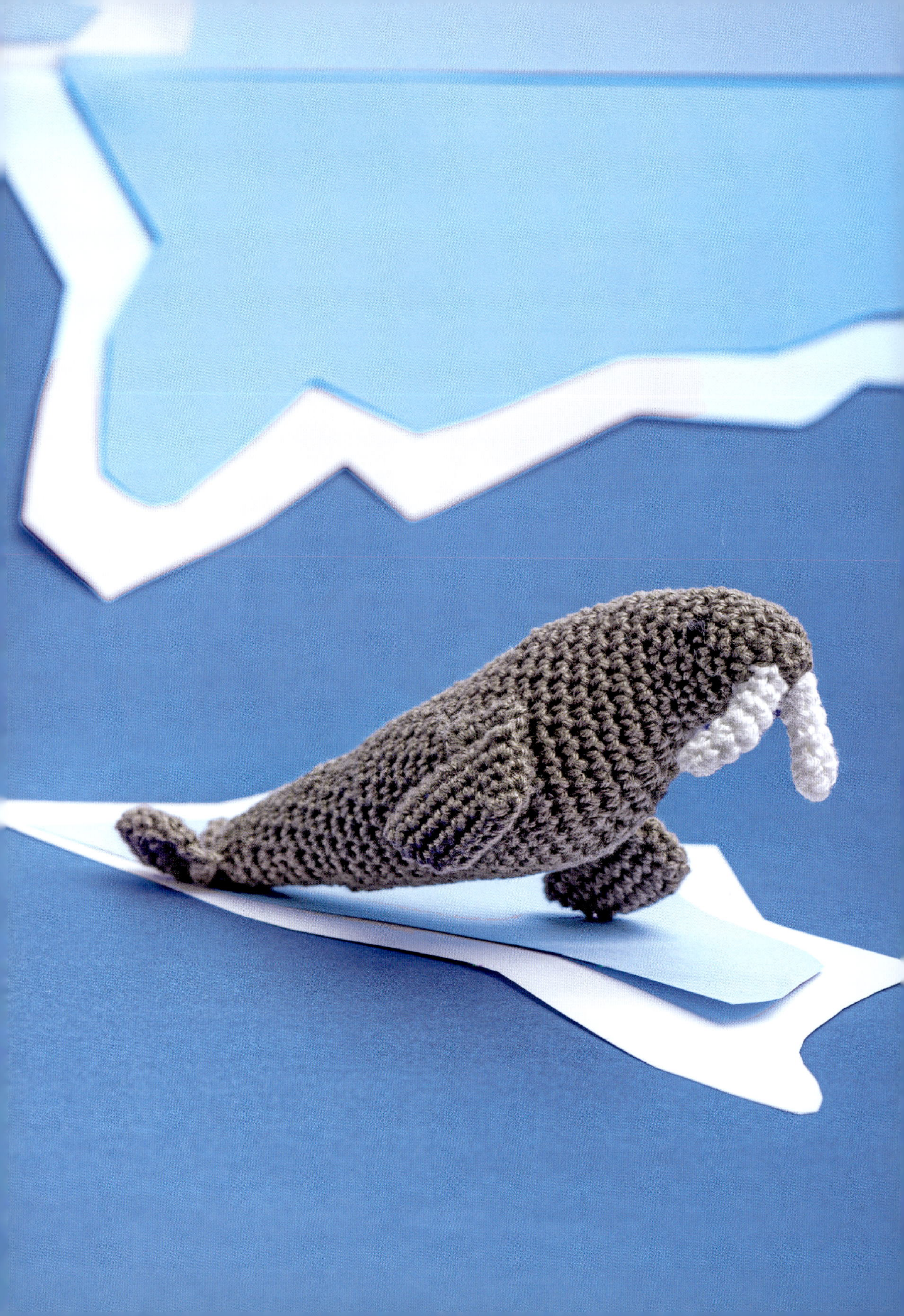

Walross

Schwierigkeit 2/5

Was wir benötigen

- Garn in Braun, Weiß und Schwarz (z.B. Schachenmayr Catania in Teddy 00161, Weiß 00106 und Schwarz 00110)
- Größe: (bei o.g. Garn und Nadelstärke 2,5) ca. 14 cm

Viel Spaß beim Häkeln!

Anleitung

Körper

Mit dem braunen Garn 6 fM in einen Fadenring häkeln (alternativ: 2 Lfm anschl., 6 fM in die 2. Lfm von der Nd aus) = 6 M

1. Rd.: jede M verd. = 12 M
2. u. 3. Rd.: 12 fM (2 Runden)
4. Rd.: jede 4. M verd. = 15 M
5.–7. Rd.: 15 fM (3 Runden)
8. Rd.: 3 M verd., 12 fM = 18 M
9. Rd.: 2 fM, 3 M verd., 13 fM = 21 M
10. Rd.: 4 fM, 3 M verd., 14 fM = 24 M
11. Rd.: 6 fM, 3 M verd., 15 fM = 27 M
12. Rd.: 8 fM, 3 M verd., 16 fM = 30 M
13. u. 14. Rd.: 30 fM (2 Runden)
Den Kopf mit Füllmaterial ausstopfen.
15. Rd.: jede 9. u. 10. M zus.häk. = 27 M
16. u. 17. Rd.: 27 fM (2 Runden)
18. Rd.: jede 8. u. 9. M zus.häk. = 24 M
19. u. 20. Rd.: 24 fM (2 Runden)
21. Rd.: jede 7. u. 8. M zus.häk. = 21 M
22.–25. Rd.: 21 fM (4 Runden)
Den Körper ausstopfen.
26. Rd.: jede 6. u. 7. M zus.häk. = 18 M
27. u. 28. Rd.: 18 fM (2 Runden)
29. Rd.: jede 5. u. 6. M zus.häk. = 15 M
30. u. 31. Rd.: 15 fM (2 Runden)
32. Rd.: jede 4. u. 5. M zus.häk. = 12 M
Den Körper weiter ausstopfen.
33. u. 34. Rd.: 12 fM (2 Runden)
35. Rd.: jede 3. u. 4. M zus.häk. = 9 M
36. Rd.: 9 fM
37. Rd.: jede 2. u. 3. M zus.häk. = 6 M
Den Körper fertig ausstopfen. Den Faden abschneiden, durchziehen und vernähen.

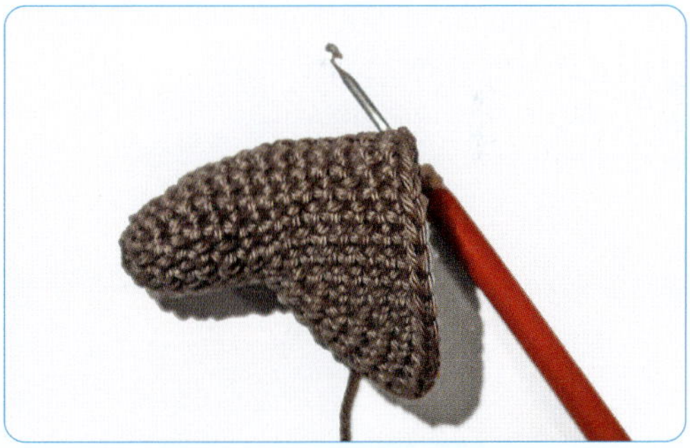

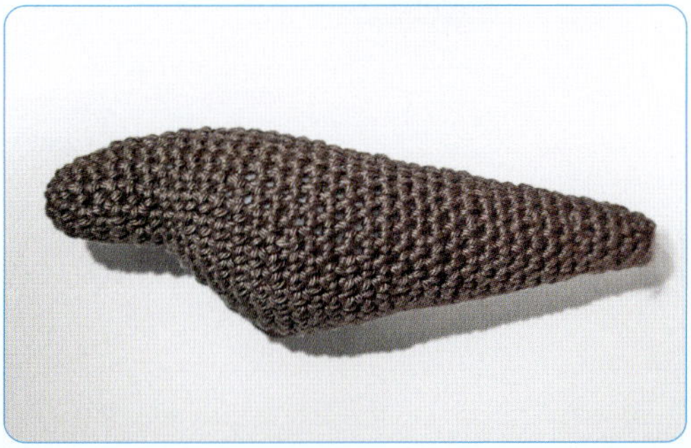

Seitenflossen (2x)

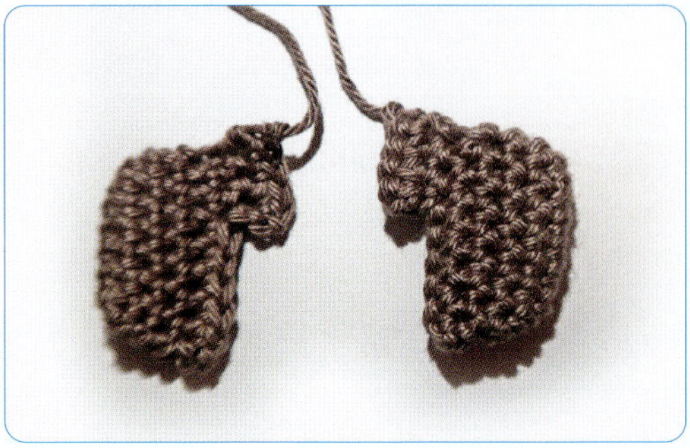

Mit dem braunen Garn 7 Lfm anschl.
1. Rd.: 1 fM in die 2. Lfm von der Nd aus, 4 fM, 1 M verd., an der unteren Seite der Lfm-Kette weiterhäkeln: 5 fM, 1 M verd. = 14 M
2. Rd.: (6 fM, 1 M verd.) x 2 = 16 M
3. u. 4. Rd.: 16 fM (2 Runden) 1 Lfm, wenden, Flosse flach aufeinanderlegen und durch jeweils 2 gegenüberliegende M häkeln: 8 fM, 1 WL
Anschließend die Flosse in Reihen beenden:
1.R: 3 fM, 1 WL (die letzten 5 M sind übrig)
2.R: 1 M verd., 1 fM, 1 M verd. = 5 M
Den Faden lang genug abschneiden und durchziehen, noch nicht vernähen!

Hinterflossen (2x)

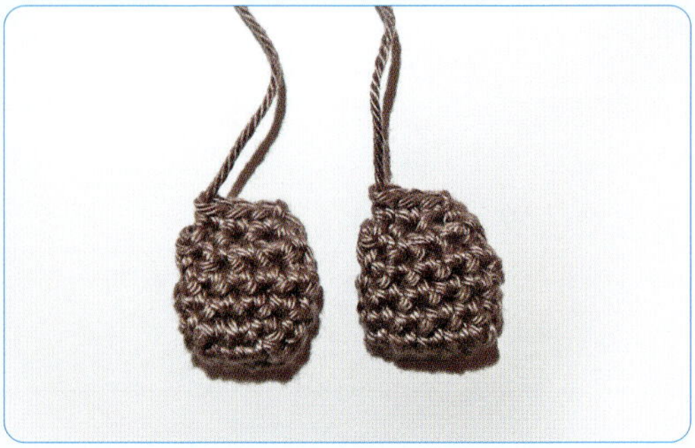

Mit dem braunen Garn 6 Lfm anschl.
1. Rd.: 1 fM in die 2. Lfm von der Nd aus, 4 fM, an der unteren Seite der Lfm-Kette weiterhäkeln: 5 fM = 10 M
2.–4. Rd.: 10 fM (3 Runden)
1 fM, 1 Lfm, wenden, Flosse flach aufeinanderlegen und durch jeweils 2 gegenüberliegende M häkeln: 2 M zus.häk., 1 fM, 2 M zus.häk., 1 WL = 3 M
Anschließend die Flosse in Reihen beenden:
1.R: 3 fM
Den Faden lang genug abschneiden und durchziehen, noch nicht vernähen!

Stoßzähne (2x)

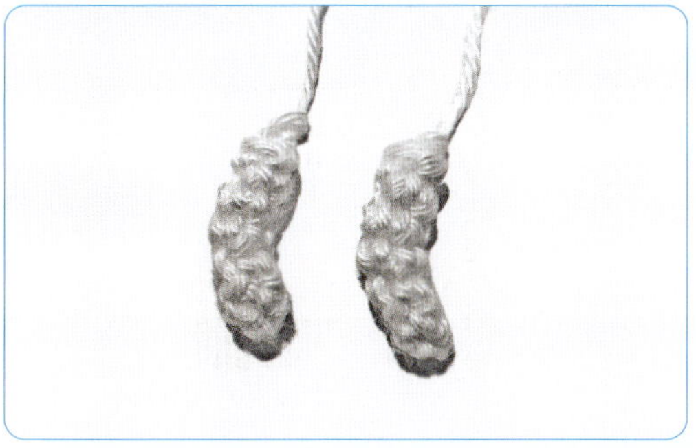

Mit dem weißen Garn 4 fM in einen Fadenring häkeln (alternativ: 2 Lfm anschl. und 4 fM in die 2. Lfm von der Nd aus) = 4 M
1.–5. Rd.: 4 fM (5 Runden)
Den Faden abschneiden und durchziehen, noch nicht vernähen!

Fertigstellen

1

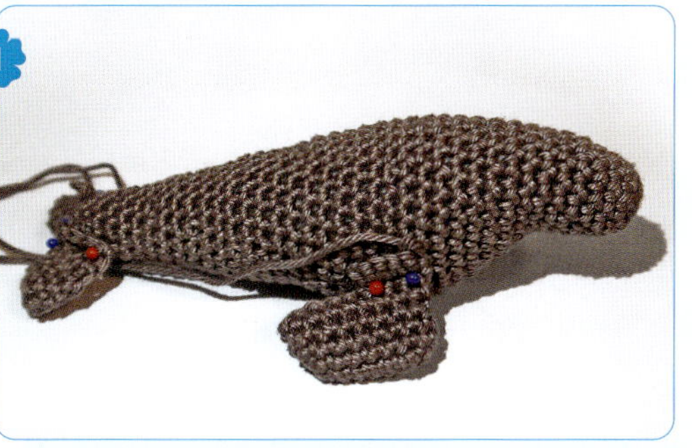

2

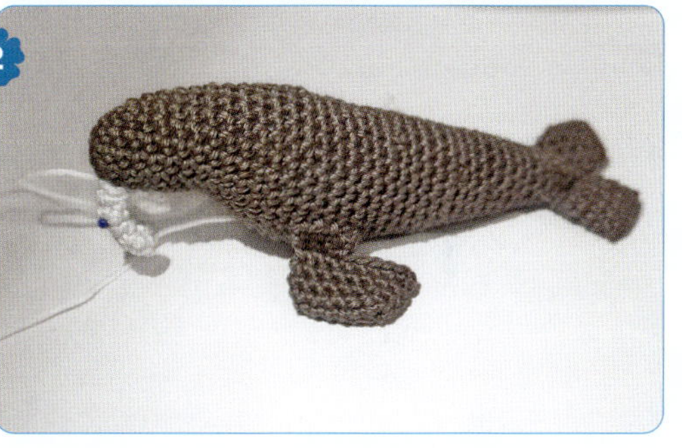

Die Seitenflossen so positionieren, dass die Flossenspitze jeweils leicht nach hinten zeigt. Die Hinterflossen am Körperende seitlich annähen und anschließend noch ganz hinten beide Hinterflossen teilweise zus.nähen; nun zeigen die Hinterflossen ebenfalls leicht nach hinten (Bild 1). Die Stoßzähne weit vorne am Kopf positionieren und leicht gekrümmt festnähen (Bild 2). Zuletzt in Schwarz die Augen seitlich am Kopf festnähen (siehe Foto S. 112). Fertig!

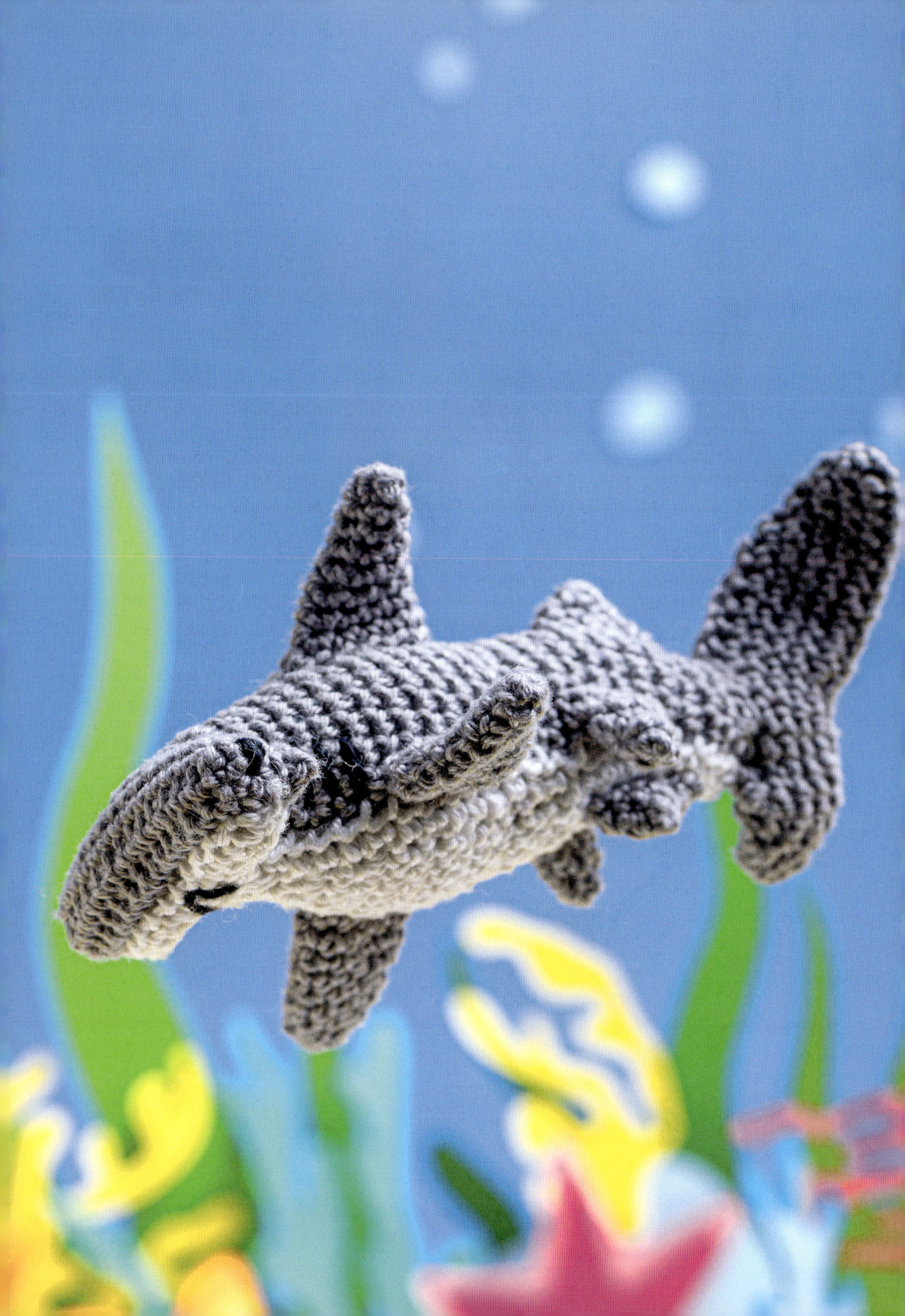

HAMMERHAI

Schwierigkeit 3/5

Was wir benötigen

- Garn in Grau, Weiß und Schwarz (z.B. Schachenmayr Catania in Rauchgrau 00435 , Weiß 00106 und Schwarz 00110)
- Größe: (bei o.g. Garn und Nadelstärke 2,5) ca. 13 cm

Viel Spaß beim Häkeln!

Anleitung

Körper

Mit dem grauen Garn 16 Lfm anschl.
1. Rd.: 1 fM in die 2. Lfm von der Nd aus, 14 fM, an der unteren Seite der Lfm-Kette weiterhäkeln: 15 fM = 30 M
2.–4. Rd.: 30 fM (3 Runden)
5. Rd.: 1 fM, 1 Lfm, wenden, die Runde weiter als Reihe durch beide Seiten häkeln: 5 Km; dann nur an der vorderen Seite häkeln: 10 fM, 1 Lfm; dann wenden und wieder durch beide Hammerseiten häkeln: 5 Km; den Hammer mit Füllmaterial ausstopfen und die nächste Runde erst durch die 5 M der einen, nun vorderen Seite, und anschließend durch die 5 M der anderen, gegenüberliegenden Seite häkeln = 10 M
6. Rd.: (1 M verd., 1 fM, 1 M verd., 1 fM, 1 M verd.) x 2 (auf jeder Seite 1 x) = 16 M
7. u. 8. Rd.: 16 fM (2 Runden)
9. Rd.: jede 4. M verd. = 20 M
10. Rd.: 20 fM
11. Rd.: jede 5. M verd. = 24 M
12.–15. Rd.: 24 fM (4 Runden)
16. Rd.: jede 11. u. 12. M zus.häk. = 22 M
17. u. 18. Rd.: 22 fM (2 Runden)
19. Rd.: jede 10. u. 11. M zus.häk. = 20 M
Den Körper mit Füllmaterial ausstopfen.
20. Rd.: 18 fM, 2 M zus.häk. = 19 M
21. Rd.: 17 fM, 2 M zus.häk. = 18 M
22. Rd.: 16 fM, 2 M zus.häk. = 17 M
23. Rd.: 15 fM, 2 M zus.häk. = 16 M
24. Rd.: 14 fM, 2 M zus.häk. = 15 M
Den Körper ausstopfen.
25. Rd.: 13 fM, 2 M zus.häk. = 14 M
26. Rd.: 12 fM, 2 M zus.häk. = 13 M
27. Rd.: 11 fM, 2 M zus.häk. = 12 M

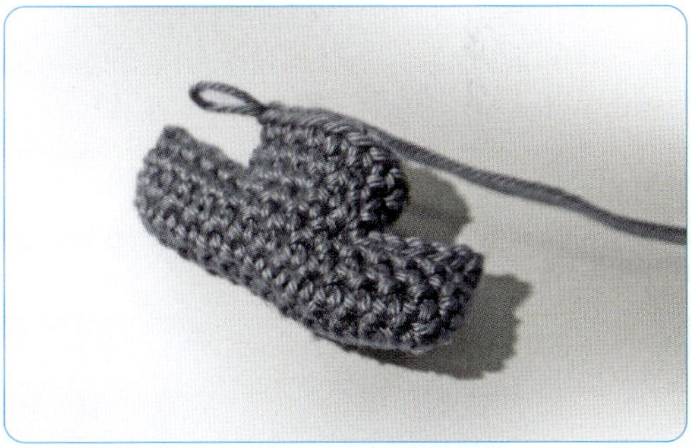

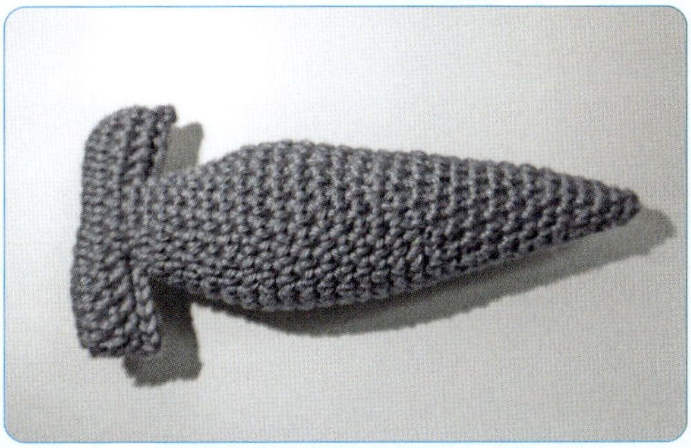

28. Rd.: 10 fM, 2 M zus.häk. = 11 M
29. Rd.: 9 fM, 2 M zus.häk. = 10 M
30. Rd.: jede 4. u. 5. M zus.häk. = 8 M
31. Rd.: 8 fM
32. Rd.: jede 3. u. 4. M zus.häk. = 6 M
Den Körper fertig ausstopfen.
33. Rd.: jede 2. u. 3. M zus.häk. = 4 M

Bauch

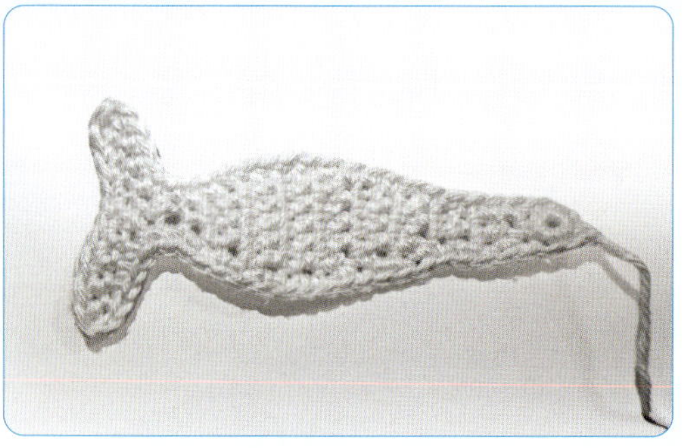

Mit dem weißen Garn 6 Lfm anschl.
1. R.: 1 fM in die 2. Lfm von der Nd aus, 4 fM = 4 M
2. R.: 6 Lfm, 1 fM in die 2. Lfm von der Nd aus, 4 fM, 1 fM in die erste Lfm der Anfangs-Lfm-Kette, 1 WL = 6 M
3. R.: 2 M zus.häk., 1 WL = 1 M
4. R.: 1 M verd., 1 WL = 2 M
5. R.: 2 M verd., 1 WL = 4 M
6. R.: 4 fM, 1 WL
7. R.: 1 M verd., 2 fM, 1 M verd., 1 WL = 6 M
8.–11. R.: 6 fM, 1 WL (4 Reihen)
12. R.: 2 M zus.häk., 2 fM, 2 M zus.häk., 1 WL = 4 M
13.–15. R.: 4 fM, 1 WL (3 Reihen)
16. R.: je 2 M zus.häk., 1 WL = 2 M
17.–19. R.: 2 fM, 1 WL (3 Reihen)
20. R.: 2 M zus.häk., 1 WL = 1 M
21.–23. R.: 1 fM, 1 WL (3 Reihen) (WL nur in R. 21 und 22!)
Das ganze Stück einmal mit fM umhäkeln, mit 1 Km abschließen. Den Faden lang abschneiden und durchziehen, noch nicht vernähen!

Flossen

Rückenflosse

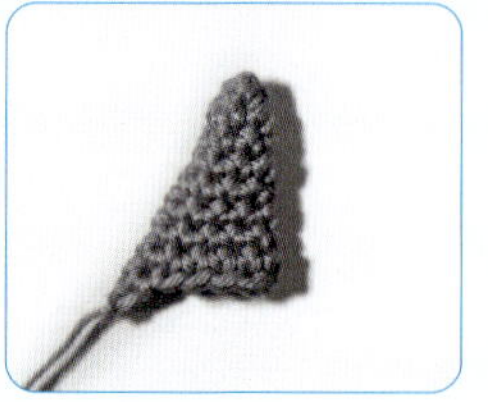

Mit dem grauen Garn 4 fM in einen Fadenring häkeln (alternativ: 2 Lfm anschl. und 4 fM in die 2. Lfm von der Nd aus) = 4 M
1. Rd.: 3 fM, 1 M verd. = 5 M
2. Rd.: 4 fM, 1 M verd. = 6 M
3. Rd.: 5 fM, 1 M verd. = 7 M
4. Rd.: 6 fM, 1 M verd. = 8 M
5. Rd.: 7 fM, 1 M verd. = 9 M
6. Rd.: 8 fM, 1 M verd. = 10 M
7. Rd.: jede 5. M verd. = 12 M
Den Faden abschneiden und durchziehen, noch nicht vernähen!

Seitenflossen (2x)

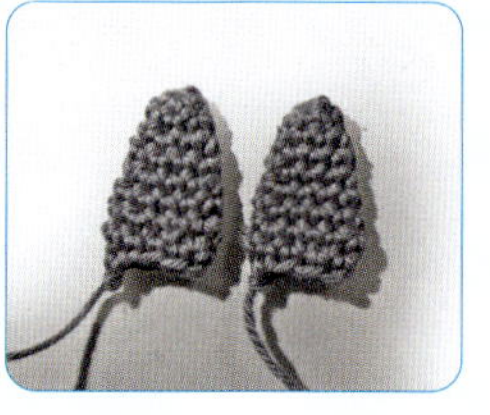

Mit dem grauen Garn 6 fM in einen Fadenring häkeln (alternativ: 2 Lfm anschl. und 6 fM in die 2. Lfm von der Nd aus) = 6 M
1. Rd.: 6 fM
2. Rd.: jede 3. M verd. = 8 M
3. Rd.: 8 fM
4. Rd.: jede 4. M verd. = 10 M
5. Rd.: 10 fM
6. Rd.: jede 5. M verd. = 12 M
7. Rd.: 12 fM
8. Rd.: jede 2. u. 3. M zus.häk. = 8 M
Den Faden abschneiden und durchziehen, noch nicht vernähen!

Kleine Seitenflossen (2x)

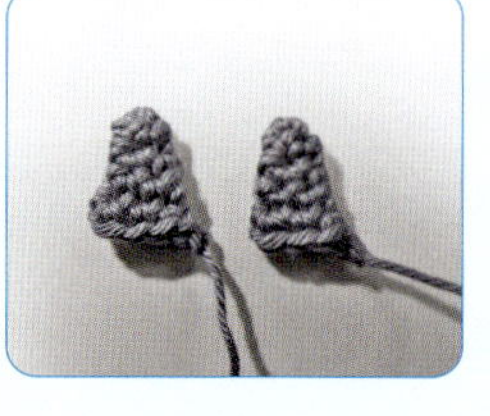

Mit dem grauen Garn 4 fM in einen Fadenring häkeln (alternativ: 2 Lfm

anschl. und 4 fM in die 2. Lfm von der Nd aus) = 4 M
1. Rd.: 4 fM
2. Rd.: jede 2. M verd. = 6 M
3. Rd.: 6 fM
4. Rd.: jede 3. M verd. = 8 M
Den Faden abschneiden und durchziehen, noch nicht vernähen!

Kleine Rückenflosse / Bauchflosse (insgesamt 2x)

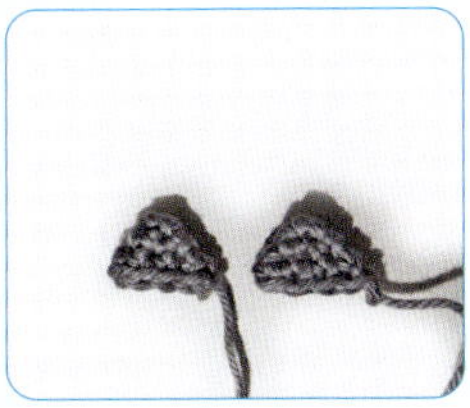

Mit dem grauen Garn 4 fM in einen Fadenring häkeln (alternativ: 2 Lfm anschl. und 4 fM in die 2. Lfm von der Nd aus) = 4 M
1. Rd.: jede 2. M verd. = 6 M
2. Rd.: jede 3. M verd. = 8 M
Den Faden abschneiden und durchziehen, noch nicht vernähen!

Schwanzflosse

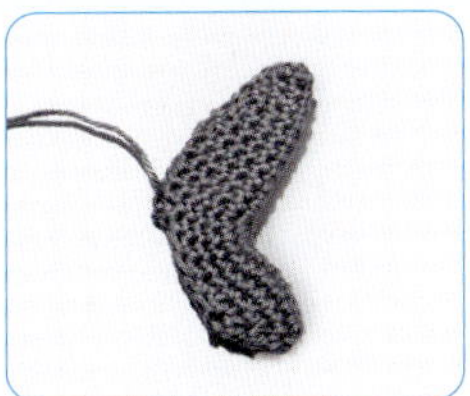

Mit dem grauen Garn 19 Lfm anschl.
1. Rd.: 1 fM in die 2. Lfm von der Nd aus, 9 fM, 2 M ver3, 6 fM, an der unteren Seite der Lfm-Kette weiterhäkeln: 6 fM, 2 M ver3, 10 fM = 44 M
2. u. 3. Rd.: 44 fM (2 Runden)
4. Rd.: (2 M zus.häk.) x 2, 14 fM, (2 M zus. häk.) x 4, 14 fM, (2 M zus.häk.) x2 = 36 M
5. Rd.: (2 M zus.häk.) x 2, 10 fM, (2 M zus. häk.) x 4, 10 fM, (2 M zus.häk.) x 2 = 28 M
6. Rd.: (2 M zus.häk.) x 2, 5 fM, 1 Lfm, die nächsten 10 M überspringen, 5 fM, (2 M zus.häk.) x 2 = 15 M (ohne die 10 übersprungenen M, mit der Lfm)
Den Faden abschneiden und durchziehen, noch nicht vernähen!

Fertigstellen

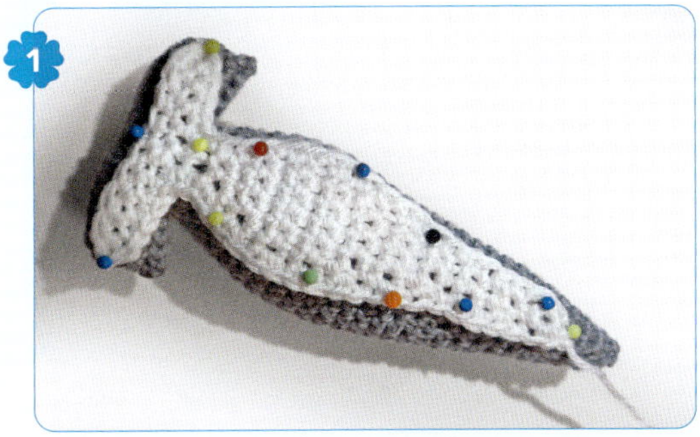

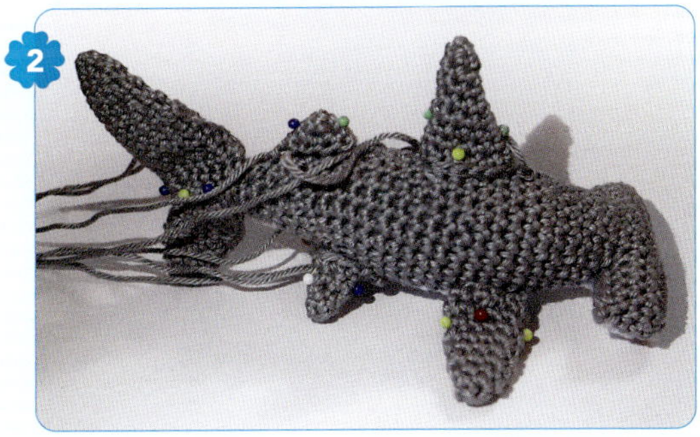

Den Bauch passend am Körper platzieren und annähen. (Bild 1). Alle Seitenflossen wie auf dem Foto positionieren. Die beiden Rückenflossen mittig auf dem Körper befestigen, bei der großen Rückenflosse liegen die Verdopplungen nach vorne, so dass die Flosse schräg nach hinten zeigt. Die Bauchflosse gegenüber der kleinen Rückenflosse kurz hinter den kleinen Seitenflossen auf dem Bauch annähen. Die Schwanzflosse mit der größeren Flosse oben auf das Körperende stecken. Die Flosse flach aufeinanderlegen und zum Schließen der Schlussöffnung je zwei gegenüberliegende Maschen zusammennähen. Dann die Flosse fertig am Körper festnähen (Bild 2). Zuletzt die Augen, den Mund an der Unterseite des Hammers und drei Kiemen aufsticken (siehe Foto S. 116). Fertig!

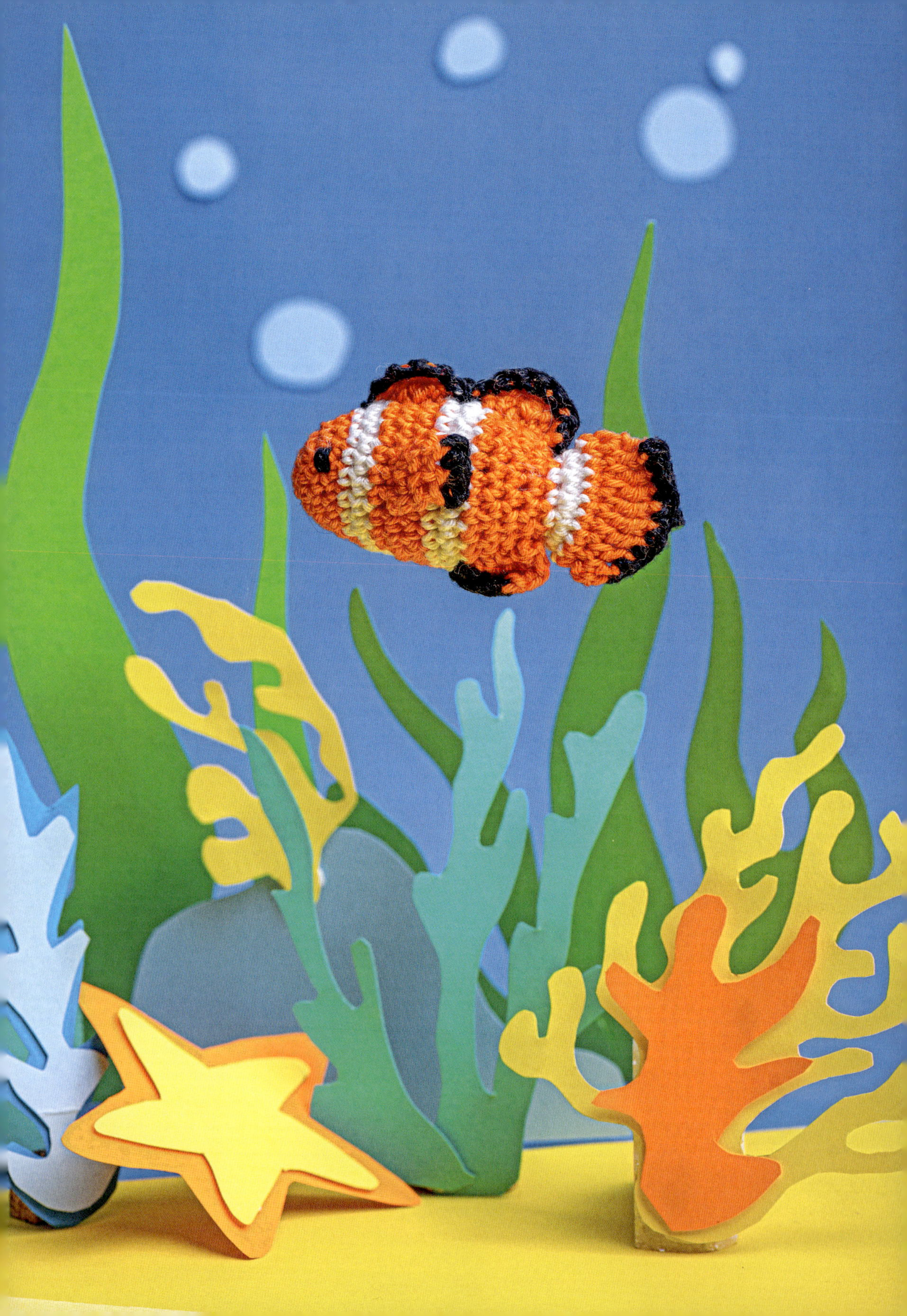

CLOWNFISCH

Schwierigkeit 2/5

Was wir benötigen

- Garn in Orange, Weiß und Schwarz (z.B. Schachenmayr Catania in Jaffa 00189, Weiß 00106 und Schwarz 00110)
- Größe: (bei o.g. Garn und Nadelstärke 2,5) ca. 8 cm

Viel Spaß beim Häkeln!

Anleitung

Körper

Mit dem orangen Garn 6 fM in einen Fadenring häkeln (alternativ: 2 Lfm anschl., 6 fM in die 2. Lfm von der Nd aus) = 6 M

1. Rd.: jede M verd. = 12 M
2. Rd.: jede 4. M verd. = 15 M
3. Rd.: jede 5. M verd. = 18 M
4. Rd.: 18 fM
5. Rd.: In Weiß jede 6. M verd. = 21 M
6. Rd.: 21 fM
7. Rd.: In Orange jede 7. M verd. = 24 M

Den Kopf mit Füllmaterial ausstopfen.

8. u. 9. Rd.: 24 fM (2 Runden)

10. u. 11. Rd.: In Weiß 24 fM (2 Runden)

12. Rd.: In Orange 24 fM

13. Rd.: jede 5. u. 6. M zus.häk. = 20 M

Den Körper ausstopfen.

14. Rd.: jede 4. u. 5. M zus.häk. = 16 M

15. Rd.: jede 3. u. 4. M zus.häk. = 12 M

Den Körper fertig ausstopfen.

16. Rd.: In Weiß jede 3. u. 4. M zus.häk. = 9 M

17. Rd.: jede M verd. = 18 M

18. Rd.: In Orange 18 fM

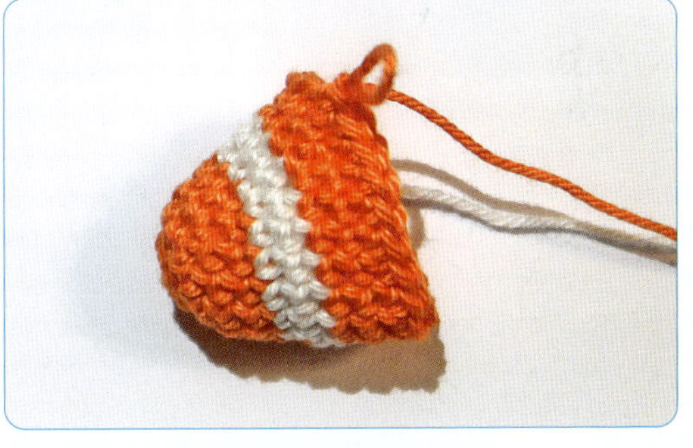

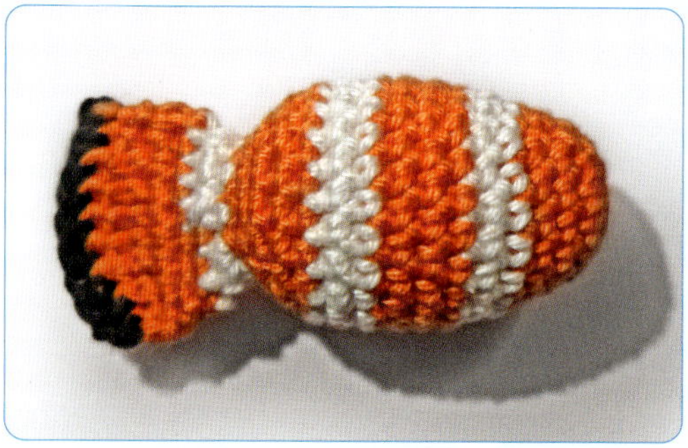

19. Rd.: 4 fM, Flosse flach aufeinanderlegen und durch jeweils 2 gegenüberliegende M häkeln:
1.R: 1 Lfm, 1 hStb, 1 Stb, 5 DStb, 1 Stb, 1 hStb, 1 WL = 9 M
2.R: In Schwarz 9 fM
Alle Fäden abschneiden, durchziehen und vernähen.

Vordere Rückenflosse

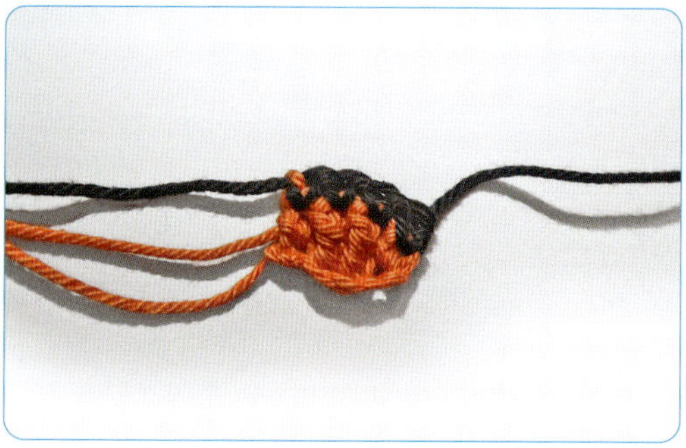

Mit dem orangenen Garn 5 Lfm anschl.
1.R: 1 fM in die 2. Lfm von der Nd aus, 2 DStb, 1 fM, 1 WL = 4 M
2.R: In Schwarz 4 fM
Alle Fäden abschneiden und durchziehen, noch nicht vernähen!

Hintere Rückenflosse

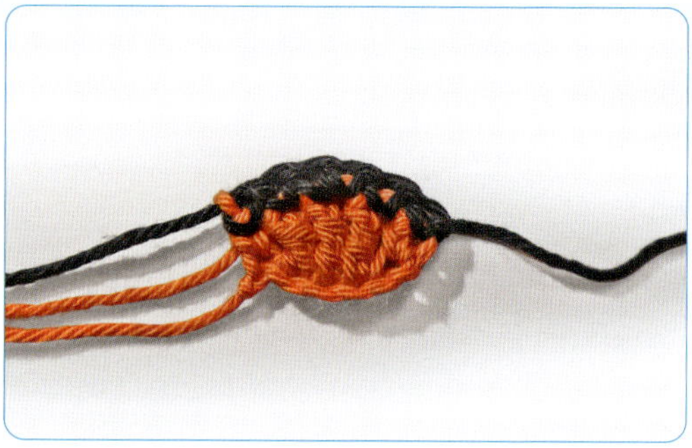

Mit dem orangenen Garn 6 Lfm anschl.
1.R: 1 fM in die 2. Lfm von der Nd aus, 3 DStb, 1 fM, 1 WL = 5 M
2.R: In Schwarz 2 fM, 1 M verd., 2 fM = 6 M
Alle Fäden abschneiden und durchziehen, noch nicht vernähen!

Seitenflossen (2x)

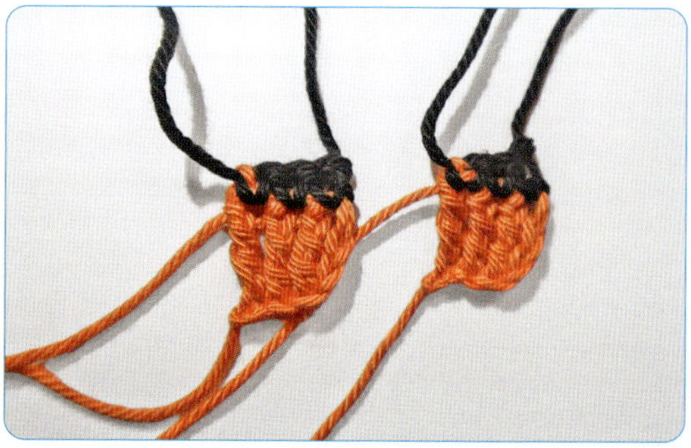

Mit dem orangenen Garn 5 Lfm anschl.
1.R: 1 DStb in die 3. Lfm von der Nd aus, 2 DStb, 1 WL = 3 M
2.R: In Schwarz 3 fM
Alle Fäden abschneiden und durchziehen, noch nicht vernähen!

Bauchflosse

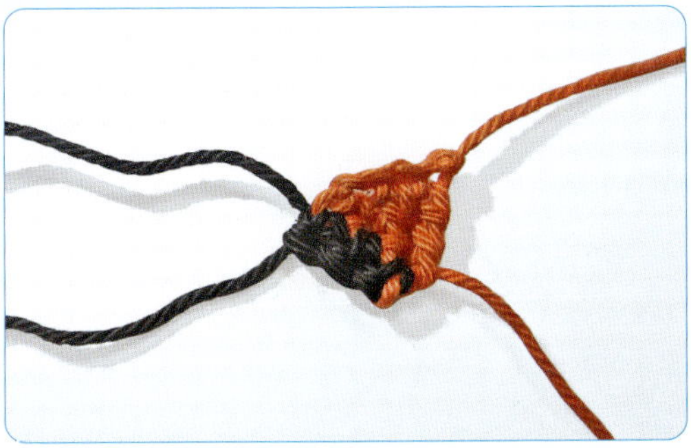

Mit dem orangenen Garn 4 Lfm anschl.
1.R: 1 fM in die 2. Lfm von der Nd aus, 1 Stb, 1 DStb, 1 WL = 3 M
2.R: In Schwarz 3 fM
Alle Fäden abschneiden und durchziehen, noch nicht vernähen!

Fertigstellen

1

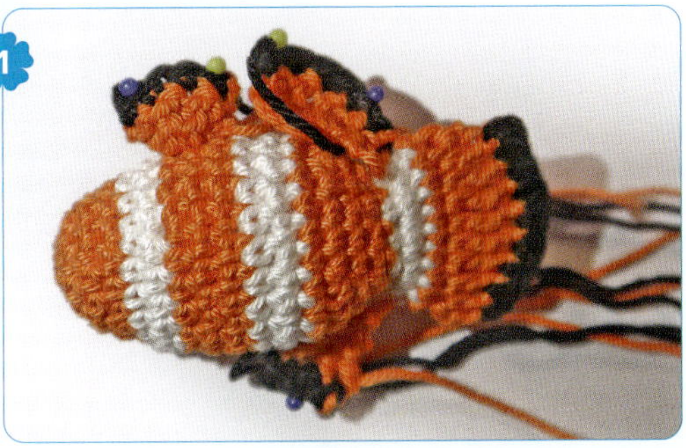

2

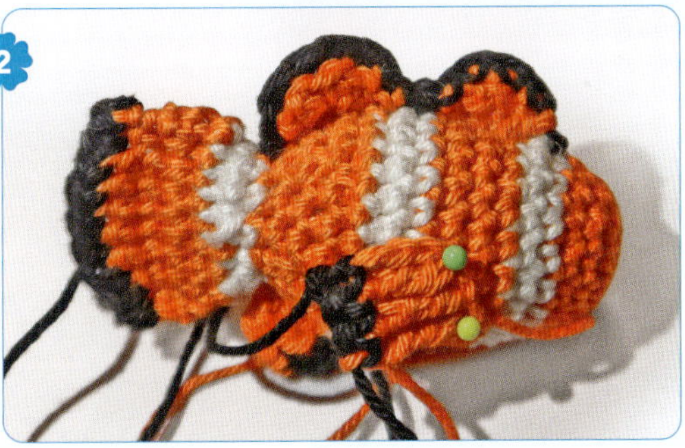

Die beiden Rückenflossen mittig auf dem Körper positionieren, die kleinere liegt vorne. Beim Annähen den oberen schwarzen Rand ebenfalls am Körper festnähen. Dabei wird die Flosse gespannt und bekommt die gewünschte Krümmung. Die Bauchflosse unten in der Mitte des Körpers platzieren, der schwarze Streifen befindet sich vorne, die Flosse zeigt schräg nach hinten (Bild 1). Die beiden Seitenflossen leicht schräg seitlich am Körper befestigen (Bild 2) und zuletzt in Schwarz die Augen am vorderen Teil des Kopfes aufsticken (siehe Foto S. 120). Fertig!

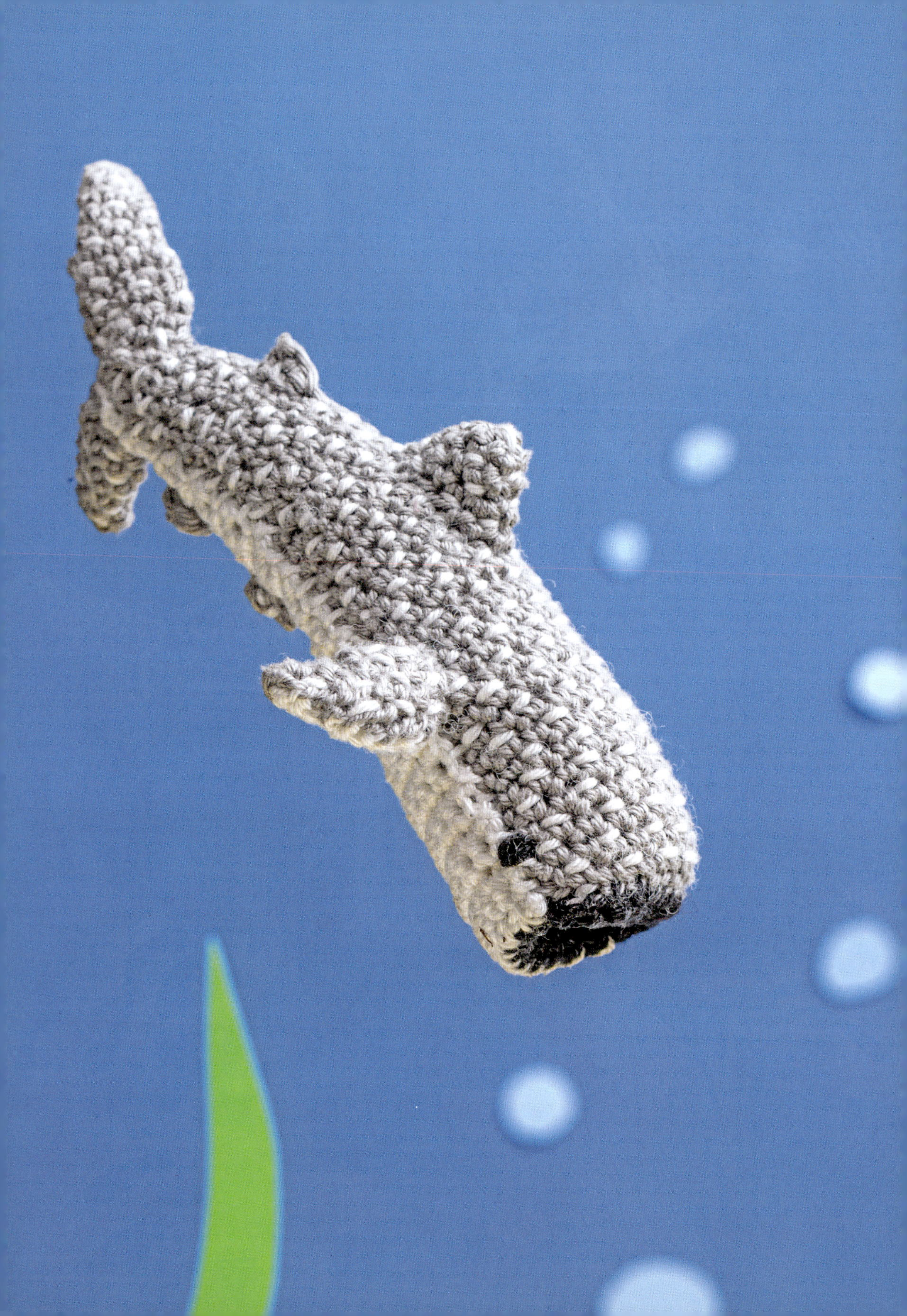

WALHAI

Schwierigkeit 4/5

Was wir benötigen

- Garn in Grau, Weiß und Schwarz (z.B. Schachenmayr Catania in Rauchgrau 00435, Weiß 00106 und Schwarz 00110)
- Größe: (bei o.g. Garn und Nadelstärke 2,5) ca. 15 cm

Viel Spaß beim Häkeln!

Anleitung

Körper

Mit dem grauen Garn 24 Lfm anschl.

1. Rd.: 1 fM in die 1. Lfm der Lfm-Kette, sodass ein Ring entsteht; dabei darauf achten, dass die Lfm-Kette nicht eingedreht ist. 23 fM in die restlichen Lfm = 24 M

Nun den Körper häkeln; das Maul bleibt offen.

2.–12. Rd.: 24 fM (11 Runden)
13. Rd.: jede 11. u. 12. M zus.häk. = 22 M
14. u. 15. Rd.: 22 fM (2 Runden)
16. Rd.: jede 10. u. 11. M zus.häk. = 20 M
17.–19. Rd.: 20 fM (3 Runden)
20. Rd.: jede 9. u. 10. Rd. zus.häk. = 18 M
21. u. 22. Rd.: 18 fM (2 Runden)
23. Rd.: jede 8. u. 9. M zus.häk. = 16 M
24. Rd.: 16 fM
25. Rd.: jede 7. u. 8. M zus.häk. = 14 M
26. Rd.: 14 fM
27. Rd.: jede 6. u. 7. M zus.häk. = 12 M
28. u. 29. Rd.: 12 fM (2 Runden)
30. Rd.: jede 5. u. 6. M zus.häk. = 10 M
31. Rd.: 10 fM
32. Rd.: jede 4. u. 5. M zus.häk. = 8 M
33. Rd.: 8 fM
34. Rd.: jede 3. u. 4. M zus.häk. = 6 M

Den Faden abschneiden, durchziehen und vernähen. Den Körper durch das Maul bis ca. 2- 3 cm vor der Öffnung mit Füllmaterial ausstopfen.

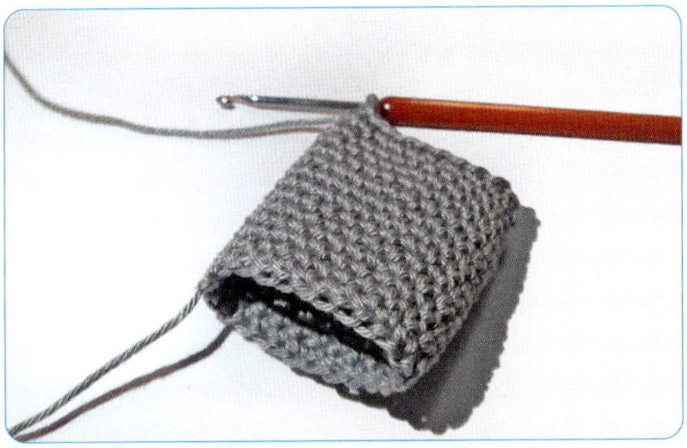

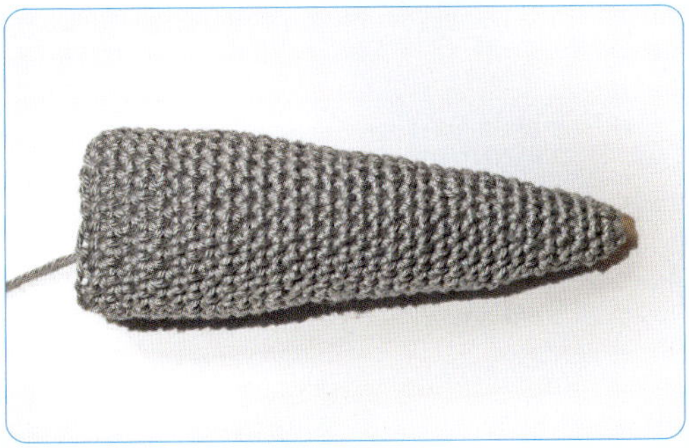

Bauch

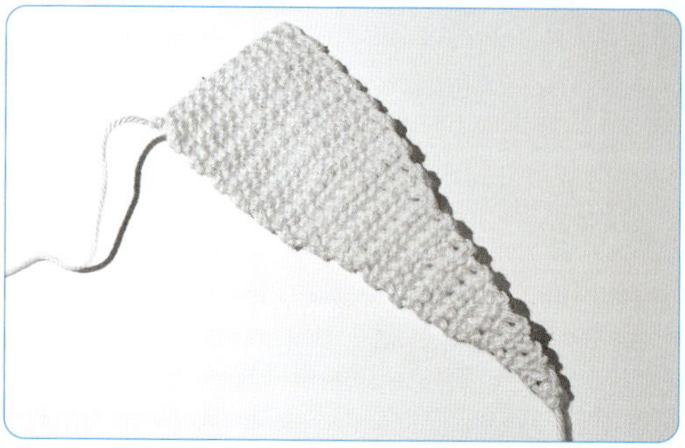

Mit dem weißen Garn 13 Lfm anschl.
1.R: 1 fM in die 2. Lfm von der Nd aus, 11 fM, 1 WL = 12 M
2.–10.R: 12 fM, 1 WL (9 Reihen)
11. R: 5 fM, 2 M zus.häk., 5 fM, 1 WL = 11 M
12. R: 11 fM, 1 WL
13. R: 2 M zus.häk., 7 fM, 2 M zus.häk., 1 WL = 9 M
14. u. 15. R: 9 fM, 1 WL (2 Reihen)
16. R: 2 M zus.häk., 5 fM, 2 M zus.häk., 1 WL = 7 M
17.–19. R: 7 fM, 1 WL (3 Reihen)
20. R: 3 fM, 2 M zus.häk., 2 fM, 1 WL = 6 M
21. R: 6 fM, 1 WL
22. R: 2 fM, 2 M zus.häk., 2 fM, 1 WL = 5 M
23. u. 24. R: 5 fM, 1 WL (2 Reihen)
25. R: 2 M zus.häk., 1 fM, 2 M zus.häk., 1 WL = 3 M
26. u. 27.R: 3 fM, 1 WL (2 Reihen)
28. R: 1 fM, 2 M zus.häk., 1 WL = 2 M
29. R: 2 fM, 1 WL
30. R: 2 M zus.häk., 1 WL = 1 M
31. R: 1 fM
Den Faden lang abschneiden und durchziehen, noch nicht vernähen!

Maul

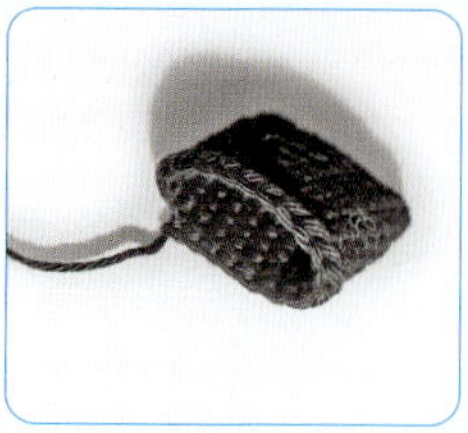

Mit dem schwarzen Garn 11 Lfm anschl.
1. Rd.: 1 fM in die 2. Lfm von der Nd aus, 9 fM, an der unteren Seite der Lfm-Kette: 10 fM = 20 M
2.–9. Rd.: 20 fM (8 Runden)
Den Faden abschneiden und durchziehen, noch nicht vernähen!

Flossen

Große Rückenflosse

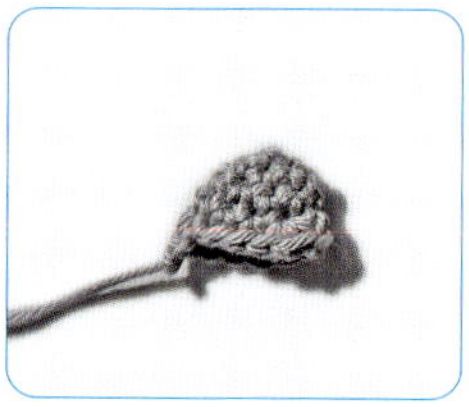

Mit dem grauen Garn 6 fM in einen Fadenring häkeln (alternativ: 2 Lfm anschl. und 6 fM in die 2. Lfm von der Nd aus) = 6 M
1. Rd.: jede 2. M verd. = 9 M
2. Rd.: 9 fM
3. Rd.: jede 3. M verd. = 12 M
Den Faden abschneiden und durchziehen, noch nicht vernähen!

Obere Schwanzflosse

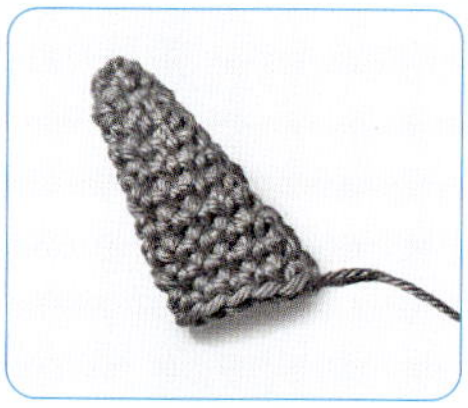

Mit dem grauen Garn 4 fM in einen Fadenring häkeln (alternativ: 2 Lfm anschl. und 4 fM in die 2. Lfm von der Nd aus) = 4 M
1. Rd.: 4 fM
2. Rd.: 3 fM, 1 M verd. = 5 M
3. Rd.: 4 fM, 1 M verd. = 6 M
4. Rd.: 5 fM, 1 M verd. = 7 M
5. Rd.: 6 fM, 1 M verd. = 8 M
6. Rd.: 8 fM
7. Rd.: 7 fM, 1 M verd. = 9 M
8. Rd.: 8 fM, 1 M verd. = 10 M

9.–11. Rd.: 10 fM (3 Runden)
Den Faden abschneiden und durchziehen, noch nicht vernähen!

Untere Schwanzflosse

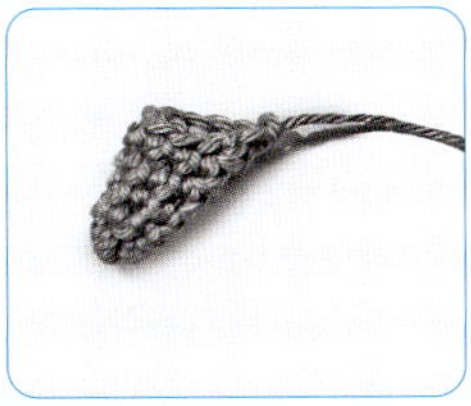

Genauso wie obere Schwanzflosse bis einschließlich Rd. 6 = 8 M
Den Faden abschneiden und durchziehen, noch nicht vernähen!

Seitenflossen (4x)

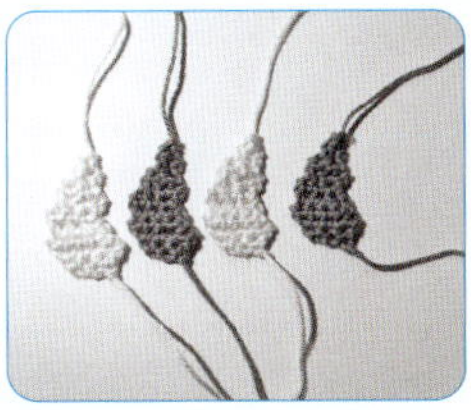

2 x in Weiß und 2 x in Grau häkeln
In der entspr. Farbe 4 Lfm anschl.
1.R: 1 fM in die 2. Lfm von der Nd aus, 2 fM, 1 WL = 3 M
2.R: 1 M verd., 1 fM, 1 M verd., 1 WL = 5 M
3.R: 3 fM, 2 M zus.häk., 1 WL = 4 M
4.R: 2 M zus.häk., 2 fM, 1 WL = 3 M
5.R: 3 fM, 1 WL
6.R: 1 M verd., 2 M zus.häk., 1 WL = 3 M
7.R: 2 M zus.häk., 1 fM, 1 WL = 2 M
8.R: 2 M zus.häk., 1 WL = 1 M
9.R: 1 fM
Den Faden abschneiden und durchziehen, noch nicht vernähen!

Kleine Rückenflosse / Bauchflossen (insgesamt 3x)

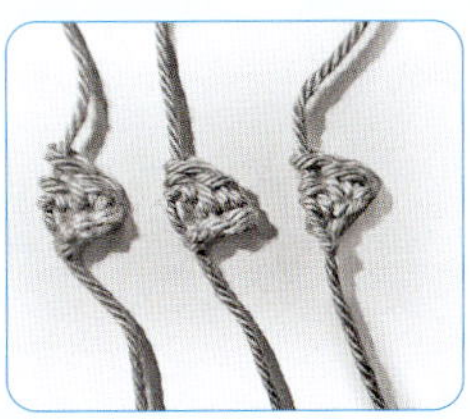

Mit dem grauen Garn 3 Lfm anschl.
1.R: 1 fM in die 2. Lfm von der Nd aus, 1 hStb
Den Faden abschneiden und durchziehen, noch nicht vernähen!

Fertigstellen

1

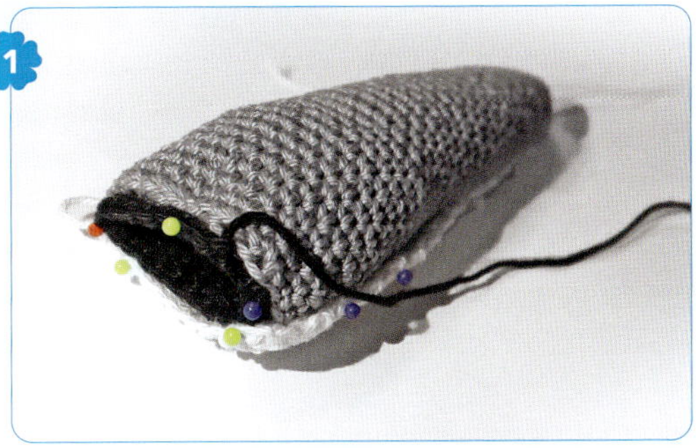

2

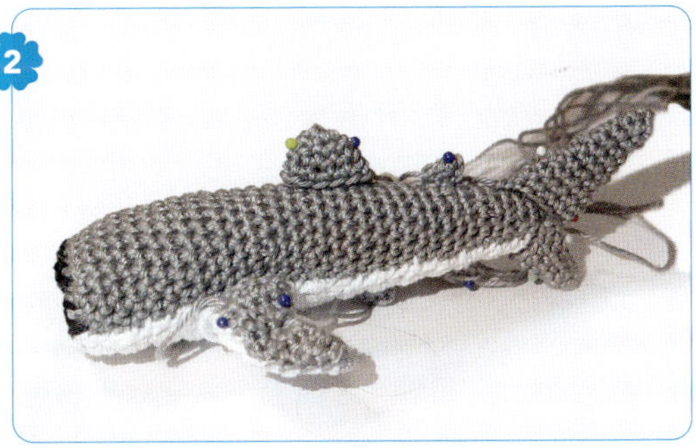

Das Maul in den Körper stecken, dabei darauf achten, dass die hintere Kante des Mauls, die Anfangs-Lfm-Kette, waagerecht im Körper liegt. Den Bauch am Körper platzieren und aufnähen, dabei an der Mundöffnung den Bauch direkt an das Maul anstatt an den Körper nähen. Den Rest des Mauls an der Mundöffnung festnähen, dabei oberhalb des Mauls noch leicht nachstopfen (Bild 1). Jeweils eine weiße und eine graue Seitenflosse aufeinander nähen, dabei darauf achten, dass eine rechte und eine linke Flosse entstehen. Alle Flossen in die richtige Position bringen und annähen (bei den Seitenflossen die obere Seite mit dem grauen und die untere Seite mit dem weißen Faden annähen (Bild 2)! Zuletzt mit weißem Garn über den gesamten grauen Teil des Walhais (Flossen eingeschlossen) kleine Punkte nähen und in Schwarz die Augen aufsticken (siehe Foto S. 124). Fertig!

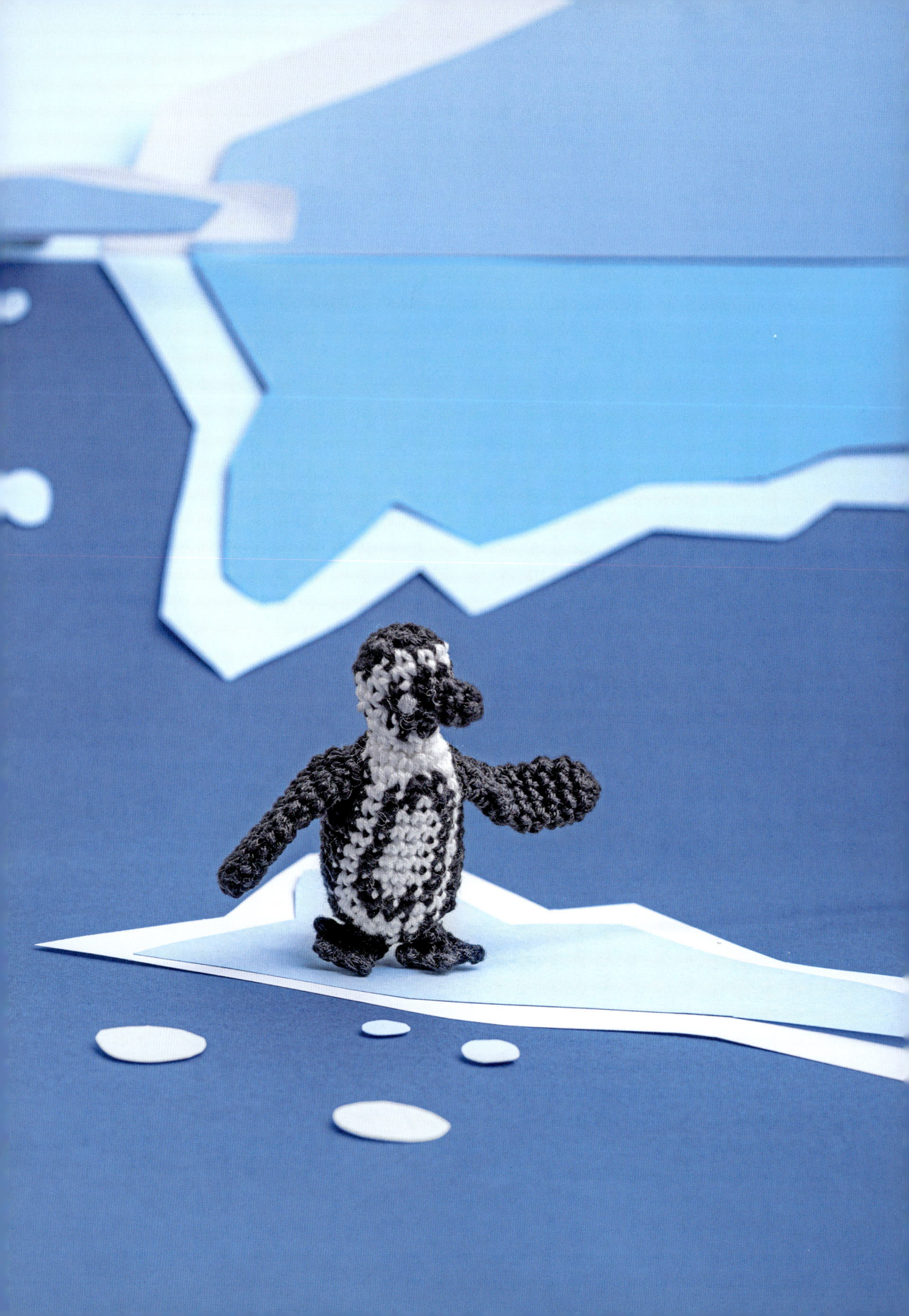

PINGUIN

Schwierigkeit 3/5

Was wir benötigen

- Garn in Schwarz, Weiß und Grau (z.B. Schachenmayr Catania in Schwarz 00110, Weiß 00106 und Stein 00242)
- Größe: (bei o.g. Garn und Nadelstärke 2,5) ca. 8 cm

Viel Spaß beim Häkeln!

Anleitung

Körper

Mit dem schwarzen Garn 6 fM in einen Fadenring häkeln (alternativ: 2 Lfm anschl., 6 fM in die 2. Lfm von der Nd aus) = 6 M

1. Rd.: jede M verd. = 12 M

2. Rd.: In Weiß 6 fM, in Schwarz 5 fM, in Weiß 1 fM

3. Rd.: 1 fM, in Schwarz 4 fM, in Weiß 2 fM, in Schwarz 3 fM, in Weiß 2 fM

4. Rd.: In Schwarz 6 fM, in Weiß 2 fM, in Schwarz 2 fM, in Weiß 2 fM

5. Rd.: In Schwarz 6 fM, in Weiß 2 fM, in Schwarz 3 fM, in Weiß 1 fM

6. Rd.: 1 fM, in Schwarz 4 fM, in Weiß 3 fM, in Schwarz 3 fM, in Weiß 1 fM

7. Rd.: 1 fM, (2 M zus.häk.) x 2, 1 fM, 2 M zus.häk., in Schwarz 2 fM, in Weiß 2 M zus. häk. = 8 M

8. Rd.: (1 fM, 1 M verd.) x 2, 1 fM, in Schwarz 2 M verd., in Weiß 1 fM = 12 M

Den Kopf mit Füllmaterial ausstopfen.

9. Rd.: (2 fM, 1 M verd.) x 2, in Schwarz (2 fM, 1 M verd.) x 2 = 16 M

10. Rd.: 1 fM, in Weiß 2 fM, in Schwarz 1 M verd., 1 fM, in Weiß 2 fM, in Schwarz 1 M verd., (3 fM, 1 M verd.) x 2 = 20 M

11. Rd.: 1 fM, (in Weiß 1 fM, in Schwarz 2 fM) x 3, 10 fM

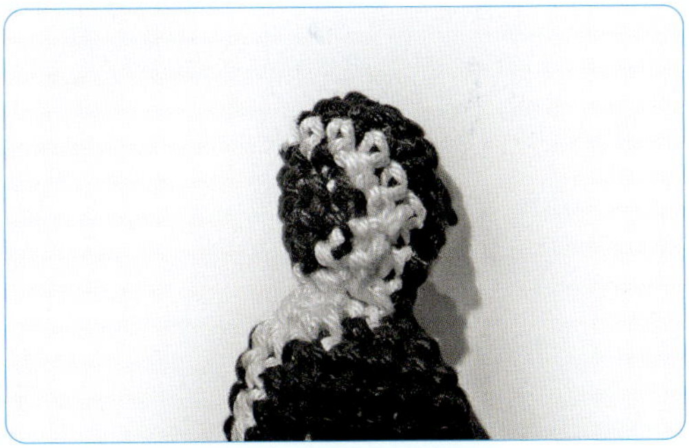

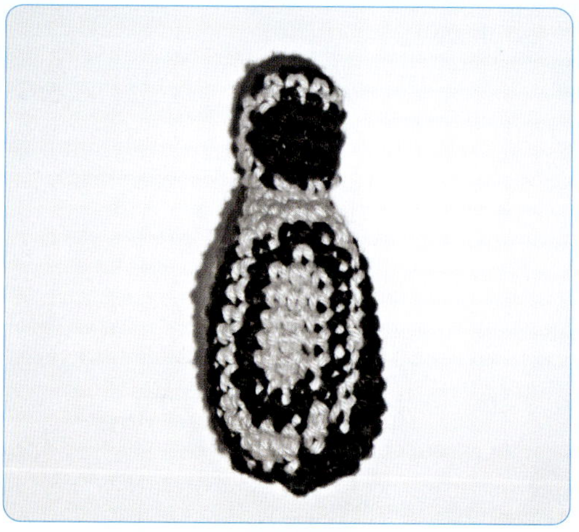

12.–16. Rd.: 1 fM, (in Weiß 1 fM, in Schwarz 1 fM) x 3, 11 fM (5 Runden)
17. Rd.: 1 fM, (in Weiß 1 fM, in Schwarz 2 fM) x 3, 10 fM
18. Rd.: 1 fM, (in Weiß 2 fM, in Schwarz 3 fM) x 2, 9 fM
19. Rd.: 2 fM, in Weiß 5 fM, in Schwarz 13 fM
Den Körper mit Füllmaterial ausstopfen.
20. Rd.: 3 fM, in Weiß 2 M zus.häk., 1 fM, in Schwarz 2 fM, 2 M zus.häk., (3 fM, 2 M zus.häk.) x 2 = 16 M
21. Rd.: jede 3. u. 4. M zus.häk. = 12 M
Den Körper fertig ausstopfen.
22. Rd.: je 2 M zus.häk. = 6 M
Den Faden abschneiden, durchziehen und vernähen.

Flügel (2x)

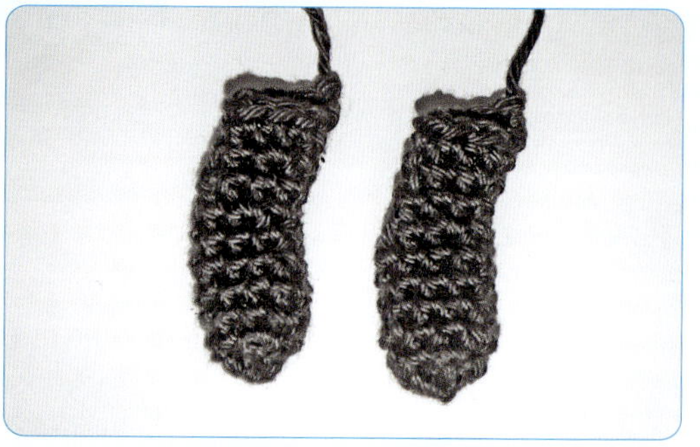

Mit dem schwarzen Garn 4 fM in einen Fadenring häkeln (alternativ: 2 Lfm anschl., 4 fM in die 2. Lfm von der Nd aus) = 4 M
1. Rd.: jede M verd. = 8 M
2.–6. Rd.: 8 fM (5 Runden)
7. Rd.: 1 M verd., 1 fM, (2 M zus.häk.) x 2, 1 fM, 1 M verd. = 8 M
8. Rd.: 8 fM
9. Rd.: 1 M verd., 1 fM, (2 M zus.häk.) x 2, 1 fM, 1 M verd. = 8 M
10. Rd.: 8 fM
Den Faden abschneiden und durchziehen, noch nicht vernähen!

Schwanz

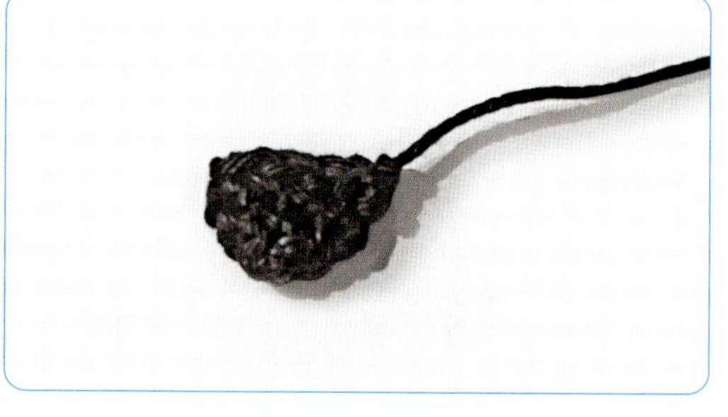

Mit dem schwarzen Garn 6 fM in einen Fadenring häkeln (alternativ: 2 Lfm anschl., 6 fM in die 2. Lfm von der Nd aus) = 6 M
1. Rd.: jede 2. M verd. = 9 M
2. Rd.: 9 fM
Den Faden abschneiden und durchziehen, noch nicht vernähen!

Füße (2x)

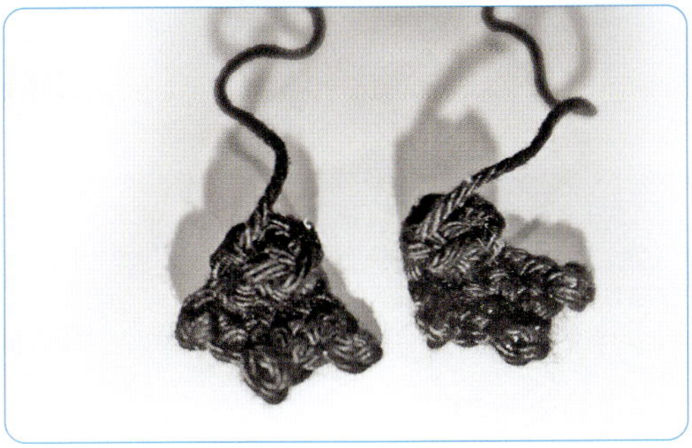

Mit dem schwarzen Garn 6 fM in einen Fadenring häkeln (alternativ: 2 Lfm anschl., 6 fM in die 2. Lfm von der Nd aus) = 6 M
1.R: 1 Lfm, wenden und in die letzten 3 der 6 M im Fadenring häkeln: ihMg (3 fM)
2.R: (2 Lfm, 1 Km in die 2. Lfm von der Nd aus, 1 fM am Fuß) x 3
1. Rd.: Weiter in die ersten 3 M im Fadenring häkeln:
3 fM, ivMg der letzten 3 M im Fadenring: 3 fM = 6 M, 1 Km in die 1. M der Rd.
Den Faden abschneiden und durchziehen, noch nicht vernähen!

Schnabel

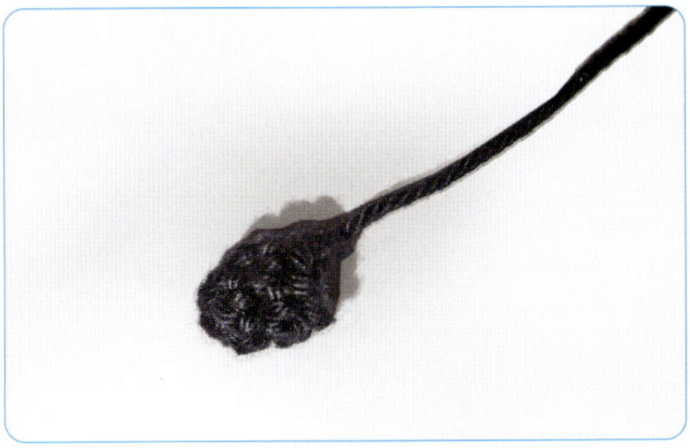

Mit dem schwarzen Garn 6 fM in einen Fadenring häkeln (alternativ: 2 Lfm anschl., 6 fM in die 2. Lfm von der Nd aus) = 6 M
1. u. 2. Rd.: 6 fM (2 Runden)
Den Faden abschneiden und durchziehen, noch nicht vernähen!

Fertigstellen

1

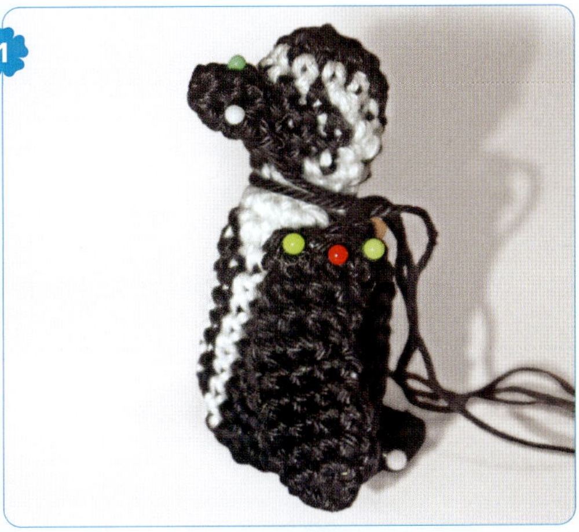

2

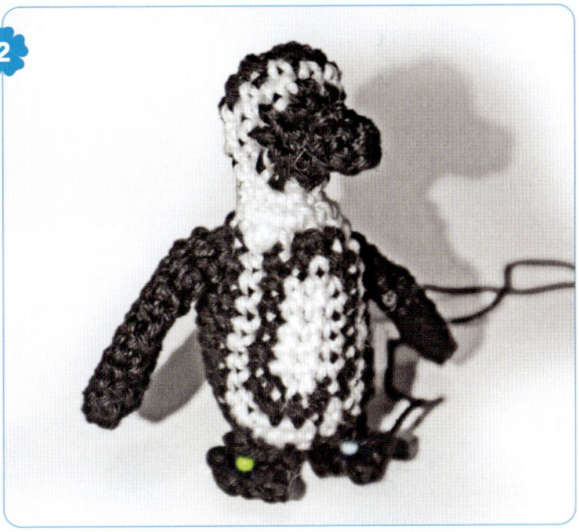

Den Schnabel mittig im Gesicht positionieren. Die Flügel seitlich am Körper platzieren, dabei zeigt die Flügelspitze durch die leichte Krümmung nach hinten. Den Schwanz unten am Körper befestigen und alle Teile annähen (Bild 1). Die Flügel vorne leicht unterhalb des Körpers platzieren und nur die letzte Runde annähen, sodass der Fuß mit den Schwimmhäuten vorne übersteht. Beim Stehen sollte der Pinguin auf den Füßen und dem Schwanz stabil stehen können (Bild 2). Zuletzt mit grauem Garn oder einer beliebigen anderen Farbe die Augen auf das schwarze Gesicht sticken (siehe Foto S. 128). Fertig!

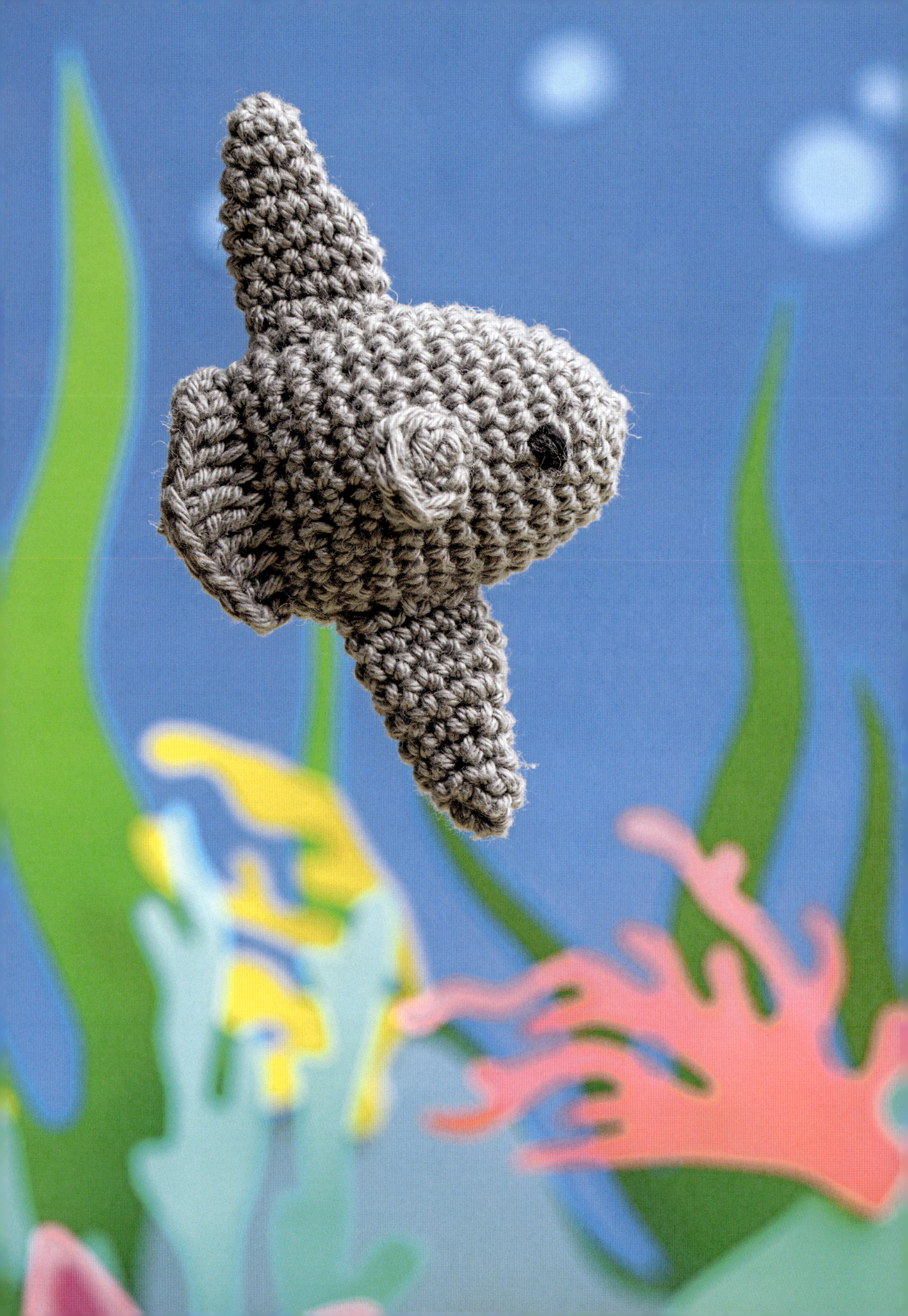

MONDFISCH

Schwierigkeit 1/5

Was wir benötigen

- Garn in Grau und Schwarz (z.B. Schachenmayr Catania in Rauchgrau 00435 und Schwarz 00110)
- Größe: (bei o.g. Garn und Nadelstärke 2,5) ca. 10 cm hoch

Viel Spaß beim Häkeln!

Anleitung

Körper

Mit dem grauen Garn 4 fM in einen Fadenring häkeln (alternativ: 2 Lfm anschl., 4 fM in die 2. Lfm von der Nd aus) = 4 M
1. Rd.: jede M verd. = 8 M
2. Rd.: jede 2. M verd. = 12 M
3. Rd.: jede 2. M verd. = 18 M
4. Rd.: 18 fM
5. Rd.: jede 3. M verd. = 24 M
6.–13. Rd.: 24 fM (8 Runden)
14. Rd.: jede 3. u. 4. M zus.häk. = 18 M
15. Rd.: 18 fM
Den Körper mit Füllmaterial ausstopfen.
2 Lfm, wenden, den Körper flach aufeinanderlegen und eine Schlussreihe durch beide Seiten häkeln, um den Körper zu schließen:
1. R: 1 hStb, 2 Stb, 1 DStb, 2 DStb in 1 M, 1 DStb, 2 Stb, 1 hStb
Den Faden abschneiden, durchziehen und vernähen.

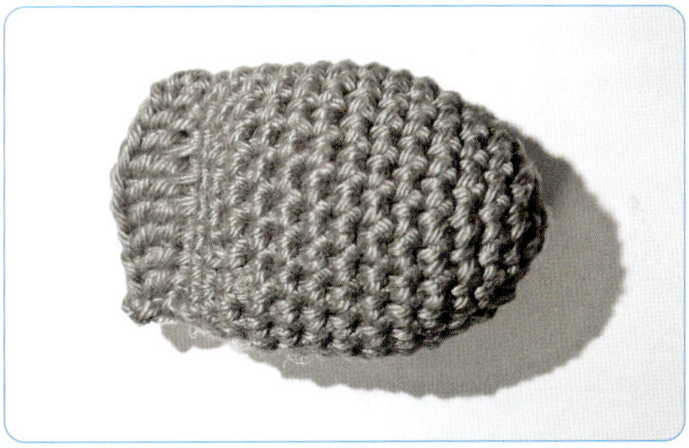

Obere und untere Flosse (2x)

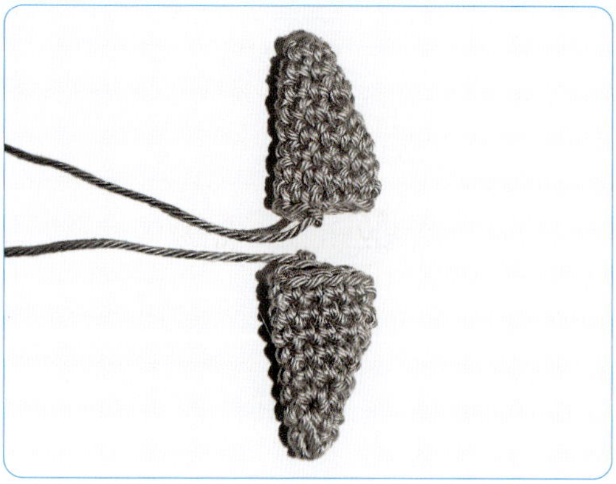

Mit dem grauen Garn 4 fM in einen Fadenring häkeln (alternativ: 2 Lfm anschl., 4 fM in die 2. Lfm von der Nd aus) = 4 M
1. Rd.: 1 M verd., 3 fM = 5 M
2. Rd.: 1 M verd., 4 fM = 6 M
3. Rd.: 1 M verd., 5 fM = 7 M
4. Rd.: 1 M verd., 6 fM = 8 M
5. Rd.: 1 M verd., 7 fM = 9 M
6. Rd.: 1 M verd., 8 fM = 10 M
7. u. 8. Rd.: 10 fM (2 Runden)
Den Faden abschneiden und durchziehen, noch nicht vernähen!

Seitenflossen (2x)

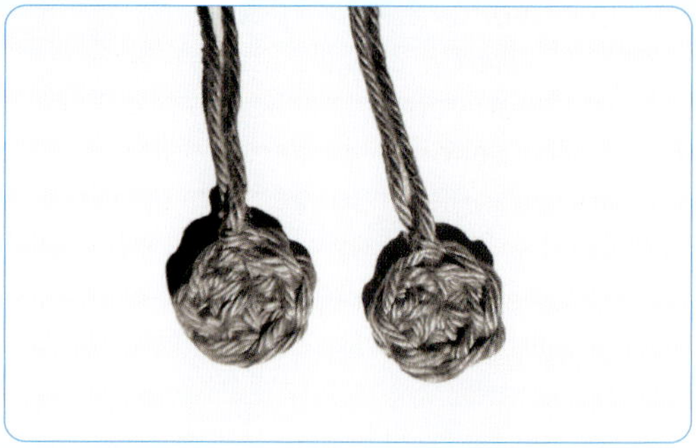

Mit dem grauen Garn 6 Stb in einen Fadenring häkeln (alternativ: 2 Lfm anschl., 6 Stb in die 2. M von der Nd aus) = 6 M, 1 Km in die 1. M im Fadenring
Den Faden abschneiden und durchziehen, noch nicht vernähen!

Fertigstellen

Obere und untere Flosse jeweils hinten am Körper platzieren, dabei zeigt die leichte Schräge nach vorne. Die Flossen annähen (Bild 1). Die Seitenflossen etwa mittig am Körper positionieren und ebenfalls annähen (Bild 2). Zuletzt in Schwarz Augen aufsticken (siehe Foto S. 132). Fertig!

1

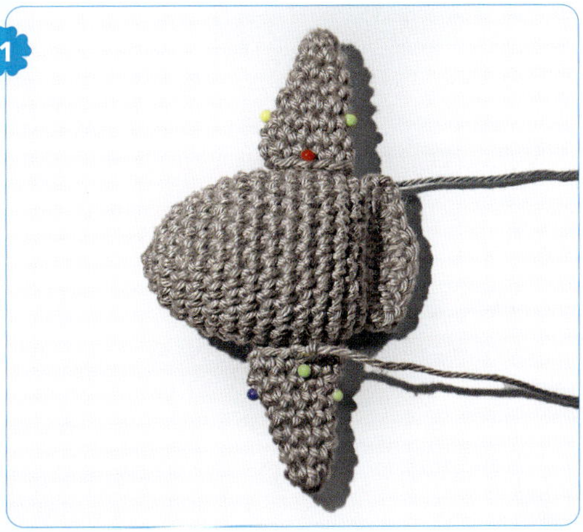

2

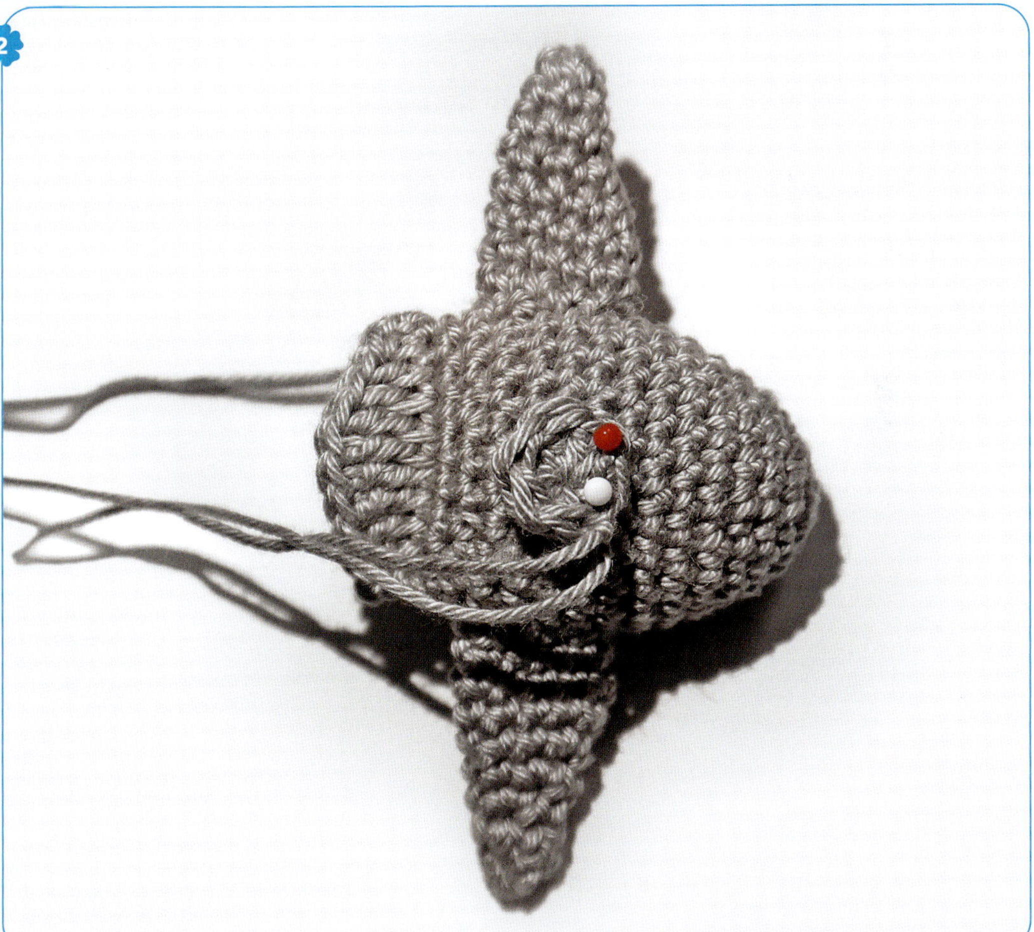

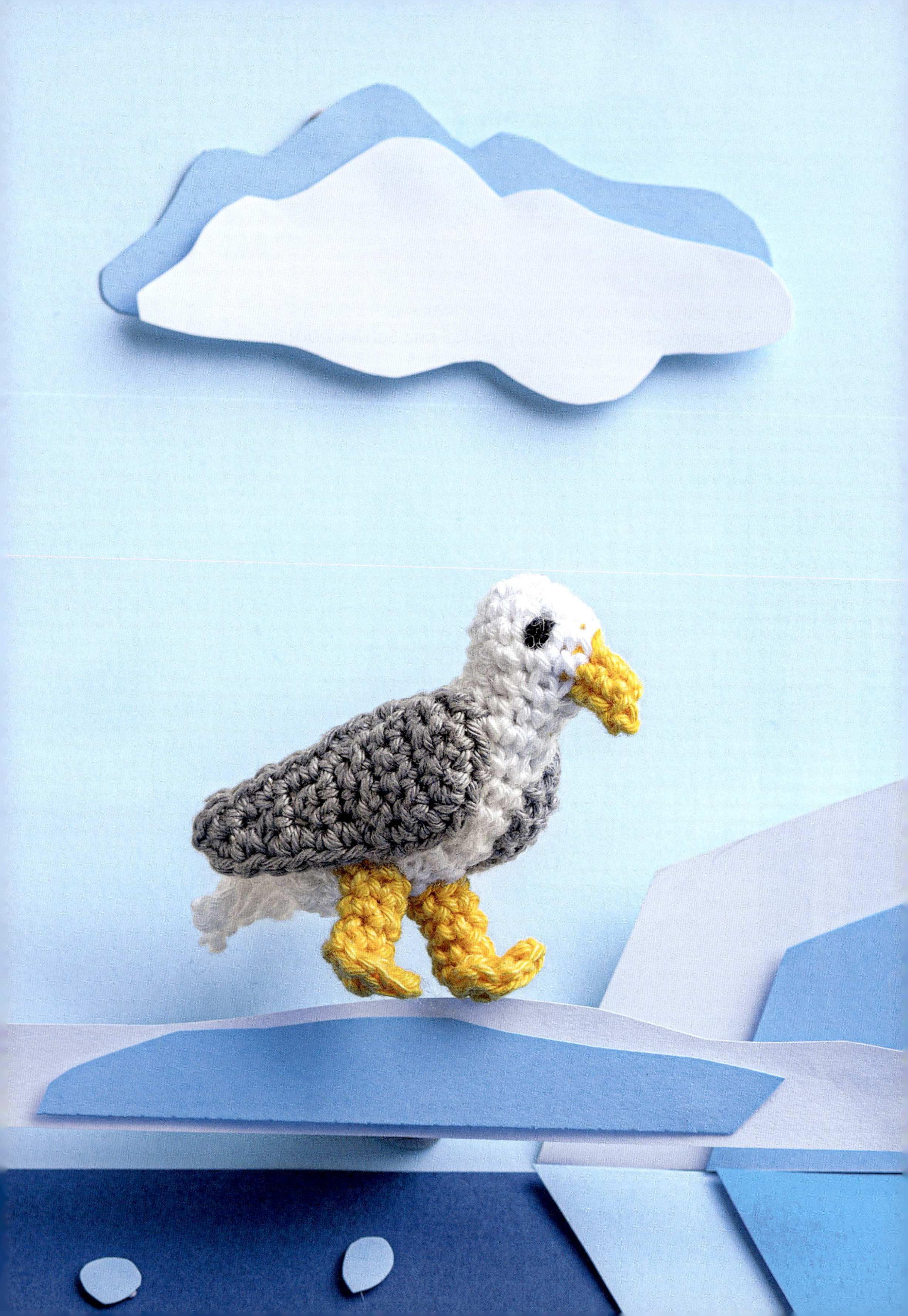

MÖWE

Schwierigkeit 3/5

Was wir benötigen

- Garn in Weiß, Gelb, Grau und Schwarz (z.B. Schachenmayr Catania in Weiß 00106, Sonne 00208, Rauchgrau 00435 und Schwarz 00110)
- Größe: (bei o.g. Garn und Nadelstärke 2,5) ca. 8 cm

Viel Spaß beim Häkeln!

Anleitung

Körper

Mit dem weißen Garn 6 fM in einen Fadenring häkeln (alternativ: 2 Lfm anschl., 6 fM in die 2. M von der Nd aus) = 6 M
1. Rd.: jede 2. M verd. = 9 M
2. Rd.: 4 fM, 1 Stb, in Gelb 4 Lfm, 1 fM in die 2. Lfm von der Nd aus, 2 fM, in Weiß 1 Stb in dieselbe M am Kopf, 4 fM
3. Rd.: 5 fM, in Gelb 6 fM entlang der Lfm-Kette, in Weiß 5 fM = 16 M
4. Rd.: 5 fM, in Gelb 3 fM, 1 Lfm, den Schnabel flach aufeinanderlegen und durch jeweils 2 gegenüberliegende M häkeln: 3 Km, in Weiß 5 fM am Kopf = 10 M
5. Rd.: 1 M verd., 2 fM, (2 M zus.häk.) x 2, 2 fM, 1 M verd. = 10 M
Den Kopf mit Füllmaterial ausstopfen.
6. Rd.: 1 M verd., 8 fM, 1 M verd., 6 Lfm, 1 fM in die 2. Lfm von der Nd aus, 4 fM
7. Rd.: 12 fM am Körper, entlang der Lfm-Kette: 4 fM, 2 M verd., 4 fM = 24 M
8. Rd.: 4 fM, (2 M zus.häk.) x 2, 9 fM, 2 M verd., 5 fM = 24 M
9. Rd.: 24 fM
10. Rd.: 16 fM, 4 M verd., 4 fM = 28 M
11. Rd.: 3 fM, 2 M zus.häk., 3 M zus.häk., 2 M zus.häk., 9 fM, 2 M verd., 7 fM = 26 M
12. Rd.: 2 M zus.häk., 5 fM, (2 M zus.häk.) x 3, 9 fM, (2 M zus.häk.) x 2 = 20 M
Den Körper mit Füllmaterial ausstopfen.
13. Rd.: je 2 M zus.häk. = 10 M
14. Rd.: je 2 M zus.häk. = 5 M
Den Körper fertig ausstopfen. Den Faden abschneiden, durchziehen und vernähen.

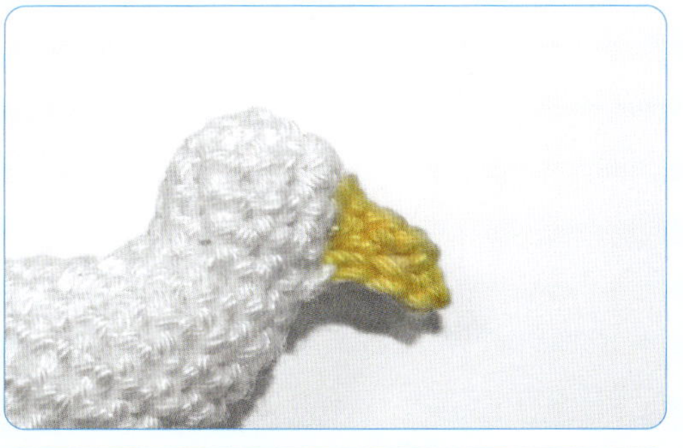

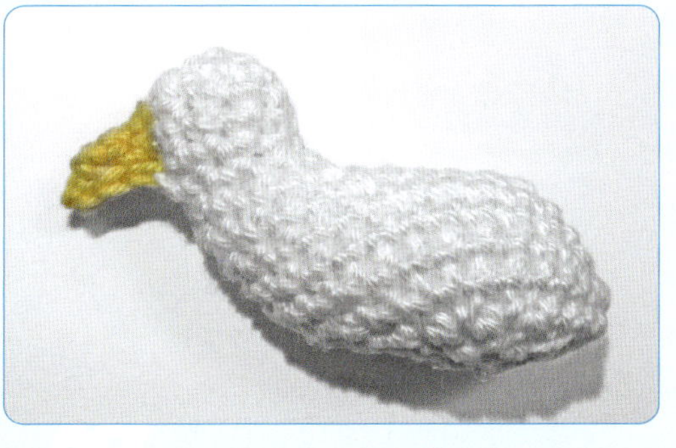

Flügel (2x)

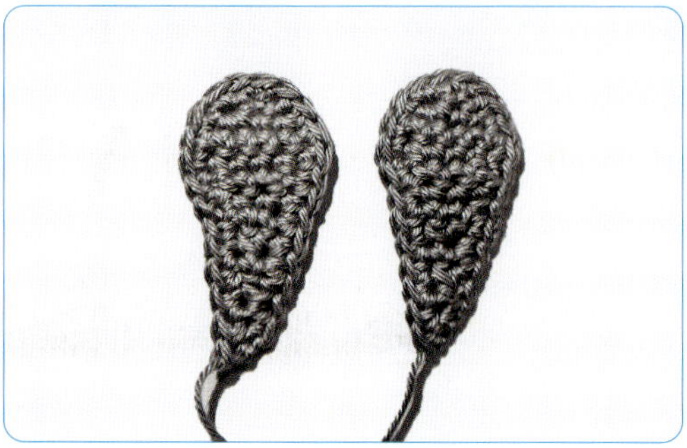

Mit dem grauen Garn 4 Lfm anschl.
1. R: 1 fM in die 2. Lfm von der Nd aus, 2 fM, 1 WL = 3 M
2. R: 1 M verd., 1 fM, 1 M verd., 1 WL = 5 M
3. u. 4. R: 5 fM, 1 WL (2 Reihen)
5. R: 2 M zus.häk., 1 fM, 2 M zus.häk., 1 WL = 3 M
6. u. 7. R: 3 fM, 1 WL (Reihen)
8. R: 2 M zus.häk., 1 fM, 1 WL = 2 M
9. R: 2 fM, 1 WL
10. R: 2 M zus.häk., 1 WL = 1 M
11. R: 1 fM, 1 WL
12. R: 1 fM
Den ganzen Flügel 1x umhäkeln (= ca. 26 M)
Den Faden abschneiden und durchziehen, noch nicht vernähen!

Füße (2x)

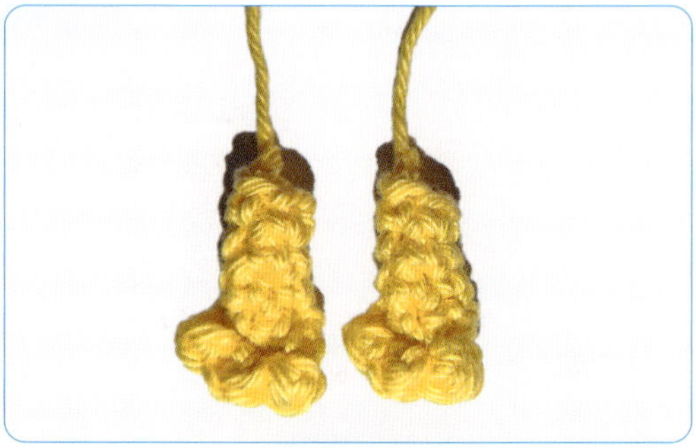

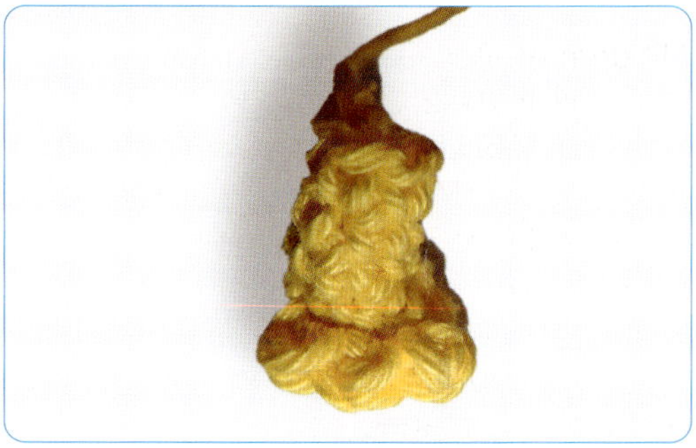

Mit dem gelben Garn 5 fM in einen Fadenring häkeln (alternativ: 2 Lfm anschl., 5 fM in die 2. M von der Nd aus) = 5 M
1. Rd.: ivMg (1 Km, 1 hStb, 1 Km, 1 hStb) in 1 M, ivMg (1 Km, 1 hStb, 1 Km) in 1 M, 3 fM
2. Rd.: 2 fM ihMg den ersten 2 M im Fadenring, 3 fM = 5 M
3.–5. Rd.: 5 fM (3 Runden)
Den Faden abschneiden und durchziehen, noch nicht vernähen! Das Bein leicht ausstopfen.

Schwanz

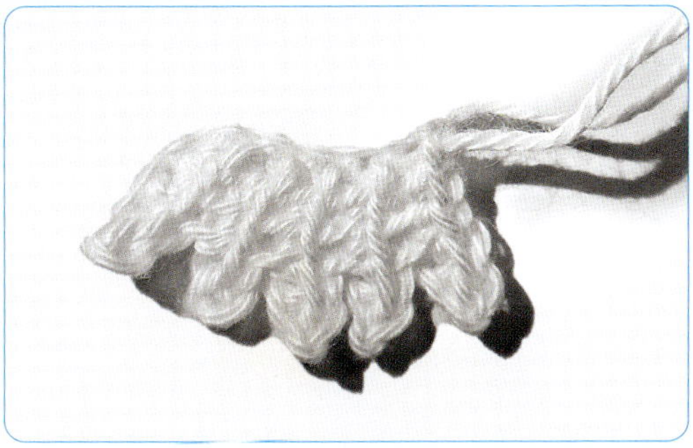

Mit dem weißen Garn 10 Lfm anschl.
1.R: 1 Km in die 2. Lfm von der Nd aus, 3 fM, 1 Km, (5 Lfm, 1 Km in die 2. Lfm von der Nd aus, 1 fM, jeweils durch das hMg der 2 fM der vorherigen Feder und der nächsten Lfm an der jetzigen Feder: 2 fM, 1 Km an der ursprünglichen Lfm-Kette) x 4
Den Faden abschneiden und durchziehen, noch nicht vernähen!

Fertigstellen

1

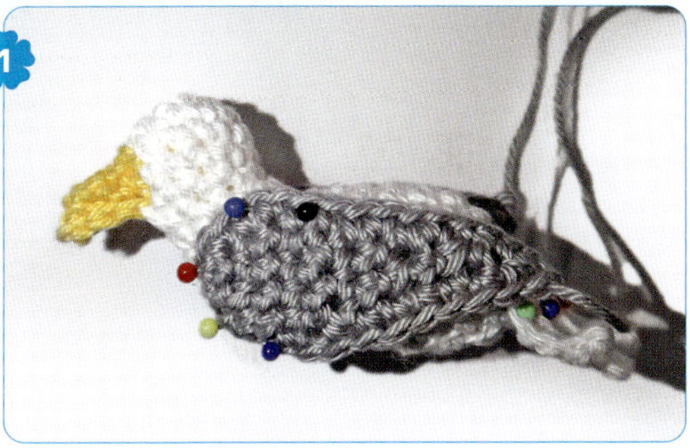

2

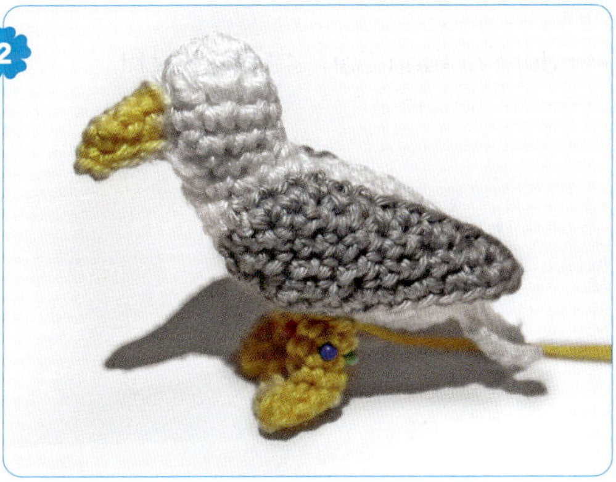

Die Flügel und den Schwanz am Körper positionieren und annähen (Bild 1). Die Füße unten am Körper platzieren und ebenfalls annähen (Bild 2). In Schwarz die Augen aufsticken (siehe Foto S. 136). Fertig!

Nachwort und Danke

Natürlich ist es als 17-jährige Schülerin nicht immer einfach, ein Hobby regelmäßig und voller Begeisterung auszuüben, vor allem, wenn man gerade bis zum Hals im Abiturstress steckt. Deswegen möchte ich mich bei allen Menschen bedanken, die mich in meinem etwas ungewöhnlichen Hobby gefördert und bestärkt haben.

Dazu zählen zuallererst meine Eltern, die mich nicht nur mental, sondern auch finanziell durch das Kaufen von Wolle, Nadeln, Füllwatte und allem, was man eben sonst so zum Häkeln braucht, unterstützt haben. Ebenfalls möchte ich meinen Geschwistern und Freunden danken, die mich sowohl mit Ideen beliefert, als auch durch ihre unglaubliche Begeisterung für jedes meiner Tiere ermutigt und weiter motiviert haben. Nur Dank all dieser Menschen habe ich es geschafft, nicht nur einen erfolgreichen Shop auf Etsy aufzubauen, sondern auch dieses Buch zu veröffentlichen, nachdem ich meine ersten zwei Buchprojekte nur privat gedruckt und in der Familie verteilt hatte.

Mein besonderer Dank gilt den Mitarbeiterinnen und Mitarbeitern des Christophorus-Verlags, die sich für meine Buchidee begeistern ließen und mich in allen Angelegenheiten unterstützten.

Auch wenn sie es nicht lesen können, möchte ich zu guter Letzt noch meine zwei Nymphensittiche Merry und Pippin erwähnen, die meistens auf meiner Schulter sitzen, während ich häkle, und mich daran erinnern, wie sehr ich Tiere – gehäkelte und echte – liebe.

Über die Autorin

Sonja Herberhold, geboren am 12.07.2004 in München, begann bereits im Grundschulalter mit dem Häkeln. Sie vertiefte ihre kreative Leidenschaft im Laufe der Jahre mehr und mehr und fing im Alter von etwa 13 Jahren an, eigene Anleitungen zu verfassen, insbesondere Tiere, die sie seit der Kindheit begeistern. Seit Herbst 2022 wohnt Sonja Herberhold mit ihren 2 Nymphensittichen in Rostock und studiert Biologie.

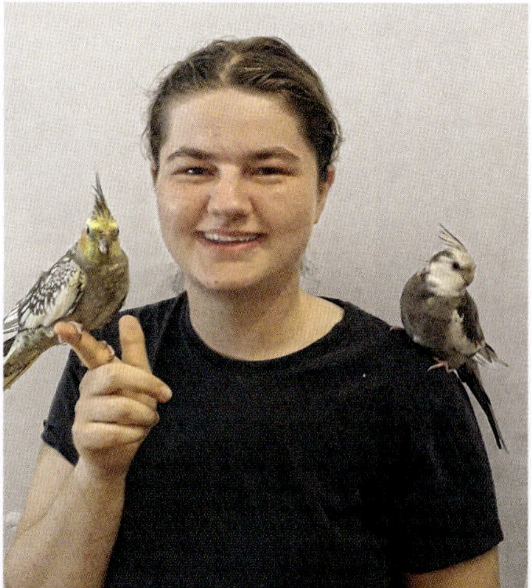

IMPRESSUM

Autorin: Sonja Herberhold
Fotos & Styling: Sonja Herberhold
Autorenfoto: Eva Herberhold
Produktmanagement: Sarah Schröppel
Lektorat: Brigitte Schnock
Korrektorat: Anna Maier
Satz: Silke Schüler
Umschlaggestaltung: Ina Zimmermann
Repro: LUDWIG:media
Herstellung: Julia Hegele

Printed in Poland by CGS Printing

★★★★★

Sind Sie mit diesem Titel zufrieden? Dann würden wir uns über Ihre Weiterempfehlung freuen. Erzählen Sie es im Freundeskreis, berichten Sie Ihrem Buchhändler oder bewerten Sie bei Onlinekauf. Und wenn Sie Kritik, Korrekturen, Aktualisierungen haben, freuen wir uns über Ihre Nachricht an: Christian Verlag, Postfach 40 02 09, D-80702 München oder per E-Mail an lektorat@verlagshaus.de.

Unser komplettes Programm finden Sie unter

www.christophorus-verlag.de

Bildnachweis: Arina Mescanova
Illustrative Ornamente:
© Shutterstock – Foto: xnova

Die Deutsche Nationalbibliothek verzeichnet diese Publikation in der Deutschen Nationalbibliografie; detaillierte bibliografische Daten sind im Internet über www.dnb.de abrufbar.

in der Christian Verlag GmbH
Infanteriestraße 11a
80797 München

ISBN: 978-3-8388-3851-9

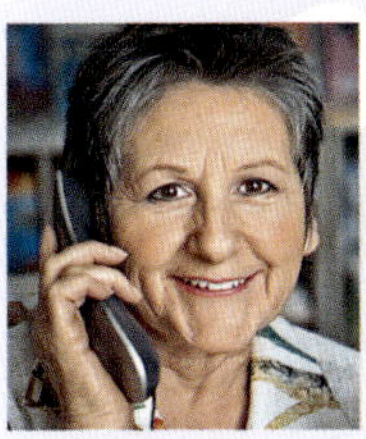

Kreativ-Service

Sie haben Fragen zu den Büchern und Materialien? Frau Erika Noll ist für Sie da und berät Sie rund um alle Kreativthemen. Rufen Sie an! Wir interessieren uns auch für Ihre eigenen Ideen und Anregungen. Sie erreichen Frau Noll per E-Mail: kreativ-service@c-verlag.de oder Tel.: +49 (0) 89 130699577

Besuchen Sie uns im Internet: www.christophorus-verlag.de & www.selbstgemacht.de